Rabold/Schallmayer/Thiel
DER LIMES

DER LIMES

DIE DEUTSCHE LIMES-STRASSE VOM RHEIN BIS ZUR DONAU

Britta Rabold
Egon Schallmayer
Andreas Thiel

Herausgegeben vom
Verein Deutsche Limes-Straße

THEISS

Die Deutsche Bibliothek – CIP-Einheitsaufnahme
Ein Titeldatensatz für diese Publikation
ist bei Der Deutschen Bibliothek erhältlich.

Umschlaggestaltung: Jürgen Reichert, Stuttgart,
unter Verwendung einer Aufnahme von Jürgen Wackenhut,
Bad Herrenalb (Weißenburg, rekonstruiertes Nordtor mit
leuchtendem Kalkverputz)

© Konrad Theiss Verlag GmbH, Stuttgart 2000
Alle Rechte vorbehalten
Lektorat: Martin Kempa, Schwäbisch Gmünd
Gestaltung und Satz:
DOPPELPUNKT Auch & Grätzbach GbR, Leonberg
Druck: Süddeutscher Zeitungsdienst, Aalen

ISBN 3-8062-1461-1

INHALT

Geleitwort *(Dieter Planck)* 6

Vorwort *(Ulrich Pfeifle)* 7

DER LIMES – GESCHICHTE UND GEGENWART *(Britta Rabold)* 8

Literaturauswahl und Abkürzungen 24

DER LIMES IN RHEINLAND-PFALZ UND HESSEN *(Egon Schallmayer, unter Mitarbeit von Mario Becker)*

I. Vom Rhein bis zum Taunus 25

II. Hoher Taunus und Wetterau 33

III. Die östliche Wetterau 50

IV. Der Main 64

DER LIMES IN BADEN-WÜRTTEMBERG *(Britta Rabold)*

V. Vom Main nach Hohenlohe 73

VI. Durch den Welzheimer Wald ins Remstal 88

VII. Vom Remstal in die Ostalb 99

DER LIMES IN BAYERN *(Andreas Thiel)*

VIII. Von der Ostalb zum Fränkischen Seenland 111

IX. Das Altmühltal 132

X. Untere Altmühl und Donau 140

Die Mitglieder der Deutschen Limes-Straße 158

Ortsverzeichnis 160

Bildnachweis 160

GELEITWORT

Der obergermanisch-rätische Limes verläuft durch die vier Bundesländer Rheinland-Pfalz, Hessen, Baden-Württemberg und Bayern, wobei der Hauptanteil auf Hessen und Baden-Württemberg entfällt. Mit über 500 km Länge bildet der Limes in Deutschland eines der wichtigsten Denkmäler der Vor- und Frühgeschichte unseres Landes. Wir begrüßen es deshalb ausdrücklich, dass im Jahre 1999 entlang dieses eindrucksvollen Bodendenkmals eine der längsten Ferienstraßen Deutschlands von Bad Hönningen/Rheinbrohl bis zur Donau mit über 700 km Strecke eingerichtet wurde, um somit der Öffentlichkeit diese bedeutende historische Grenze und ihre antiken Bauwerke nahe zu bringen und verständlich zu machen und natürlich auch besonders interessante Stellen touristisch zu erschließen.

Es ist für die Archäologische Denkmalpflege besonders erfreulich, dass sich im Verein »Deutsche Limes-Straße« nahezu alle Städte und Gemeinden am Limes zusammengeschlossen haben, um ihr Bewusstsein für dieses bedeutende Denkmal der Frühgeschichte zu dokumentieren.

Wie kein anderes archäologisches Denkmal hat der obergermanisch-rätische Limes in den letzten Jahrzehnten große Substanzverluste hinnehmen müssen. Vor allem die Einrichtung von Neubaugebieten oder tief gehende Veränderungen unserer Landschaft durch intensive landwirtschaftliche Nutzung waren die Ursachen. Trotzdem gibt es noch eine Vielzahl herausragender Abschnitte und Bauwerke entlang des Limes, die die ursprüngliche Bedeutung und die herausragende historische Dimension dieser antiken Grenze deutlich vor Augen führen. Vor allen Dingen in alten Waldgebieten sind noch weite Strecken vorzüglich erhalten und bilden markante – im Gelände sichtbare – Spuren der Geschichte.

Es ist eine der wichtigsten Aufgaben der Denkmalpflege in den genannten Ländern alles daranzusetzen, diese gut erhaltenen Abschnitte zu schützen, um sie späteren Generationen zu überliefern. Dort, wo solche Schutzmaßnahmen nicht möglich sind, bedarf es in Zukunft – noch mehr als in der Vergangenheit – einer sinnvollen Planung und Einbeziehung dieser antiken Grenzanlage mit ihren weit ausgedehnten Bauresten. Viele Städte, Gemeinden, Landkreise und die Länder haben in den letzten Jahren maßgeblich dazu beigetragen, besonders markante Denkmäler entlang des Limes zu konservieren und für die Öffentlichkeit zugänglich zu machen. So entstanden informative, viel besuchte Orte wie beispielsweise die Saalburg (nördlich von Bad Homburg v.d.H.), das Kastell Osterburken im Neckar-Odenwald-Kreis, die Spuren des römischen Kastells in Aalen (Ostalbkreis) oder die ausgedehnten teilrekonstruierten Baulichkeiten in Weißenburg in Bayern. Neben der schon über hundert Jahre alten Rekonstruktion des Limeskastells Saalburg mit seinem wichtigen Museum sind in den letzten zwanzig Jahren weitere Museen mit vorbildlicher Einrichtung entstanden. Sie verdeutlichen in eindrucksvoller Weise die Geschichte dieser antiken Grenze. Stellvertretend seien das Museum in Osterburken, das Limesmuseum in Aalen und das Römermuseum in Weißenburg genannt. Sie werden alljährlich von Tausenden aufgesucht.

Wir freuen uns, dass die Deutsche Limes-Straße mit ihren touristischen Hinweisschildern und dem Informationsmaterial den Limes als einzigartiges archäologisches Denkmal in so hervorragender Weise erschließt. Mit der vorliegenden Publikation wird dem Besucher eine wichtige zusätzliche Information an die Hand gegeben, um so die historische Funktion und Bedeutung dieser antiken Grenze besser zu verstehen und ausgewählte Stationen anzufahren oder auch ganze Abschnitte kennen zu lernen. Nur durch dieses Verständnis wird die Öffentlichkeit bereit sein, ihren Beitrag zur Erhaltung, Sicherung und Erschließung des obergermanisch-rätischen Limes in unserem Land zu leisten.

Stuttgart, im Dezember 1999

Prof. Dr. Dieter Planck
Präsident des Landesdenkmalamtes Baden-Württemberg,
Vorsitzender des Verbandes der Landesarchäologen
in der Bundesrepublik Deutschland

VORWORT

Seit 1996 gibt es die Deutsche Limes-Straße entlang des obergermanisch-rätischen Limes. Sie führt von Bad Hönningen/Rheinbrohl am Rhein bis Regensburg an der Donau und hat sich zu einer der erfolgreichsten Ferienstraßen Deutschlands entwickelt. An der rund 700 km langen Strecke durch Rheinland-Pfalz, Hessen, Baden-Württemberg und Bayern findet der geschichtsinteressierte Besucher zahlreiche kulturhistorisch interessante Stationen der römischen Vergangenheit.

Im Verein Deutsche Limes-Straße haben sich nahezu alle bedeutenden Kastellstandorte am obergermanisch-rätischen Limes zusammengeschlossen, um Besucher aus dem In- und Ausland für dieses einzigartige archäologische Denkmal zu interessieren, aber auch um den Limes in das öffentliche Bewusstsein der betroffenen Orte und Regionen zu rücken. Zu den Mitgliedern des Vereins zählen attraktive Städte ebenso wie namhafte Kur- und Erholungszentren und malerische Ortschaften sowie einige besonders vom Tourismus geprägte Landkreise.

Die mit touristischen Hinweisschildern übersichtlich gekennzeichnete Route führt vom Naturpark Rhein-Westerwald durch das Lahntal, den Taunus, die Wetterau, das Maintal, den Odenwald, den Naturpark Schwäbisch-Fränkischer Wald, die Schwäbische Alb, das Neue Fränkische Seenland, den Naturpark Altmühltal, um nur einige der landschaftlichen Highlights zu nennen. Neben den römischen Sehenswürdigkeiten säumen zahlreiche eindrucksvolle Zeugen anderer Epochen den Weg und attraktive Ausflugsziele, Freizeiteinrichtungen, Veranstaltungen sowie ein vielseitiges gastronomisches Angebot laden zum Verweilen ein.

Zu den besonderen Anliegen des Vereins gehört es auch, die Hinterlassenschaften der Römer am Limes mit Leben zu erfüllen. So bieten einzelne Mitgliedsorte und Museen unter anderem Römerfeste, Aktions- und Familientage, besondere Römerausflüge, geführte Limeswanderungen, Sonderausstellungen oder Vortragsreihen an. Außerdem kann der Besucher entlang der Strecke nicht nur regionaltypische Spezialitäten, sondern natürlich auch römische Speisen und Getränke nach Originalrezepten genießen.

Auf Grund der immer größer werdenden Nachfrage wird der Limes zwischen Main und Donau ab dem Frühjahr 2000 auch per Rad auf dem neuen »Deutschen Limes-Radweg« zu erkunden sein. Der zweite Abschnitt zwischen Rhein und Main befindet sich ebenfalls in Vorbereitung, und als weiteres Projekt plant der Verein einen dem gesamten Limes folgenden »Deutschen Limes-Wanderweg«.

Ich lade Sie ein zu einer Entdeckungsreise entlang des Limes – ob mit dem Auto, dem Rad oder zu Fuß – und wünsche Ihnen viel Vergnügen bei der Lektüre dieses Buches.

Aalen, im September 1999

Ulrich Pfeifle
Vorsitzender des Vereins Deutsche Limes-Straße
und Oberbürgermeister der Stadt Aalen

DER LIMES – GESCHICHTE UND GEGENWART

Stellenweise sind Wall und Graben des Limes hervorragend erhalten. Hier ein Abschnitt in der Nähe der Saalburg.

Der obergermanisch-rätische Limes (ORL), auch als vorderer oder äußerer Limes bezeichnet, erstreckt sich über insgesamt 500 km von Rheinbrohl/Bad Hönningen am Rhein bis Eining an der Donau westlich von Regensburg. Er bildete die Grenze zwischen den zum römischen Reich gehörenden Provinzen Obergermanien und Rätien und dem freien Germanien.

Noch heute lassen sich große Teile dieser Grenzbefestigung, vor allem Wall und Graben oder der Schuttwall der so genannten rätischen Mauer, im Gelände erkennen. Am Limes standen mindestens 900 Türme, auch als Wachposten bezeichnet. Die Grundrisse zahlreicher Wachposten wurden nach ihrer Freilegung konserviert, einige Türme sogar in Originalgröße rekonstruiert.

Neben der eigentlichen Grenzlinie gehören weit über sechzig rückwärtig gelegene Militärlager – die Kastelle – zum Limes. Auch hier ermöglichen einige konservierte Ausgrabungsbefunde, oftmals Teilrekonstruktionen der Umwehrung mit einem Lagertor, dem Besucher eine lebhafte Vorstellung, wie die Truppenstandorte einst ausgesehen haben. Zu den wieder sichtbar gemachten Denkmälern gehören schließlich noch etliche Badeanlagen, die die Römer bei jedem größeren Kastell errichtet hatten, und Teile der Zivilsiedlungen (Vici), die wohl von Anfang an im Umfeld der Militäranlagen bestanden. Alles in allem bildet das räumlich gestaffelte Grenzsystem des obergermanisch-rätischen Limes mit Abstand das größte archäologische Geländedenkmal Mitteleuropas.

DER LIMES, EINE TECHNISCHE GLANZLEISTUNG

Der Limes durchzieht sehr verschiedene Landschaften und überwindet vielfach große Höhenunterschiede. Weder unwirtliche Berge und Höhenzüge noch oftmals enge Täler oder Schluchten waren für die antiken Planer, Architekten und Geometer ernsthafte Hindernisse. In besonderem Maß gilt dies beispielsweise für die schnurgerade, 80 km lange Strecke von Walldürn bis Welzheim, wo die Grenzlinie keinerlei Rücksicht auf die topografischen Gegebenheiten zu nehmen scheint.

Diese bau- und vermessungstechnischen Meisterleistungen begeistern noch heutzutage die Fachwelt. Möglicherweise kamen hier Peilvorrichtungen auf Holzgerüsten zum Einsatz, die in recht weitem Abstand zueinander auf Höhen, den so genannten Hauptvermessungspunkten, aufgestellt gewesen sein müssen. Neben dem Wachturm bei Großerlach-Grab wurden Pfostengruben festgestellt, die von so einer Konstruktion stammen könnten. Trotzdem ist es nicht immer ganz nachvollziehbar, warum man sich nicht im einen oder anderen Fall für eine »bequemere« Trassenführung entschieden hat.

DIE DEUTSCHE LIMES-STRASSE

Die einstige römische Reichsgrenze mit den zugehörigen Kastellen und Zivilsiedlungen wird von der Deutschen Limes-Straße begleitet und für den historisch interessierten Besucher erschlossen. Auf etwa 700 km durchzieht diese längste historische Touristikstraße die heutigen Bundesländer Rheinland-Pfalz, Hessen, Baden-Württemberg und Bayern, wobei die Streckenführung sich so eng wie verkehrstechnisch nur möglich am Verlauf der antiken Grenzbefestigung orientiert.

Den richtigen Weg weisen Schilder mit weißer Beschriftung auf braunem Grund. Der Schriftzug »Deutsche Limes-Straße« wird begleitet von einer charakteristischen Vignette, die einen vereinfacht dargestellten Limeswachturm in einer Ligatur der kennzeichnenden Buchstaben D und L zeigt.

Die Limesanlagen sind in den seltensten Fällen direkt von der Straße aus sichtbar, meistens kann man sie von ausgewiesenen Parkplätzen zu Fuß erreichen. Schautafeln vor Ort bieten gut verständliche Informationen, Illustrationen, Rekonstruktionsvorschläge und erläutern die historischen Zusammenhänge. Wer als Autofahrer nicht auf Bewegung und Naturerleben verzichten möchte, kann viele der Denkmäler auch erwandern. Die Wanderwege erschließen gut erkennbare und nachvollziehbare Teile der Grenzbefestigung. Die Stationen einiger Rundwanderwege informieren gezielt über die römische Besetzung oder die Konstruktionsarten der Limesbefestigung. Ein durchgehender Wanderweg entlang des obergermanisch-rätischen Limes ist in Arbeit, während der Deutsche Limes-Radweg in Ba-

den-Württemberg und Bayern inzwischen bereits realisiert werden konnte und in Hessen und Rheinland-Pfalz kurz vor dem Abschluss steht.

Aus der Luft zeichnet sich deutlich der schnurgerade Verlauf des Limes beim Haghof westlich von Alfdorf ab.

WELCHE AUFGABE HATTE DER LIMES?

Der Begriff »Limes« taucht verschiedentlich in der antiken Literatur auf und wird zumindest ursprünglich als Weg, Besitzgrenze oder auch in den Wald geschlagene Schneise verstanden, nicht als Grenze des römischen Imperiums, wie wir das im heutigen Sprachgebrauch tun. Letztendlich ist es auch noch nicht geklärt, ob die Römer überhaupt eine Staatsgrenze im modernen Sinne kannten.

Neben dem obergermanisch-rätischen Limes im heutigen Deutschland gab es zahlreiche weitere Limites an den Grenzen des antiken Weltreiches. Beispielhaft seien die besonders eindrucksvollen Befestigungen in Großbritannien genannt, die unter den

DER LIMES – GESCHICHTE UND GEGENWART

Kaisern Hadrian und Antoninus Pius entstanden. Im Gegensatz zu diesen massiven Befestigungen, handelte es sich bei unserem obergermanisch-rätischen Limes mit Sicherheit nicht um ein uneinnehmbares Bollwerk, sondern eher um eine Demarkationslinie oder eine im Verlauf der Entwicklung immer deutlichere Kennzeichnung der Besitzverhältnisse.

DIE ANFÄNGE DER FORSCHUNG

Die Beschäftigung mit der einstigen römischen Reichsgrenze geht bis in das Zeitalter des Humanismus zurück. Zuvor hatten bereits zahlreiche mehr oder weniger dilettantische Untersuchungen, heute würde man sagen Raubgrabungen der schlimmsten Art, die Denkmalsubstanz ohne nachvollziehbare Ergebnisse erheblich zerstört.

Erstmals gelang es dem Hohenloher Archivrat Christian Ernst Hanßelmann (1699–1775) durch gezielte Forschungen fundierte Zusammenhänge innerhalb der Limesbefestigung zu erkennen. 1766 bis 1770 erforschte er den Limes zwischen Osterburken und Mainhardt. In Öhringen ließ er Ausgrabungen durchführen. Seine Ergebnisse veröffentlichte Hanßelmann in zwei Bänden. 1768 erschien das viel zitierte Werk »Beweiss, wie weit der Römer Macht in den mit verschiedenen teutschen Völkern geführten Kriegen in die ostfränkischen Lande eingedrungen«. Fünf Jahre später folgte der Band »Fortsetzung des Beweisses«.

Anfang des 19. Jahrhunderts bekundeten die neu geschaffenen deutschen Staaten ihr Interesse an der römischen Grenzbefestigung, was sich in Schutz- und Inventarisierungsbestimmungen sowie Forschungsaufträgen durch die Institutionen der damaligen Landesvermessung niederschlug. Gleichermaßen entstanden zahlreiche historische Vereine, deren Hauptinteresse dem Limes galt. Sie beraumten Ausgrabungen an und widmeten sich der Beschreibung von Limesabschnitten.

Die 1852 auf Initiative dieser Vereine gegründete »Commission zur Erforschung des Limes Imperii Romani« zielte erstmals auf systematische und grenzübergreifende Forschungen ab, was jedoch noch nicht so ganz gelingen sollte. Die zweite Hälfte des 19. Jahrhunderts sah weitere Initiativen in Sachen Limesfor-

Übersichtskarte des Limes auf dem Stand des Jahres 1890 mit Einteilung in fünfzehn Strecken. Die Strecken 10 und 11 bezeichnen den älteren Odenwald- und Neckarlimes. Sie gehören nicht zum obergermanisch-rätischen Limes, den die Deutsche Limes-Straße begleitet.

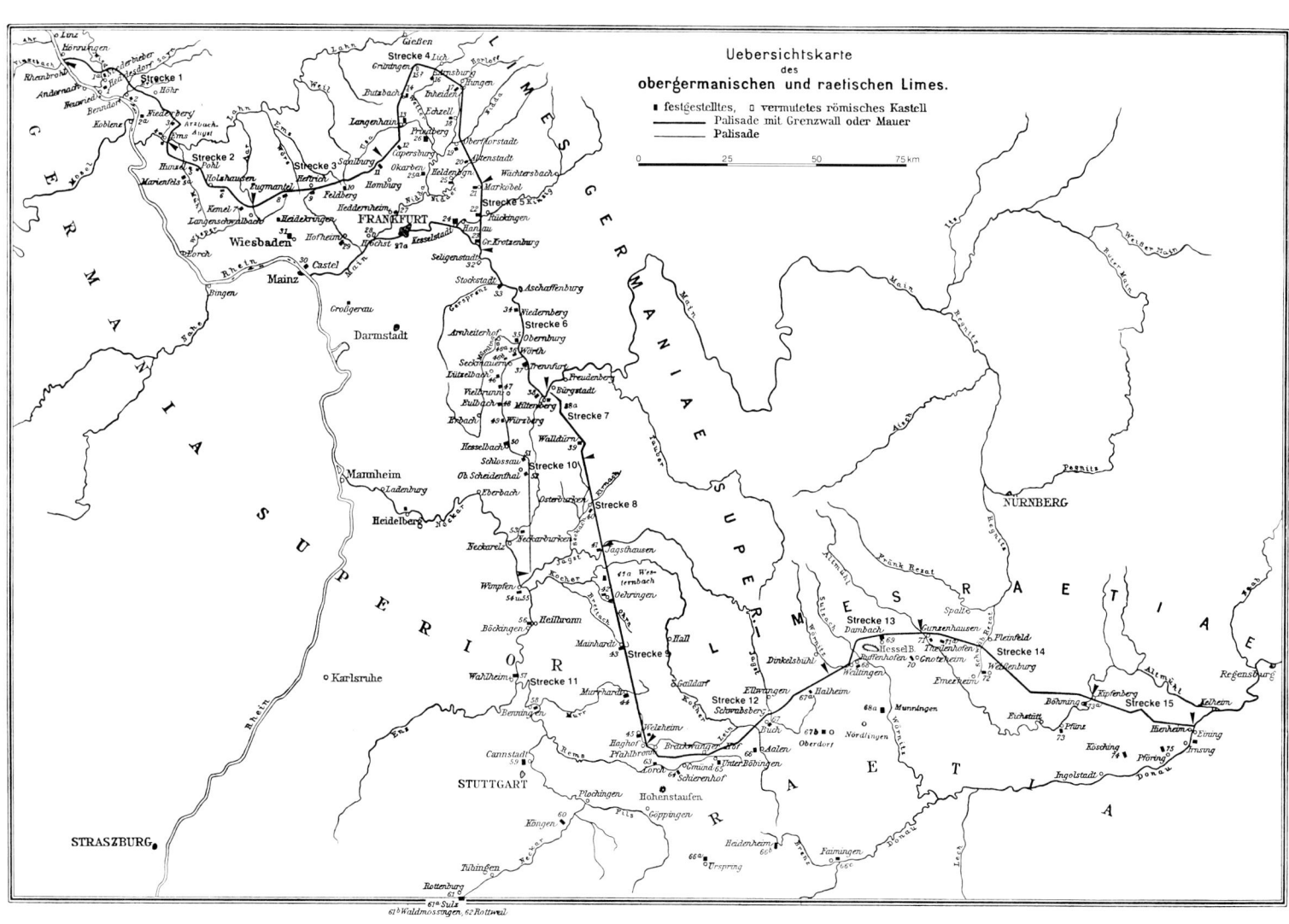

schung. So wurden 1877 und 1888 in Württemberg staatliche Limeskommissionen eingesetzt. 1880 entstand eine übergreifende Interessengemeinschaft in Hessen und Baden, die den Grenzverlauf bei Lorch im Remstal und die Verbindung zwischen Odenwaldlimes und Neckarlimes klären konnte. Ingenieuroberst a.D. August von Cohausen (1812–1894) sind wichtige Ergebnisse für den damals preußischen Abschnitt vom Rhein zum Taunus zu verdanken. Für Bayern war der Gymnasiallehrer Friedrich Ohlenschlager (1840–1916) tätig.

Trotz dieser für die damalige Zeit vorbildlichen Arbeiten blieben große Wissenslücken; so war der Verlauf mehrerer Grenzpartien immer noch unbekannt. Ebenso wenig kannte man die zeitliche Abfolge der einzelnen Limesabschnitte und die Chronologie der zugehörigen Kastelle. Gerade bei den Kastellen war man auf Vermutungen angewiesen und hatte darüber hinaus kaum eine Vorstellung von ihrer Anzahl und Bauweise.

DIE REICHS-LIMESKOMMISSION

Vor allem aber fehlte eine umfassende Darstellung des obergermanisch-rätischen Limes, worauf besonders der Berliner Althistoriker Theodor Mommsen (1813–1903) wiederholt aufmerksam machte. Dieser große Gelehrte war sich schon damals bewusst, dass das römische Grenzsystem fortschreitenden Gefährdungen ausgesetzt war. So formulierte er »dass von den noch erhaltenen Zeugen dieser fernen Vergangenheit jeden Tag Weiteres abbröckelt«. Weiter stellte er fest, dass es »so viele Limes-Litteraturen, wie es betheiligte Staaten gibt« und eine nationale systematische Limesuntersuchung dringend erforderlich sei. Schließlich gelang es ihm, im Spätjahr 1890 zu einer Limeskonferenz nach Heidelberg einzuladen, an der Delegierte aller fünf beteiligten Regierungen (Baden, Bayern, Hessen, Preußen, Württemberg) teilnahmen. Mommsen kam als Vertreter der Berliner Akademie. Alle Beteiligten hatten bereits große Verdienste in der Limesforschung. Die Gründung der Reichs-Limeskommission wurde vorbereitet, ein Arbeitsplan und ein Finanzrahmen wurden erarbeitet.

Nach einer weiteren Limeskonferenz im Jahre 1892 in Berlin fand im Juni des gleichen Jahres die konstituierende Sitzung der Reichs-Limeskommission in Heidelberg statt. Theodor Mommsen übernahm den Vorsitz. In den Statuten der Kommission war ihre Aufgabe wie folgt festgelegt: »Die Erforschung des Limes, der römischen Grenzsperre in Rätien und Obergermanien.« Innerhalb von fünf Jahren sollte die Veröffentlichung der Ergebnisse vorliegen.

Ausgrabungen der Reichs-Limeskommission in Ober-Florstadt. Ganz rechts Hofrat Friedrich Kofler (1830–1910), der zuständige Streckenkommissar.

Das Arbeitsgebiet war jetzt erstmals auf den Limes zwischen Rhein und Donau festgelegt. Gleichermaßen sollte das Hinterland mit dem Straßennetz und den Kastellen einbezogen werden.

1903 stand schließlich die endgültige Einteilung des Arbeitsgebietes in fünfzehn Strecken fest, wobei von Westen nach Osten gezählt wurde. Entsprechend erhielten die seinerzeit bekannten Wachposten (WP) und die Kastelle Nummern. Wohl aus Gründen der besseren Übersichtlichkeit wurden die Turmstellen je Strecke einzeln durchgezählt. Die erste Zahl steht für die Strecken, die zweite hinter dem Schrägstrich für den jeweiligen Wachposten. Diese Zählung ist auch heute noch in der Literatur üblich. Die Strecken 10 und 11 umfassen ältere Grenzziehungen, den Odenwald- und den Neckarlimes, gehören somit nicht direkt zum obergermanisch-rätischen Limes, den die Deutsche Limes-Straße begleitet.

Mit dem monumentalen Druckwerk »Der Obergermanisch-Raetische Limes des Roemerreiches«, das insgesamt 56 Lieferungen umfasst und in den Jahren 1894 bis 1937 in Heidelberg, Berlin und Leipzig erschien, konnte die Publikationsverpflichtung der Kommission eingelöst werden. Dieses Werk bildet bis heute die Grundlage für die Erforschung des Limes und kann überhaupt nicht genug gewürdigt werden. Es besteht aus vierzehn Bänden, je sieben für die Limesstrecken selbst (Abt. A) und die zugehörigen Kastelle (Abt. B). Diese konsequente Forschungs- und Auswertungskampagne besitzt noch heute Vorbildcharakter.

Die verantwortlichen Streckenkommissare waren damals gehalten, von den Militäranlagen grundsätzlich die Umfassungsmauer mit den Toren, Türmen und Gräben, die Lagerstraßen und die zentralen Ge-

Luftbild des Kastells Rainau-Buch. Im Gelände zu sehen sind die Umwehrung und das Stabsgebäude, ebenso lassen sich die antiken Lagerstraßen erkennen. Auf der anderen Seite der Bundesstraße erstreckt sich das Lagerdorf. Dort sind das Kastellbad und zwei weitere Steingebäude konserviert worden.

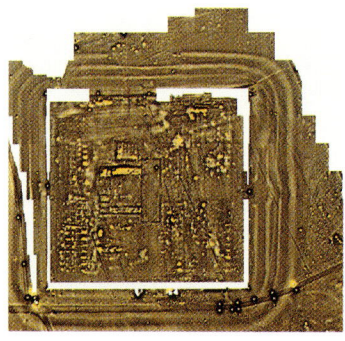

Geophysikalische Messungen machen die im Boden verborgenen Überreste des Kastells Rainau-Buch sichtbar. Außen ziehen vier Gräben um das Lager. Im Zentrum ist das Stabsgebäude gut zu erkennen, daneben ein Speicherbau. Auch die Grundrisse der aus Fachwerk erbauten Mannschaftsbaracken zeichnen sich ab.

bäude zu erfassen, ebenso die Badegebäude, die Begräbnisplätze und die bürgerlichen Niederlassungen.

Die damalige Grabungsmethode lässt sich vor allem mit den eingeschränkten finanziellen Möglichkeiten erklären: Um möglichst viele Befunde in vergleichsweise kurzer Zeit zu dokumentieren, legte man schmale Schnitte längs und quer zu den Mauern an, wodurch die Grundrisse der Steingebäude relativ schnell ermittelt werden konnten, hölzerne Konstruktionen, wie ältere Bauphasen der Kastelle oder hölzerne Innenbauten, jedoch in vielen Fällen unerkannt blieben. Die hölzerne Innenbebauung wie auch beispielsweise einphasige Holz-Erde-Kastelle wurden erst in der Nachkriegszeit in größerem Umfang erforscht.

DIE MODERNE LIMESFORSCHUNG

In der Nachkriegszeit nahm sich vor allem die Römisch-Germanische Kommission der Limesforschung an. Beim ersten Internationalen Limeskongress 1949 in Newcastle konnten wichtige Kontakte geknüpft oder erneuert werden, die in der Zeit des Nationalsozialismus verloren gegangen waren. In der Reihe »Limesforschungen – Studien zur Organisation der römischen Reichsgrenze an Rhein und Donau« wurden die neueste Forschungsergebnisse zügig publiziert.

Bedauerlicherweise wurden durch den Bauboom vor allem in den fünfziger und sechziger Jahren zahlreiche römische Denkmäler ohne vorherige archäologische Untersuchung zerstört. Besonders betroffen waren die Zivilsiedlungen. Durch die enge Zusammenarbeit zwischen der Römisch-Germanischen Kommission, den Denkmalämtern und dem Saalburgmuseum sowie die enorme Unterstützung durch die Deutsche Forschungsgemeinschaft konnten dennoch auch in dieser schwierigen Zeit richtungsweisende Grabungen durchgeführt werden. Unter anderem erfolgten neue Untersuchungen in bereits bekannten Militäranlagen, wobei jetzt die älteren Holzbauphasen ans Tageslicht kamen. Dies gilt beispielsweise für das Kastell Altenstadt und das Westkastell von Neckarburken. Andere Kastelle wie Künzing oder Hesselbach wurden vollständig ausgegraben und publiziert.

Ab den siebziger Jahren erschienen umfassende Darstellungen der römischen Zeit in den Bundesländern, zuletzt 1995 »Die Römer in Bayern«. Seit Anfang der achtziger Jahre wird vor allem in Baden-Württemberg die Erforschung der römischen Siedlungen intensiv verfolgt. Dort gehören Rottweil, Rottenburg und Ladenburg zu den Grabungsschwerpunkten.

Insgesamt sind in Südwestdeutschland mittlerweile insgesamt über 170 Kastellplätze aus der Zeit vom 1. bis zum 3. Jahrhundert bekannt. Hinzu kommen noch weitere kleinere Militäranlagen, die man als Kleinkastelle oder Feldwachen bezeichnet. Hier waren teilweise nur über kürzere Zeit mit Sonderaufgaben betraute Detachements oder Spezialeinheiten stationiert. Wir kennen allerdings auch heute noch nicht alle Kastelle. Immer wieder kommen neue Anlagen durch großflächige archäologische Ausgrabungen und besonders durch die Luftbildarchäologie hinzu. Systematische Befliegungen, oftmals über Jahre hinweg, erlauben heute den Nachweis schon lange vermuteter Kastelle im Gelände. Unter günstigen Bedingungen werden aus der Luft Farb-, Bewuchs-, Feuchtigkeits- und Temperaturunterschiede erkennbar, die auf ansonsten obertägig nicht mehr sichtbare archäologische Denkmäler im Boden verweisen.

Während der letzten zehn Jahre haben sich auch geophysikalische Messungen bei der Erkundung archäologischer Denkmäler bewährt. Nicht nur die unterirdischen Mauern, sondern auch die Graben- und Pfostengrubenverfüllungen verändern die Bodenmagnetik und den elektrischen Widerstand des Erdreichs. So können in günstigen Fällen auch einstige Holzbauten, wie beispielsweise die Umrisse der Mannschaftsbaracken im Kohortenkastell von Rainau-Buch, sichtbar gemacht werden. Auch unter besten Bedingungen geht die archäologische Ausgrabung mit einer vollständigen Zerstörung des Denkmals einher. Luftbildarchäologie und Geophysik haben jedoch den großen Vorteil, dass sie keinerlei Schäden am Denkmal verursachen.

Zahlreiche naturwissenschaftliche Disziplinen sind heute bei der Auswertung archäologischer Grabungsergebnisse nicht mehr wegzudenken. Mit Hilfe der Archäobotanik ist es möglich, Pflanzenreste

DER LIMES – GESCHICHTE UND GEGENWART

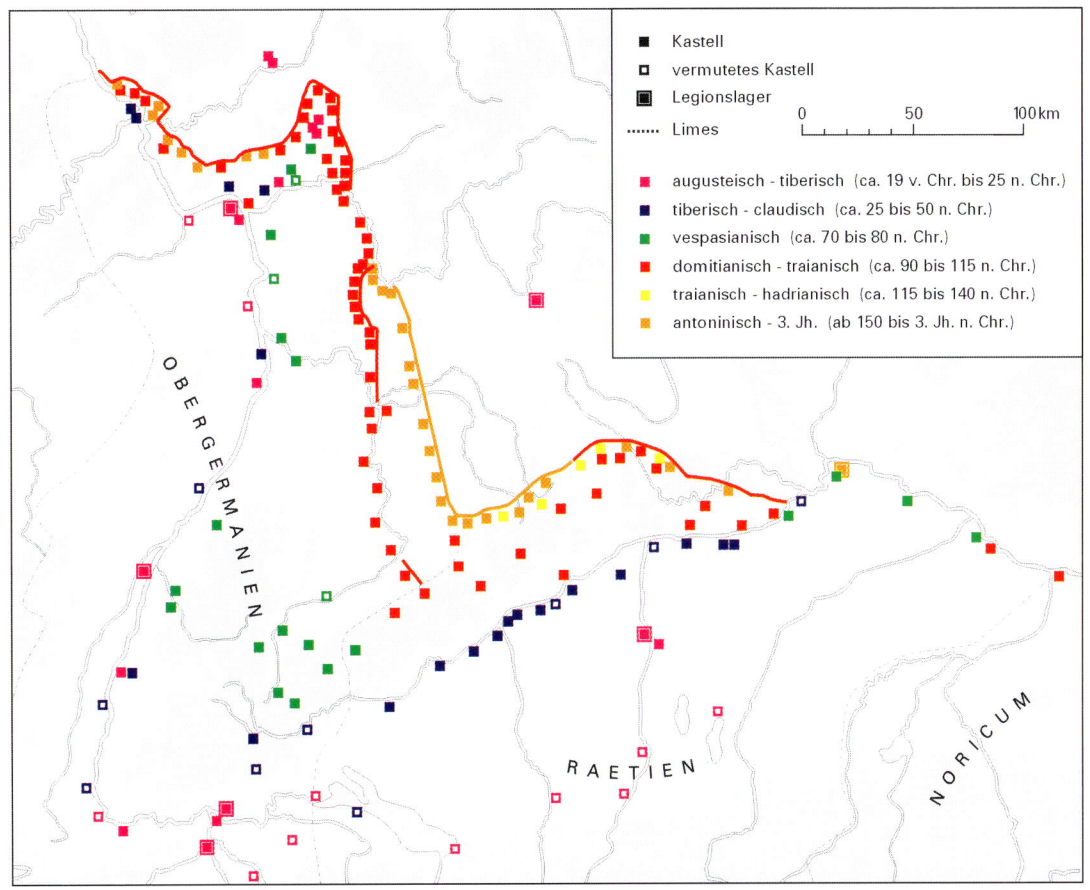

Der Limes in Deutschland. Die Karte zeigt die militärische Besetzung Südwestdeutschlands im Verlauf des 1. bis 3. Jahrhunderts mit den verschiedenen Ausbaustadien der Grenze bis hin zum obergermanisch-rätischen Limes.

aus historischen Kulturböden zu bestimmen, wodurch sich Fragen zur Rekonstruktion von Umwelt und Vegetation beantworten lassen. Man erfährt, welche Kulturpflanzen damals angebaut wurden und ob importierte Lebensmittel erschwinglich waren. Diese Ergebnisse kann der Botaniker oft aus der Untersuchung von römischen Brunnenverfüllungen gewinnen.

Die Pollenanalyse erlaubt vor allem vegetationsgeschichtliche Aussagen. Wie hat der Mensch die Landschaft einst vorgefunden, welches Klima herrschte und wie haben die Neusiedler die Umwelt verändert? Im Limesgebiet konnte bespielsweise eine intensive Niederwaldnutzung nachgewiesen werden, die allerdings angesichts des enormen Bedarfs an Bau- und Brennholz, beispielsweise zum Beheizen der Bäder, nicht verwundert.

Die Arbeit der prähistorischen Anthropologie umfasst die Untersuchung knöcherner Überreste, wie menschlicher Skelette oder Leichenbrand, der bei Ausgrabungen römischer Friedhöfe in großen Mengen auftritt, da die Römer ihre Verstorbenen in der Regel verbrannten. In vielen Fällen lassen sich noch das Sterbealter, Geschlecht, Größe und gegebenenfalls auch Krankheiten des Bestatteten bestimmen.

Eine zuverlässige Quelle zur Beurteilung der Lebensverhältnisse und der Nahrungsgrundlagen des Menschen bilden die Tierknochenfunde, die meist von Schlachtungen oder Mahlzeiten stammen und wichtige Aussagen über die Ernährungsgewohnheiten unserer Vorfahren ermöglichen.

Für die zeitliche Einordnung der Limesbauwerke ist die Dendochronologie von großer Bedeutung. Diese Methode zur Altersbestimmung von Hölzern vergleicht die Zuwachsraten der Jahringmuster und bringt sie in eine kalendarische Folge. In Süddeutschland können dadurch beispielsweise bis zu 10 000 Jahre alte Eichenholzfunde datiert werden.

DIE ENTWICKLUNG DES OBERGERMANISCH-RÄTISCHEN LIMES

Der äußere Limes, der erst ab der Mitte des 2. Jahrhunderts vom Rhein zur Donau durchgehend verlief, ist besonders in Süddeutschland das Ergebnis zahlreicher Grenzkorrekturen und blickt auf eine lange Geschichte zurück. Die verschiedenen Änderungen der Grenzziehung gingen mit Sicherheit nicht nur auf taktisch-strategische, verkehrsgeografische und siedlungstopografische Überlegungen zurück, sondern auch wirtschaftliche und politische Überlegungen spielten eine wichtige Rolle.

Erstmals hatten die verheerenden Einfälle der jütländischen Kimbern und der Teutonen in Italien um 120 v. Chr. in aller Deutlichkeit gezeigt, dass

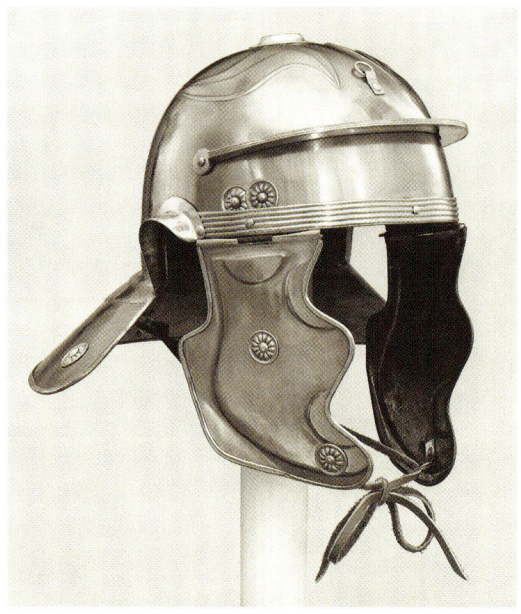

Nachbildung eines eisernen Infanteriehelmes im Römisch-Germanischen Zentralmuseum. Solche Helme trugen die Legionäre im 1. Jahrhundert, als sie die rechtsrheinischen Gebiete besetzten.

große Gefahr aus dem Norden drohen konnte. Einen ersten gewaltigen Schritt zur Absicherung unternahm Gaius Iulius Caesar in den Jahren 58 bis 51 v. Chr., als er Gallien eroberte.

Dieses von keltischen Stämmen bewohnte Gebiet umfasst das heutige Frankreich, Belgien, die Westschweiz und den größten Teil des linksrheinischen Deutschland. Der Rhein wurde zur Grenze des Imperium Romanum und durch Kastelle befestigt, um Übergriffen der auf der anderen Flussseite siedelnden Germanen begegnen zu können.

Im Jahre 15 v. Chr. eroberten die Stiefsöhne des Kaisers Augustus, Drusus und Tiberius, die Alpen und das Alpenvorland. Auch dort wohnten keltische Stämme; die bekanntesten sind die Vindeliker, Räter und Noriker. Spätestens unter der Regentschaft des Kaisers Claudius (41–54 n. Chr.) konnten die zunächst am Nordrand der Alpen stationierten Truppen in Kastelle entlang der Donau vorverlegt werden. Etwa zur gleichen Zeit wurde die Provinz Raetia gegründet. Die Provinzhauptstadt Augsburg (Augusta Vindelicum) erhielt diesen Status erst gegen Ende des 1. Jahrhunderts. Es spricht vieles dafür, dass sich die Zentrale zuvor in Kempten (Cambodunum) befand. Bis in die siebziger Jahre des 2. Jahrhunderts stand keine Legion in Rätien. Für die Überwachung der als »friedlich« bekannten Provinz reichten Hilfstruppen, so genannte Auxilia. Deshalb war für die Verwaltung der Provinz auch kein Senator erforderlich, sondern sie unterstand einem »procurator Augusti«, also einem Angehörigen des Ritterstandes.

Ganz anders sahen die Verhältnisse an der Rheingrenze aus. Zunächst waren die Militärgarnisonen am linken Ufer des Flusses in zwei Abteilungen gegliedert, das obergermanische und das niedergermanische Heer mit ihren Zentralen in Mainz (Moguntiacum) und Köln (Colonia Claudia Ara Agrippinensium).

Die politischen Wirren des Vierkaiserjahres 69 n. Chr. führten am Niederrhein zu einem bedrohlichen Aufstand der Bataver und ermöglichten Angriffe rechtsrheinischer Germanen. Diese verheerende Situation hing nicht zuletzt auch mit der schlechten Verbindung zwischen der Rhein- und der Donaugrenze zusammen, die schnellen Truppenbewegungen entgegenstand. Geradezu wie ein Keil ragte damals das nicht unter römischer Kontrolle stehende Land im Bereich von Schwarzwald, oberem Neckar und Schwäbischer Alb in das römische Gebiet, was lange Umwege und schlechte Kommunikation zur Folge hatte.

Konsequenterweise sicherte Kaiser Vespasian in den frühen siebziger Jahren des 1. Jahrhunderts den rechten Oberrheingraben mit Kastellen und besetzte das Gebiet am oberen Neckar. Die neu hinzugekommenen Landschaften wurden kontinuierlich durch Verkehrswege erschlossen. Große Bedeutung hatte eine direkte Verbindung vom Legionslager Straßburg über Rottweil an die Donau, wodurch im Ernstfall schnellere Truppenbewegungen möglich waren.

Ebenso entstanden neue Kastelle in der Wetterau nördlich von Frankfurt am Main. Während in Süddeutschland kaum Widerstände gegen die römische Okkupation vorhanden gewesen sein dürften, gab es am Mittelrhein doch erhebliche Probleme. Besonders die germanischen Chatten bedrohten die Reichsgrenze massiv.

Kaiser Domitian zog 83–84 n. Chr. gegen die Chatten zu Felde, wobei die Römer erhebliche Verluste erlitten. Dem antiken Schriftsteller Frontinus zufolge, schlug das römische Heer im dicht bewaldeten Siedlungsgebiet der Feinde Schneisen in die Wälder, um den Überfällen besser gewachsen zu sein. Diese Schneisen sollen insgesamt umgerechnet 180 km lang gewesen sein. Frontinus bezeichnet sie mit dem Wort »limes« – hier stoßen wir zum ersten Mal auf den Begriff Limes, der jedoch in diesem Zusammenhang keinesfalls als Grenze des Imperiums verstanden wird.

Immerhin ergaben sich die Chatten und gingen ein Bündnis mit Rom ein. Sie waren nun Bundesgenossen (Foederati). Danach wurden auf kaiserliche Anordnung an der Rheingrenze die Provinzen Niedergermanien (Germania inferior mit Hauptstadt in Köln) und Obergermanien (Germania superior mit Zentrale in Mainz) gegründet. Sie entsprechen weit gehend den vorhandenen Heereskommandos. Die Statthalter hatten hier die Amtsbezeichnung »legati Augusti pro praetore« und stammten aus dem Senatorenstand. Zur Zeit der Provinzgründung

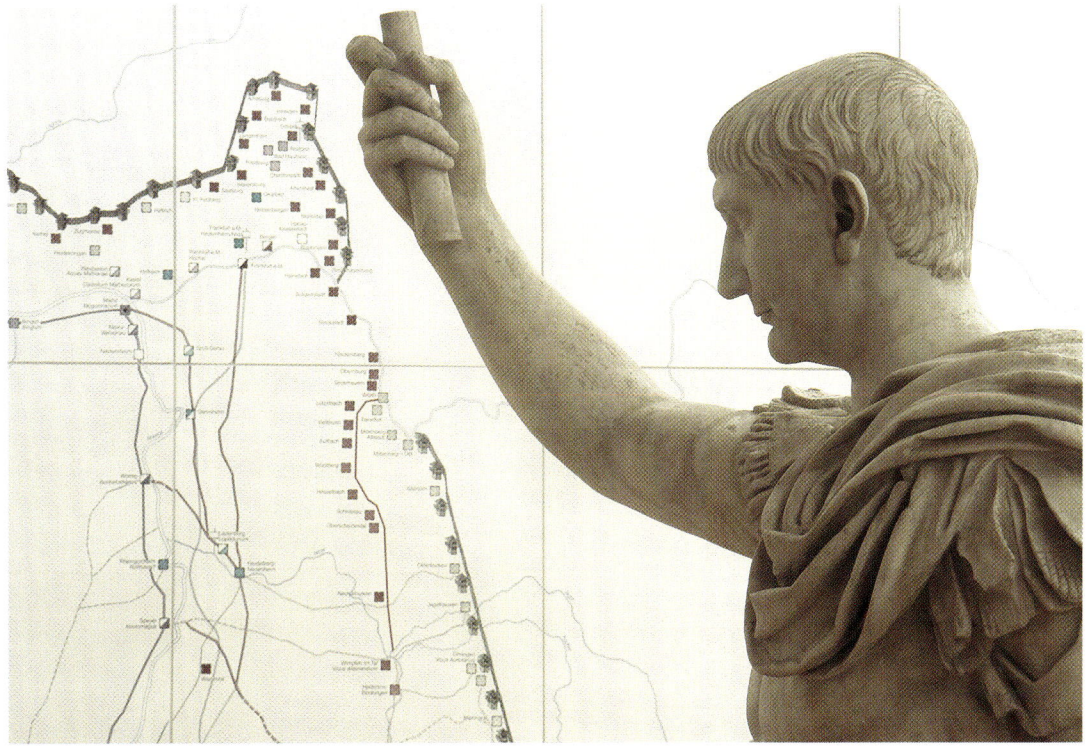

Auf Kaiser Trajan – hier eine Statue im Aalener Limesmuseum – gehen grundlegende Veränderungen im militärischen und zivilen Bereich zurück. Unter seiner Regierung (98–117) entstanden z. B. die Limesabschnitte in der Wetterau, im Odenwald, entlang des Neckars und auf der Schwäbischen Alb. Ebenso förderte er die Entwicklung städtischer Zentren im Hinterland.

(85 n. Chr.). standen vier Legionen in Obergermanien, zwei in Mainz, eine in Straßburg (Argentorate) und eine in Windisch bei Brugg in der Schweiz (Vindonissa).

Neben der Einrichtung einer Provinzverwaltung galt es, die Provinzgrenzen eindeutig abzustecken und nach den schlechten Erfahrungen mit den Germanen militärisch ausreichend abzusichern. Die Errichtung des obergermanischen Limes begann. Zunächst wurden das Neuwieder Becken, der Taunus und die Wetterau abgesichert.

Übergriffe der Daker an der unteren Donau jedoch erforderten den Abzug eines Teiles der Truppen von der Rheingrenze, nachdem die Römer 86 n. Chr. vernichtend geschlagen worden waren. Erst Kaiser Trajan gelang es gut zwanzig Jahre später im heutigen Rumänien den Dakerkönig Decebalus endgültig zu besiegen.

Jüngste Forschungen plädieren mit Recht dafür, dass es auch Trajan war, der nach dem siegreichen Abschluss der Dakerkriege eine grundlegende Neuverteilung der Truppen an Rhein und Donau sowie eine Neuorganisation der Grenzverteidigung vornahm. Somit wurden in den frühen Jahren des 2. Jahrhunderts der östliche Wetteraulimes, der Odenwald-, Neckar- und Alblimes eingerichtet. Im obergermanischen Teil, d. h. um die Wetterau, durch den Odenwald und durch das Lautertal, die Verbindung zum rätischen Alblimes, entstanden erste Limites mit Wachtürmen aus Holz, die an einem Verbindungsweg standen. In manchen Fällen waren die Türme von einem Gräbchen umgeben, das wohl kaum als Annäherungshindernis verstanden werden kann, sondern vielleicht, wie verschiedentlich vermutet, mit der Entwässerung zu tun hatte.

Das Hinterland wurde in Verwaltungsbezirke (Civitates) untergliedert, die etwa den heutigen Regierungsbezirken entsprechen. Die Zentren, auch als Civitasvororte bezeichnet, besaßen wohl kein Stadtrecht, aber ansonsten ein durchaus städtisches Gepräge, das im Lauf des 2. Jahrhunderts zunehmend ausgebaut wurde. Den wirtschaftlichen Wohlstand bezeugen monumentale öffentliche Gebäude mit qualitätvoller Ausstattung. Hierzu gehören Forum und Basilika, Marktplätze, Tempel und Heiligtümer, fallweise ein Theater und in späterer Zeit auch eine repräsentative Stadtmauer. Gut erforschte Beispiele für solche stadtartigen Ansiedlungen sind Heddernheim (Nida, Vorort der Civitas Taunensium) und Ladenburg (Lopodunum, Vorort der Civitas Ulpia Sueborum Nicrensium).

Gleichfalls unter Trajan entstanden in der Provinz Rätien neue kleinere Kastellanlagen, gewissermaßen als Vorgriff auf den späteren Grenzerlauf des obergermanisch-rätischen Limes. Diesem ersten, in Spanien gebürtigen Adoptivkaiser des römischen Reiches kommt aus allen diesen Gründen eine Schlüsselposition zu, nicht nur für die Strukturierung der Provinzen.

Wenige Jahre später, unter der Regierung des Kaisers Hadrian (117–138 n. Chr.), werden die Limites von der Wetterau bis zum Lautertal mit einer den Türmen vorgelagerten, durchgehenden hölzernen

Über dem Plan mit den bekannten römischen Strukturen von Nida (Frankfurt-Heddernheim) wurde das antike Stadtbild rekonstruiert, eine Idealvorstellung, wie die Stadt in ihrer Blütezeit ausgesehen haben könnte.

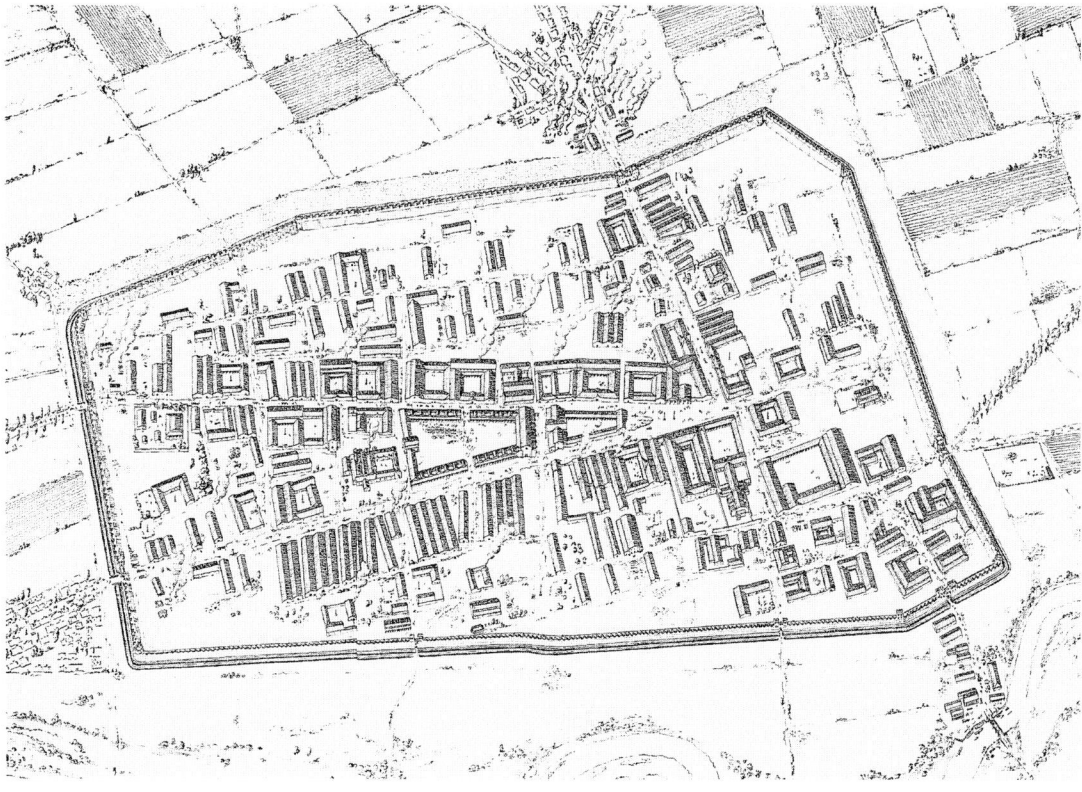

Die Entwicklung des obergermanischen (links) und rätischen (rechts) Limes (nach D. Baatz). Von oben nach unten: Schneise mit hölzernen Wachtürmen und Weg; Verstärkung durch eine Palisade aus halbierten Eichenhölzern; Ersatz der Holztürme durch Steintürme; Wall und Graben werden in Obergermanien zwischen Palisade und Weg errichtet, in Rätien wird die Palisade durch eine Steinmauer ersetzt.

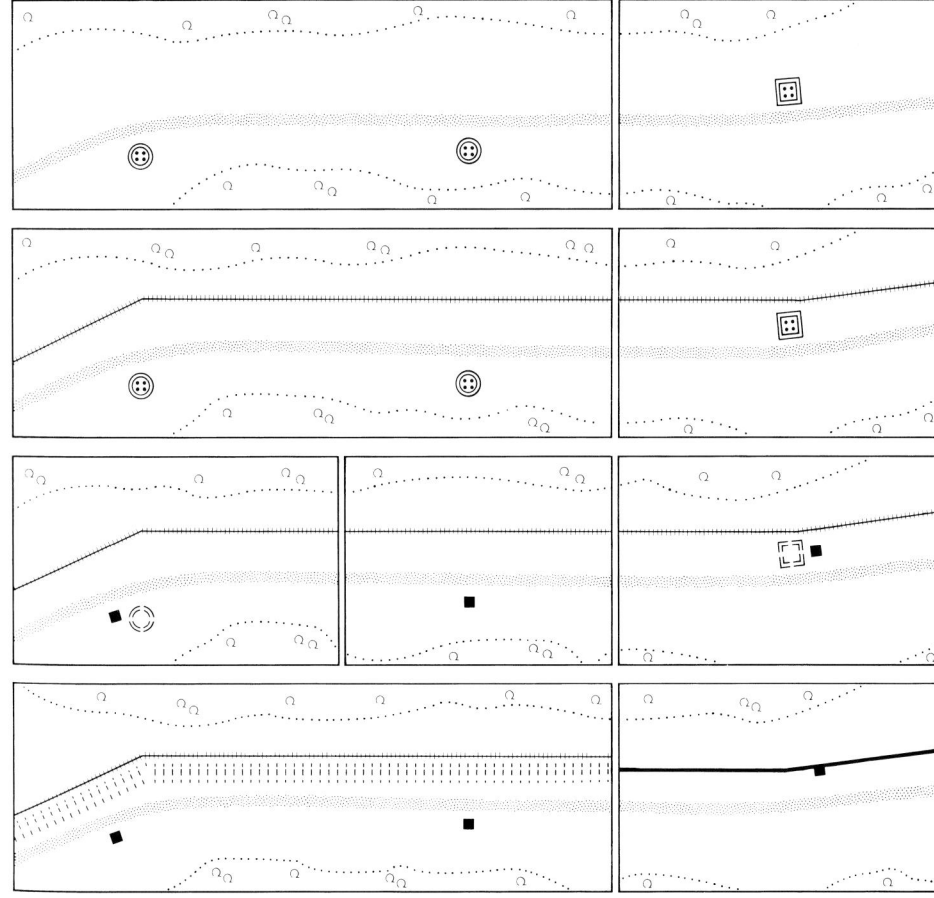

Palisade aus mächtigen, halbierten Eichenstämmen mit angespitzten Enden versehen, sodass erstmals der Eindruck einer geschlossenen Grenze entstand. Wohl um die Mitte des 2. Jahrhunderts wurden die inzwischen baufälligen Holztürme durch Steintürme ersetzt.

In diese Zeit fällt auch der Entschluss des Kaisers Antoninus Pius (138–161), den Limes erneut vorzuverlegen. Odenwald- und Neckarlimes werden aufgegeben. Östlich entsteht eine neue, teils schnurgerade Linie von Miltenberg am Main bis Lorch an der Rems. Zusätzliche Militäranlagen an der nördlichen Grenze von Obergermanien werden gebaut. Der rätische Limes wird nach Westen verlängert, einige Garnisonen des Alblimes an die neue, leicht nach Norden vorgeschobene Grenzlinie verlegt. Obergermanischer und rätischer Limes treffen jetzt bei Schwäbisch Gmünd aufeinander. Erstmals war die Grenze zwischen Rhein und Donau, der obergermanisch-rätische Limes, lückenlos geschlossen.

Ende des zweiten Jahrhunderts oder kurz danach wurde die Limesbefestigung erneut umgestaltet. In Obergermanien erfolgte eine Verstärkung durch ein Wall- und Grabensystem zwischen der Palisade und den Türmen. Ganz anders sah die Entwicklung in Rätien aus, wo die Steintürme in eine durchlaufende, wohl bis zu 3 m hohe Mauer integriert wurden.

Die bauliche Abfolge am Limes geht mit einer kontinuierlichen Verdichtung der Befestigung einher. Aus der überwachten Linie oder Schneise scheint sich eine Grenze im eigentlichen Sinn entwickelt zu haben. Zahlreiche Durchgänge für den grenzüberschreitenden Verkehr sind nachgewiesen, die wahrscheinlich hauptsächlich überwacht werden sollten. Dass ein blühender Handel mit dem so genannten

DER LIMES – GESCHICHTE UND GEGENWART

Die letzte Ausbauphase des Limes in Obergermanien mit Wall, Graben und Palisade, dahinter ein steinerner Turm (nach D. Baatz).

Die letzte Ausbaustufe des Limes in Rätien mit durchgehender Steinmauer und in die Mauer eingebauten Türmen (nach D. Planck/W. Beck).

freien Germanien bestand, bezeugen vor allem archäologische Bodenfunde außerhalb des römischen Reiches, die mit Sicherheit als römische Importware anzusprechen sind.

Die beschriebenen Grenzverschiebungen wie auch die Ausbaumaßnahmen am Limes selbst waren sicherlich durch die reichsrömische Zentrale angeordnet und vorgegeben. Dennoch gab es offensichtlich für die Verantwortlichen vor Ort einen gewissen Handlungsspielraum, der individuelle Gestaltungsvorstellungen ermöglichte. Nur so kann man sich erklären, warum die letzte Veränderung des Limes so unterschiedlich umgesetzt werden konnte: Wall und Graben in Obergermanien, dagegen eine Mauer in Rätien.

WACHPOSTEN UND NACHRICHTENÜBERMITTLUNG

Die Trajanssäule in Rom vermittelt auf ihren Reliefbändern in anschaulicher Weise, wie die Wachtürme am Limes ausgesehen haben könnten. Sie waren mindestens zweistöckig. Der Eingang befand sich aus Sicherheitsgründen im ersten Stock und wurde über eine Holzleiter erreicht. In diesem Stockwerk lag auch das Wohngeschoss. Das Erdgeschoss diente wahrscheinlich der Vorratshaltung und war gleichermaßen nur über eine Leiter zugänglich. Das zweite Stockwerk mit großen Fensteröffnungen und wahrscheinlich äußerem Umgang ermöglichte die Erkundung der Umgebung, was sich heute beim Besuch der

17

DER LIMES – GESCHICHTE UND GEGENWART

Das Diorama im Aalener Limesmuseum zeigt den Austausch von Handelsgütern an einem Limesdurchgang im Vorfeld des Aalener Reiterkastells.

Querschnitt durch einen Wachturm (nach D. Baatz). Das Erdgeschoss diente als Vorratsraum, das erste Obergeschoss mit dem Zugang von außen als Wohnraum. Vom zweiten Obergeschoss aus wurde die Umgebung überwacht.

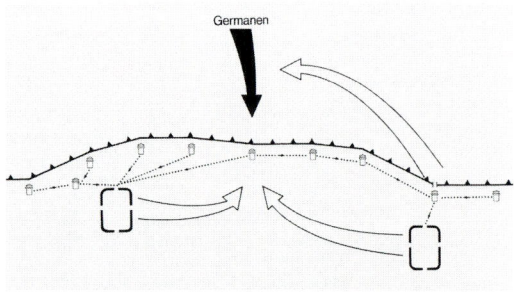

Taktisches System des Limes (nach D. Baatz). Entweder erfolgte die Meldung eines Angriffs von Turm zu Turm und schließlich an das rückwärtig gelegene Kastell oder unmittelbar an die Kastelle.

rekonstruierten Türme noch bestens nachvollziehen lässt. Die Höhe wird mit 10–12 m veranschlagt. Die Besatzung bestand aus vier bis fünf Mann.

Die Abstände zwischen den einzelnen Türmen variieren stark, je nach Geländesituation zwischen 200 m in unübersichtlichen Gegenden und bis zu 1000 m in offenem Gelände. Zwischen ihnen bestand Sichtverbindung, was für die Nachrichtenübermittlung im Ernstfall unerlässlich war. Offensichtlich konnten aber auch Meldungen von den Wachposten direkt oder über eine zwischengeschaltete Relaisstation an die rückwärtig gelegenen Kastelle abgesetzt werden.

Die auf der Trajanssäule dargestellten Türme zeigen, wie Nachrichten durch Fackeln weitergegeben werden. Teile von Blasinstrumenten, die im Umfeld einiger Türme gefunden wurden, machen auch akustische Verständigungsmöglichkeiten wahrscheinlich.

SOLDATEN AM LIMES

Die Verteidigung der römischen Reichsgrenze erforderte ein hervorragend organisiertes, geschultes und ausgerüstetes Heer. Generell lassen sich in den Provinzen Legionen (Legio) und Hilfstruppen (Auxilia) unterscheiden. In der Mitte des 2. Jahrhunderts bestanden zwei Legionslager in Obergermanien, eines in Mainz, das zweite in Straßburg. Diese Provinz benötigte aus innen- und außenpolitischen Gründen eine starke militärische Präsenz. Ihre Bedeutung kann man auch daraus ersehen, dass sie nicht vom Senat, sondern vom Kaiser selbst verwaltet wurde. Nach Rätien kam erst um 180 n. Chr. eine Legion nach Beendigung der Markomannenkriege, die in Regensburg (Castra Regina) Quartier bezog.

Eine Legion bestand aus ca. 5000 Mann, die alle das römische Bürgerrecht besaßen. Sie war in zehn Kohorten untergliedert und wurde von einem Befehlshaber senatorischen Rangs (Legatus legionis) geführt, dem wiederum zehn Militärtribune (Tribunus militum) unterstanden. Die meisten Legionssoldaten waren Infanteristen. Ihnen war ein 120 Mann starkes Reiterkontingent angegliedert, das zum Kampfverband gehörte und geschlossen in der Schlacht eingesetzt wurde. Für den direkten Schutz der Grenzlinie waren allerdings nicht die Legionssoldaten, sondern die in den benachbarten Kastellen stationierten so genannten Hilfstruppen (Auxilia) zuständig. Hier dienten vor allem Soldaten, die nicht römische Bürger waren (Peregrini), sondern aus den Provinzen stammten. Zumindest anfänglich wurde es vermieden, diese Leute in ihrer Heimatprovinz einzusetzen. Nach 25 Jahren Dienst und ehrenvoller Entlassung erhielten sie und ihre Nachkommen das römische Bürgerrecht. Damit gingen nicht nur steuerliche Vorteile einher, sondern auch das Eherecht (Ius conubium), wodurch meistens bereits länger bestehende Beziehungen rechtlich legitimiert wurden.

Zu den interessantesten Funden aus den Kastellen, Zivilsiedlungen und seltener auch aus Gutshöfen zählen die Militärdiplome, Verleihungsurkunden, die die Soldaten anlässlich ihrer Entlassung erhielten. Militärdiplome sind Bronzetäfelchen, auf denen sämtliche in der jeweiligen Provinz zur Zeit der Verleihung stationierten Auxiliareinheiten genannt werden. Sie gehören somit zu den wichtigsten Zeugnissen für die Truppengeschichte der beiden ersten nachchristlichen Jahrhunderte. Durch einen Erlass des Kaisers Caracalla im Jahre 213, die Constitutio Antoniniana, erhielten alle Soldaten automatisch das Bürgerrecht, folglich fehlen fortan auch die Militärdiplome.

Die Hilfstruppen waren in Reitereinheiten (Ala) und Fußtruppen (Cohors) untergliedert, wobei in einem Kohortenkastell durchaus auch ein Reiterkontingent stationiert gewesen sein konnte (Cohors equitata). Zweifelsfrei hatten die Reitereinheiten das größere Ansehen und den besseren Verdienst. Diese taktischen Einheiten bestanden aus 500 Mann (Cohors oder ala quingenaria) oder seltener auch aus 1000 Mann (Cohors oder ala milliaria). Entweder wurden sie nach ihrem Rekrutierungsgebiet oder ihrem Heimatstamm benannt. In einigen Fällen fand auch der Name des Kommandeurs Eingang in die Truppenbezeichnung. In der ersten Hälfte des 2. Jahrhunderts wurde der Numerus eingeführt, wohl ebenfalls eine Infanterieeinheit, die maximal 200 Mann stark war.

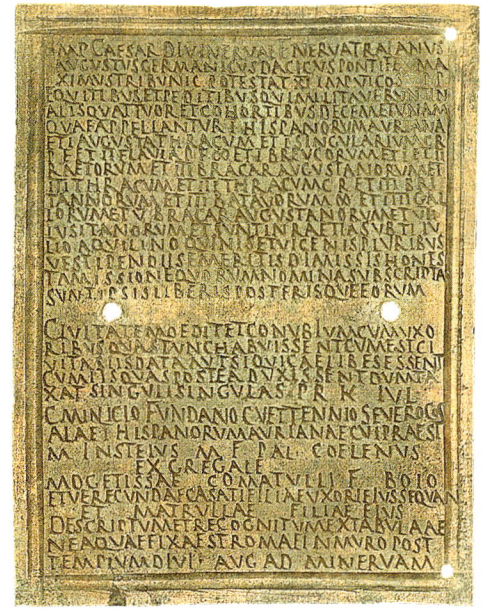

In dem Militärdiplom aus Weißenburg wird Mogetissa aus dem Wienerwald, seiner Frau Verecunda und der Tochter Matrulla das römische Bürgerrecht bestätigt.

Die Kohorten waren in sechs bzw. zehn Centurien aufgeteilt. Sie stellten den Hauptanteil der Besatzung am Limes. Eine Ala quingenaria bestand aus sechzehn Unterabteilungen (Turma), die wiederum etwa 30 Mann zählten und von einem decurio geführt wurden. Die Alae milliariae besaßen 24 Unterabteilungen. Am gesamten obergermanisch-rätischen Limes ist nur eine dieser besonders schlagkräftigen Reitereinheiten bekannt, die *Ala II Flavia*, die im 6 ha großen Kastell in Aalen stand. Eine wichtige Rolle spielten darüber hinaus die Beneficiarier. Das waren mit Spezialaufgaben betraute Legionssoldaten, die wohl besonders Überwachungsfunktionen im Limesgebiet ausübten.

Angriffs- und Schutzwaffen haben sich im Laufe der Zeit, den jeweiligen Erfordernissen entsprechend, kontinuierlich verändert. Die Kleidung eines Legionärs unterschied sich grundsätzlich von der eines Hilfstruppsoldaten. Letztere trugen eine Lederhose und ein kurzes Hemd (Tunica). Vor Verletzungen schützten Schienenpanzer oder Kettenhemden und natürlich ein Helm. Eine häufig nachgewiesene Angriffswaffe war die Lanze (Hasta). Für die Reiterei sind das Langschwert (Spatha) und ein leichter Rundschild (Parma) bezeugt. Ansonsten hatten die Hilfstruppsoldaten nach Ausweis archäologischer Bodenfunde ähnliche Waffen wie die Legionssoldaten zur Verfügung, vor allem das Kurzschwert (Gladius), den Dolch (Pugio) und die Wurflanze (Pilum).

DIE KASTELLE AM LIMES

Ihre Größe reicht von 0,04 ha bis zu 6 ha. Alle Anlagen haben einen rechteckigen Grundriss mit abgerundeten Ecken. Sowohl die Kohorten- als auch die Reiterkastelle sind mit vier Toren ausgestattet.

DER LIMES – GESCHICHTE UND GEGENWART

Die Saalburg aus der Luft: Im Zentrum liegt das Stabsgebäude, davor das Wohnhaus des Kommandanten (Prätorium), der Getreidespeicher (Horreum) und zwei Mannschaftsbaracken.

Die beiden Hauptachsen bilden die Ausfallstraße, im vorderen Bereich Via praetoria, im hinteren Lagerteil Via decumana genannt, und die Lagerhauptstraße, die Via principalis. Die jeweils damit in Verbindung stehenden Tore wurden entsprechend bezeichnet. So hieß das Haupttor an der Vorderseite des Kastells Porta praetoria, das rückwärtige Porta decumana. Die beiden Seitentore wurden, je nach Lage, als Porta principalis dextra (rechtes Seitentor) oder Porta principalis sinistra (linkes Seitentor) bezeichnet.

Die Lagerhauptstraße bezieht das Stabsgebäude (Principia) im Zentrum des Kastells ein. Hier befanden sich das Fahnenheiligtum mit Kaiserstatue (Sacellum), die Lagerkasse (Aerarium), Waffenkammern (Armamentaria), Schreibstuben und Büros (Tabularia) sowie Versammlungsräume (Scholae). Eine große Querhalle über der Via principalis konnte alle Truppenangehörigen des Kastells aufnehmen. Das Stabsgebäude war das zentrale Kult- und Verwaltungsgebäude in einer römischen Militäranlage. Die Bezeichnung »Principia« steht immer im Plural, als Gesamtheit aller Räumlichkeiten und Bauteile, die den zentralen Innenhof umsäumen.

Neben dem Stabsgebäude stand das Wohnhaus des Lagerkommandanten (Prätorium), das entsprechend luxuriös ausgestattet war. In vielen Fällen gruppieren sich die Wohnräume um einen zentralen Innenhof. Häufig finden sich im mittleren Lagerbereich auch die Magazinbauten (Horrea) oder Werkstätten (Fabricae).

Im vorderen und hinteren Teil des Lagers standen vor allem die Mannschaftsbaracken. Das waren lange, rechteckige Kasernen mit zehn Doppelkammern (Contubernia). In einer solchen Doppelkammer wohnten und schliefen auf engstem Raum acht Soldaten. Über eine Vorhalle (Porticus) waren die Kontubernien trockenen Fußes zu erreichen. In so genannten Kopfbauten an einer Seite der Baracke lebte der Führer einer Zenturie, der Zenturio, in etwas geräumigeren Verhältnissen. Bei den Kastellen waren die Umwehrung und die zentralen Innenbauten zumeist in Stein errichtet, während die Soldatenunterkünfte gewöhnlich Holzbauten waren.

Außerhalb der Kastellumwehrung dienten ein oder mehrere Spitzgräben als Annäherungshindernis. Der Aushub wurde oftmals von innen als Böschung an die Wehrmauer angeschüttet. In die Umwehrung waren Türme eingefügt, die die Tore flankierten und an den Kastellecken oder auch zwischen Tor und Kastellecke standen. Wie eine solche Befestigung ausgesehen haben könnte, vermittelt die Saalburg bei Bad Homburg auf anschauliche Weise.

Das nur 1,4 ha messende Kastell bei Holzhausen ist eines der kleinsten Kohortenlager am obergermanisch-rätischen Limes. Mit seinen vollständig erhaltenen Grundmauern wie auch der Umwehrung, in Teilen konserviert, zählt es zu den am besten erhaltenen Limesanlagen.

Eine eher untypische Garnison wurde bei Burgsalach ausgegraben und konserviert. Am obergermanisch-rätischen Limes gibt es nichts Vergleichbares, doch sind ähnliche Anlagen aus Nordafrika bekannt.

DIE BADEANLAGEN

Zu jedem Kastell gehörte ein Bad, das außerhalb der Befestigung lag. Feste Bestandteile waren der Auskleideraum (Apodyterium), das Kaltbad (Frigidarium), ein oder mehrere Laubaderäume (Tepidarium) und ein Heißbaderaum (Caldarium). Oftmals zählte noch ein Schwitzbad zur Ausstattung (Sudatorium). Die Beheizung erfolgte durch Warmluft, ähnlich einer modernen Fußbodenheizung (Hypocaustum). Kleine Pfeiler, zumeist aus quadratischen Ziegelplatten, trugen die hoch gelegten Fußböden und gehören zu den charakteristischen Baubefunden bei archäologischen Ausgrabungen. In den dadurch entstandenen Hohlraum wurde über Heizkanäle Heißluft aus dem Heizraum (Präfurnium) geleitet. Durch Hohlziegel (Tubuli) an den Wänden waren auch diese beheizbar.

Vergleichbare komfortable und technisch gekonnte Einrichtungen begegnen erst wieder in der Moderne.

Die Badeanlagen wurden wahrscheinlich nicht nur von den Soldaten frequentiert, sondern standen auch den zivilen Bewohnern des Kastelldorfes (Vicus) zur Verfügung. Neben der Körperpflege bestand hier auch die Möglichkeit, die neuesten Ereignisse auszutauschen oder sportlich aktiv zu werden.

Für zahlreiche Kastellanlagen sind mehrere Thermen bekannt geworden. Nicht immer bestanden dort auch mehrere Kastelle, die eine Zuweisung erleichtern bzw. eine Abfolge erklären könnten.

Die größte und besterhaltene Therme Süddeutschlands ist in Weißenburg ausgegraben worden und unter einem Schutzbau als Thermenmuseum zu besichtigen. Hier lässt sich der Badekomfort römischer Zeit nachvollziehen, wie er zumindest im Umfeld einer Reitereinheit Standard gewesen sein dürfte.

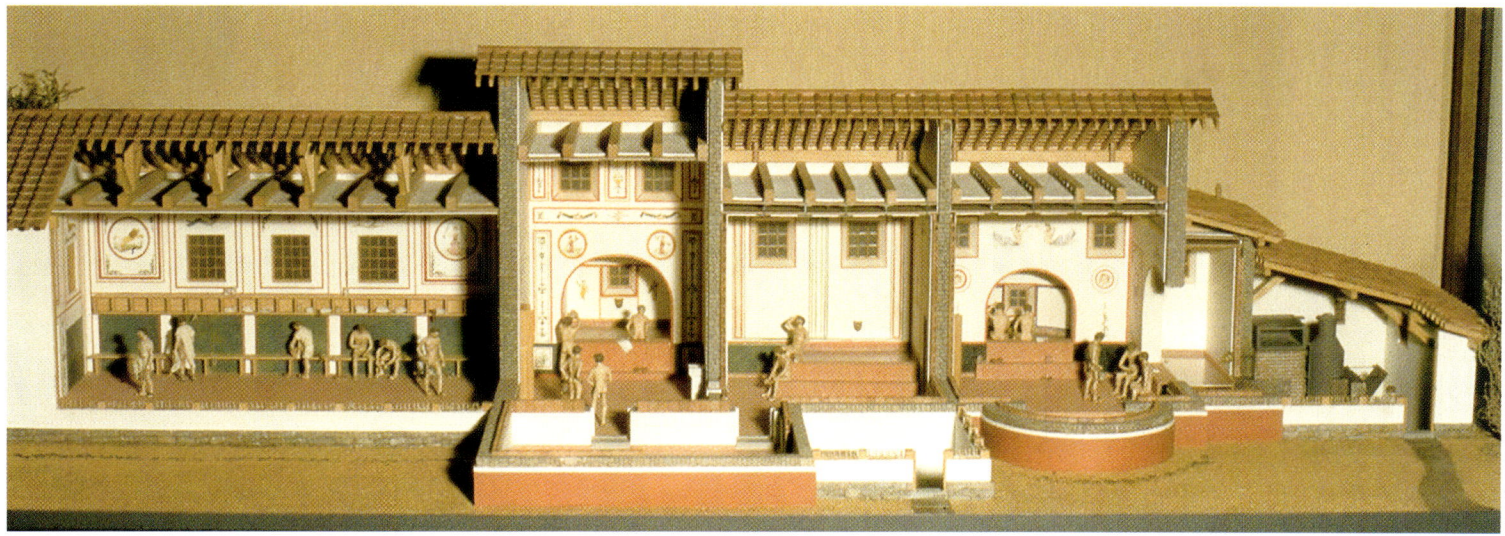

DIE ZIVILEN SIEDLUNGEN BEI DEN KASTELLEN (VICI)

In den Kastelldörfern, den Vici, lebten wohl größtenteils Angehörige der Soldaten. Viele von ihnen sind der Truppe etwa bei einer Grenzvorverlegung gefolgt. Ihre langrechteckigen Häuser, so genannte Streifenhäuser, waren Wand an Wand, vergleichbar einem Reihenhaus, gebaut und standen zu beiden Seiten der Straßenzüge, die auf das Kastell zuliefen. In diesen Häusern wurde gearbeitet und gewohnt. Handel und Handwerk werden die hauptsächlichen Einnahmequellen gewesen sein.

Nach Dienstschluss bestand für den Soldaten die Möglichkeit einzukaufen oder auch Teile seines Soldes in ein Wirtshaus zu tragen und beim Brettspiel einzusetzen. Gleichermaßen konnten beispielsweise Geschirr oder neue Kleidung erworben werden.

Auch in den Kastelldörfern existierten Heiligtümer. Zahlreiche Bildnisse verschiedener Gottheiten verweisen auf diese Kultstätten, auch wenn die Tempel selbst nicht mehr vorhanden sind oder noch im Boden ruhen. Mehrere Sakralbauten wurden beispielsweise in Stockstadt bekannt. Sie waren den orientalischen Gottheiten Jupiter Dolichenus und Mithras geweiht. Darüber hinaus konnte für Stockstadt auch eine Benefiziarierstation nachgewiesen werden.

Schließlich seien noch die Gräberfelder genannt, die zumeist an den Ausfallstraßen außerhalb der Siedlungen lagen. Wenn überhaupt bekannt, konnten sie nirgends vollständig ausgegraben werden. Dies ist bedauerlich, da die Nekropolen nicht nur oftmals qualitätvolles und vergleichsweise vollständiges Fundgut liefern, sondern auch wichtige Aussagen über Lebensbedingungen und Brauchtum der ansäs-

Ganz oben: Blick auf die konservierten Thermen von Weißenburg, die in einem Schutzbau untergebracht sind.

Oben: Querschnitt durch ein römisches Bad. Von links nach rechts: Umkleideraum (Apodyterium), Schwitzraum (Sudatorium) mit Kaltbad im Hintergrund (Frigidarium, Piscina), ein mäßig geheizter Aufenthaltsraum (Tepidarium), das Warmbad (Caldarium) und ganz rechts der Heizraum (Präfurnium).

Weinverkauf an der Theke einer Taberna, dargestellt auf dem Grabmal des Pompeianius Silvinus im Museum Augsburg.

sich hier eher um Warenumschlagplätze und Handelskontore.

Es ist allerdings auch davon auszugehen, dass an Markttagen landwirtschaftliche Produkte in den benachbarten Siedlungen und Städten verkauft wurden und von dort zu den Kastelldörfern und Militäranlagen gelangten.

DIE AUFGABE DES LIMES

Das Ende des Limes, gleichbedeutend mit dem Ende der römischen Herrschaft im rechtsrheinischen Gebiet, wird um 260/70 n. Chr. postuliert. Lange ging man davon aus, dass plündernde Alamannen die Grenze überrannten und die Militäranlagen und Siedlungen gewaltsam zerstörten. Dennoch ist auch ein Abzug der Römer ohne größere äußere Gewalteinwirkung in der Mitte des 3. Jahrhunderts denkbar. Schon in den Jahrzehnten davor zeichnen sich deutliche Reduzierungsmaßnahmen ab, die mit reichsweiten Krisen und wirtschaftlichen Zusammenbrüchen in Verbindung gebracht werden. Archäologische Ausgrabungen zeigen zunehmend, dass die Alamannen römische Siedlungsplätze aufsuchten und sich

sigen Bevölkerung ermöglichen. Dennoch bezeugen Relikte von aufwendigen Grabbauten, Bauskulpturteile sowie figürliche Relieffunde und Inschriftsteine, dass einige begüterte Auftraggeber dort ihre letzte Ruhe fanden.

DIE GUTSHÖFE (VILLAE RUSTICAE)

Oben: *Silbernes Votivblech mit der zentralen Szene des Mithraskults: Mithras packt den Stier und tötet ihn mit einem Dolch.*

Rechts: *Das Seitenrelief auf dem Augsburger Siegesaltar aus dem Jahr 260 n. Chr., der Zeit, als der Limes aufgegeben wurde: Victoria über einem gefesselten Germanen.*

Für die Lebensmittelversorgung der Soldaten, wie auch der Bewohner der Zivilsiedlungen und Verwaltungszentren, sorgten die zahlreichen Gutshöfe in landwirtschaftlich nutzbaren Landschaften im Limeshinterland. Die Gutsanlagen selbst waren unterschiedlich groß (1 ha bis zu 4 ha). Von einem Gutshof aus konnten bis zu 100 ha Land bewirtschaftet werden. Als Standortbedingung war die Nähe zu Fluss- oder Bachläufen und natürlich dem Straßennetz gefragt.

Üblicherweise gehörten zu einem ländlichen Anwesen das Hauptgebäude, wo der Besitzer oder Pächter wohnte. Hinzu kamen eine Badeanlage, Scheunen, Remisen, Ställe und ein Heiligtum oder eine Jupitergigantensäule sowie in vielen Fällen eine Hofmauer, die nicht selten erst nachträglich entstanden ist.

Oftmals ist eine hervorragende Lage in idyllischer Landschaft mit weitem Ausblick charakteristisch für die Gutshöfe. Andere Beispiele wurden jedoch auch in eher siedlungsfeindlichen, hochwassergefährdeten Tallagen gegründet, allerdings unmittelbar neben römischen Fernstraßen. Möglicherweise handelt es

dort niederließen. Zukünftige Forschungen könnten vielleicht auch den eindeutigen Nachweis erbringen, dass nicht alle Römer fluchtartig ihr Land verließen, sondern einige vor Ort blieben und möglicherweise friedlich mit den Germanen zusammenlebten.

DER LIMES HEUTE

Da zahlreiche Kastellplätze und Zivilsiedlungen in großen Teilen oder sogar vollständig ohne vorherige Ausgrabung zerstört wurden und dadurch für die archäologische Forschung unwiederbringlich verloren sind, ist es umso wichtiger, die wenigen noch besser oder sogar vollständig erhaltenen Denkmäler auf Dauer zu schützen und für zukünftige Auswertungen zu bewahren. Glücklicherweise war es gerade in den letzten Jahrzehnten mehrfach möglich, solche archäologisch hochkarätigen Flächen aufzukaufen und einer denkmalfreundlichen Nutzung, oftmals in Gestalt eines archäologischen Parks, zuzuführen.

Auch die Substanz des Limes hat bedauerlicherweise stark gelitten. Reste des Wall- und Grabensystems oder der Schuttwall der rätischen Mauer wurden unbemerkt eingeebnet. Verantwortlich ist vor allem die intensive landwirtschaftliche Nutzung, verbunden mit Flurbereinigungsmaßnahmen und anderen Landschaftsveränderungen. Allerdings auch die Limesabschnitte in bewaldeten Gebieten sind nicht vor Zerstörung gefeit. Der Einsatz von schweren Nutzfahrzeugen vor allem kann den Resten der Grenzbefestigung durchaus gefährlich werden.

Eine äußerst wichtige Maßnahme für die zukünftige Unterschutzstellung ist ein länderübergreifendes Projekt »Weltkulturerbe Limes« zur Aufnahme des obergermanisch-rätischen Limes in die UNESCO-Liste des Weltkulturerbes ab dem 1. Februar 2000. Alle vier beteiligten Bundesländer werden eine umfassende Bestandsaufnahme durchführen und so erstmalig seit den Arbeiten der Reichs-Limeskommission definitive Aussagen zur Erhaltung des Denkmals in seiner Gesamtheit ermöglichen. Nur auf diese Weise kann weiteren Zerstörungen gezielt vorgebeugt werden.

Immer noch, über 1700 Jahre nach dem Ende des Limes, können wir seine Überreste im Gelände bestaunen. Die antike Befestigung und ihre Vorläufer wie auch die Einrichtungen im Hinterland – die Siedlungen, Straßen und natürlich die Kastelle – haben bis in die heutige Zeit deutliche Spuren hinterlassen. Oft richtete man sich nach ihnen bei der Anlage von Straßen und Wegen und bei der Einteilung der Fluren. Das Siedlungsbild mancher Ortschaften lässt noch die Relikte römischer Planung und Infrastruktur erkennen.

Die überaus zahlreiche und positive Resonanz in der Öffentlichkeit in Sachen Deutsche Limes-Straße beweist, wie groß das Interesse an der römischen Grenzbefestigung ist. Lassen auch Sie sich einladen dieses interessante und vielgliedrige System mit Hilfe dieses Bandes aufzusuchen und besser kennen zu lernen.

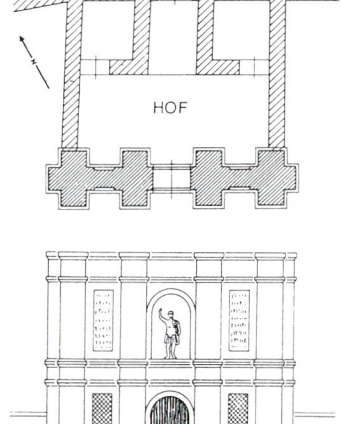

Oben: Grundriss und rekonstruierte Ansicht des Limestors bei Dalkingen (nach D. Planck/Kleiß).

Links: Das Limestor bei Dalkingen. Am linken Rand setzt die rätische Mauer an. Die konservierte Anlage veranschaulicht den letzten prunkvollen Bauzustand in Gestalt eines monumentalen Tores.

DER LIMES – GESCHICHTE UND GEGENWART

Im Ortsbild von Walheim am Neckar (Kreis Ludwigsburg) zeichnen sich noch heute die Straßen und Achsen des römischen Kastells ab.

LITERATURAUSWAHL UND ABKÜRZUNGEN

LITERATUR

D. Baatz,
Der römische Limes.
Archäologische Ausflüge zwischen Rhein und Donau (3. Auflage; Berlin 1993).

D. Baatz/F. R. Herrmann,
Die Römer in Hessen
(2. Auflage; Stuttgart 1989).

H. Cüppers (Hrsg.),
Die Römer in Rheinland-Pfalz
(Stuttgart 1990).

W. Czysz/K. Dietz/Th. Fischer u.a.,
Die Römer in Bayern (Stuttgart 1995).

H. Dannheimer (Hrsg.),
Der römische Limes in Bayern.
100 Jahre Limesforschung. Ausstellungskataloge der Prähistorischen Staatssammlung 22 (München 1992).

E. Fabricius/F. Hettner/O. v. Sarwey,
Der obergermanisch-raetische Limes des Römerreiches. Abt. A Streckenbeschreibungen, Abt. B Beschreibung der Kastelle (Berlin/Leipzig 1894–1937).

P. Filtzinger,
Limesmuseum Aalen
(3. erw. Auflage; Stuttgart 1983).

P. Filtzinger/D. Planck/B. Cämmerer,
Die Römer in Baden-Württemberg
(3. Auflage; Stuttgart 1986).

Th. Fischer,
Die Römer in Deutschland
(Stuttgart 1999).

M. Kemkes/J. Scheuerbrandt,
Zwischen Patrouille und Parade.
Die römische Reiterei am Limes.
Schriften des Limesmuseums Aalen 51
(Stuttgart/Freiburg 1997).

M. Klee,
Der Limes zwischen Rhein und Main.
Vom Beginn des obergermanischen Limes bei Rheinbrohl bis zum Main bei Großkrotzenburg (Stuttgart 1989).

D. Planck/W. Beck,
Der Limes in Südwestdeutschland
(2. Auflage; Stuttgart 1987).

Der römische Limes in Deutschland:
100 Jahre Reichs-Limeskommission.
Archäologie in Deutschland. Sonderheft 1
(Stuttgart 1992).

C. S. Sommer,
Eine Mauer schon vor 1800 Jahren, in:
Vom Vogelherd zum Weißenhof.
Kulturdenkmäler in Württemberg
(Stuttgart 1997) 91–104.

ABKÜRZUNGEN

ORL   Obergermanisch-rätischer Limes. Ebenso Abkürzung für die oben schon aufgeführte Publikation E. Fabricius/F. Hettner/O. v. Sarwey, Der obergermanisch-raetische Limes des Römerreiches. Abt. A Streckenbeschreibungen, Abt. B Beschreibung der Kastelle (Berlin/Leipzig 1894–1937).

→   Weist auf heute noch im Gelände sichtbare Denkmäler hin.

I. VOM RHEIN BIS ZUM TAUNUS

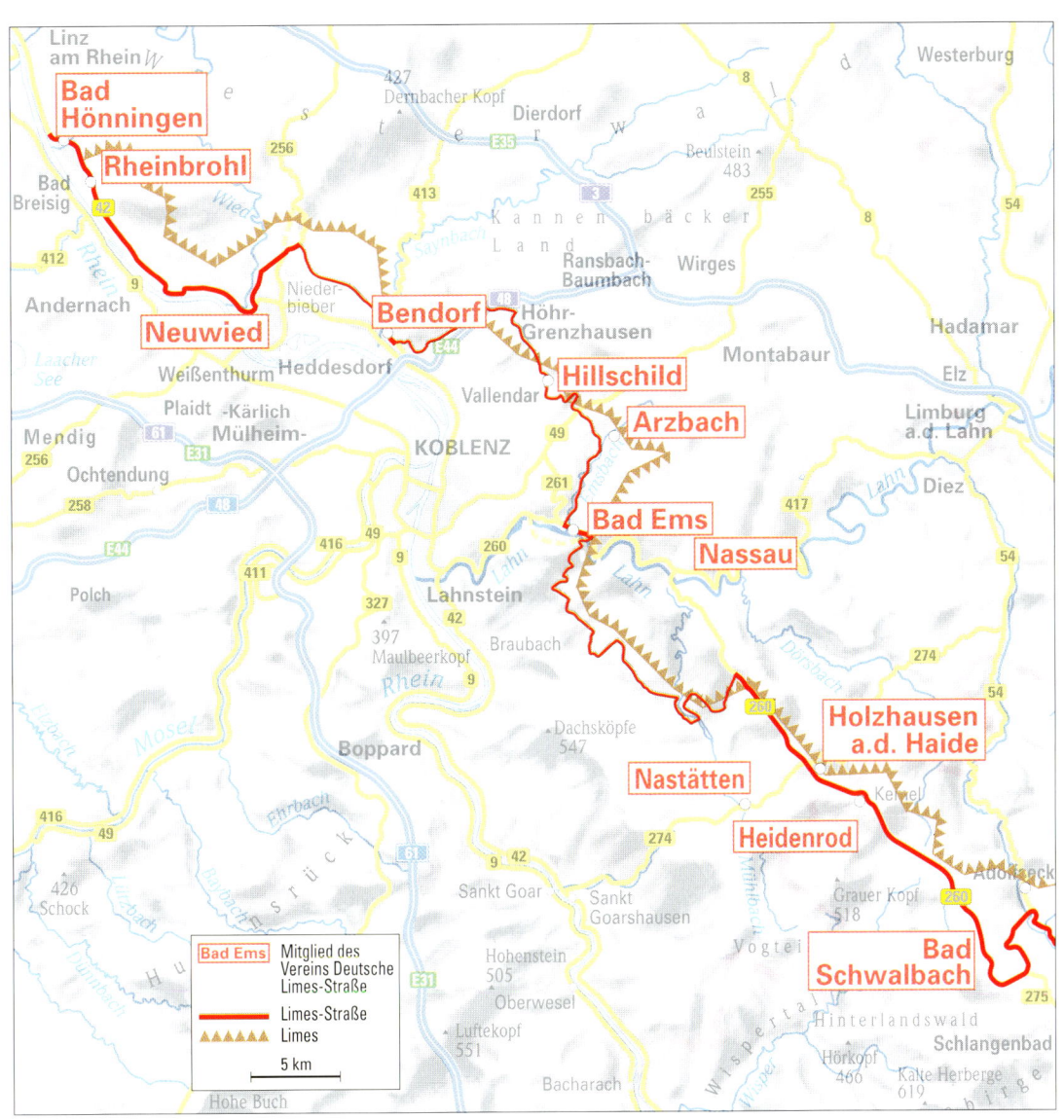

BAD HÖNNINGEN – RHEINBROHL

CAPUT LIMITIS – DER BEGINN DES LIMES

Hier liegt das Caput limitis, der Anfang des obergermanischen Limes. Gleichzeitig beginnt in Bad Hönningen die Deutsche Limes-Straße. Auf der Gemarkung Rheinbrohl steht der erste Wachturm des Limes, WP 1/1. Der aus römischen Bruchsteinen im Jahr 1974 wieder aufgebaute → Turm wurde nicht an der ursprünglichen Stelle, sondern etwa 150 m weiter nördlich errichtet.

Gegenüber, auf der linken Seite des Flusses, mündet der Vinxtbach in den Rhein. In dem Namensbestandteil »Vinxt« hat sich das lateinische »ad fines« – an der Grenze – erhalten. Südlich des Vinxtbaches beginnt die römische Provinz Obergermanien (Germania superior), die auch auf die rechte Rheinseite übergreift, nördlich erstreckt sich bis zur Nordsee die Provinz Niedergermanien (Germania inferior), die auf das Gebiet links des Rheines beschränkt bleibt. Während nach Norden der Strom die Grenze zum freien Germanien bildete, gehörte ab Rheinbrohl

I. VOM RHEIN BIS ZUM TAUNUS

auch rechts des Rheines ein breiter Gebietsstreifen zum römischen Reich, der durch den obergermanischen Limes abgegrenzt wurde.

DAS KLEINKASTELL RHEINBROHL

Die regelmäßige, 0,07 ha große Anlage besaß zwei Spitzgräben, die steinerne Wehrmauer konnte an der Rückseite (Ostseite) des Kastells nachgewiesen werden. Im Innenbereich wurden Brunnen und Pfostenlöcher festgestellt. Von der Anlage ist heute nichts mehr zu sehen, sie wurde beim Sand- und Kiesabbau zerstört.

Kleinkastelle lassen sich am Limes häufig zwischen größeren Kastellanlagen und an strategisch wichtigen Punkten nachweisen, dienten wahrscheinlich auch zur Unterstützung der Wachturmbesatzungen an der Limesstrecke. Der Rhein hatte damals wie heute eine große Bedeutung für den Verkehr in nordsüdlicher Richtung. Dies war sicher ein Grund dafür, diese Stelle zusätzlich durch ein Kleinkastell zu sichern.

Vom Limes selbst sind am Caput limitis keine Spuren mehr vorhanden. Der Limes zieht von Rheinbrohl nach Westen über einen Ausläufer des Westerwaldes. Dort, im Naturpark Rhein-Westerwald, ist die → Befestigung streckenweise noch sehr gut als hoch aufgeschütteter Wall erhalten. Die schönste Strecke reicht von WP 1/18 bis 1/20 nordöstlich von Leutesdorf. Das gesamte Gebiet ist über Wanderwege leicht zugänglich.

Oben: Der erste Wachturm des Limes bei Rheinbrohl ist aus römischen Bruchsteinen wieder aufgebaut worden. Er steht nicht am ursprünglichen Platz, sondern ca. 150 m weiter nördlich.

Rechts: Im Naturpark Westerwald zwischen Rheinbrohl und Neuwied sind Wall und Graben des Limes stellenweise hervorragend erhalten.

I. VOM RHEIN BIS ZUM TAUNUS

DIE KASTELLE IM NEUWIEDER BECKEN

Die Deutsche Limes-Straße folgt entlang des Rheins der B 42 nach Süden, wo sich bei Neuwied das Tal zum Neuwieder Becken weitet. Kastelle findet man hier gleich in drei Orten: in Neuwied-Niederbieber am nördlichen Rand des Beckens, in Neuwied-Heddesdorf etwa im Zentrum und in Bendorf am südöstlichen Rand, wo sich das Neuwieder Becken wieder zum Rheintal verengt.

Der Limes verläuft weiter nordöstlich über die Höhen des Westerwaldes und umschließt so diese Beckenlandschaft. Auf dem Wingertberg nördlich von Oberbieber wurde → ein Turm rekonstruiert. Im Distrikt »Sandschleife« im Hainbacher Wald sind → Wall und Graben des Limes stellenweise hervorragend erhalten und lassen sich leicht im Gelände verfolgen. »Auf der Alteck« wurde eines der höchst seltenen sechseckigen Turmfundamente ausgegraben. Südlich von Anhausen liegt im Wald ein Kleinkastell hinter dem Limes, dessen → Wehrmauern als Schuttwälle im Gelände erkennbar sind.

DAS KASTELL NIEDERBIEBER

Bei Ausgrabungen der Reichs-Limeskommission 1897–1912 wurde ein Steinkastell von 5,2 ha Fläche nachgewiesen. Von der Innenbebauung sind das Stabsgebäude, das Kommandantenhaus, ein Getreidespeicher (Horreum), das Waffenmagazin (Fabrica), sowie einige Mannschaftsbaracken bekannt. Innerhalb der Umwehrung wurde auch ein Bad festgestellt. Das ist ungewöhnlich, in aller Regel lagen die Bäder der Soldaten außerhalb der Kastelle. Die heutige → »Kastellstraße« in Niederbieber folgt über eine Strecke der damaligen Lagerhauptstraße (Via principalis). Zu sehen sind ansonsten nur noch der Grundriss des Bades und das Nordtor des Kastells.

Auf Grund von Ziegelstempeln der *Legio VIII Augusta* wird die Erbauung von Kastell und Bad kurz nach 185 n. Chr. in die Zeit des Kaisers Commodus (180–192) datiert. Neben dem Kastell erstreckt sich ein ca. 40 ha großes Lagerdorf. Das Dorf war mit einem Graben und einem Flechtwerkzaun eingefriedet. Spuren von Kampfhandlungen im Kastell wurden lange Zeit kontrovers diskutiert. Annahmen, dass an dieser Stelle kaiserloyale Anhänger des Gallienus gegen Verbände des gallischen Sonderreiches unter Kaiser Postumus (259–268) kämpften, erwiesen sich als nicht haltbar. Wahrscheinlich sind diese Spuren auf Kämpfe mit einfallenden Franken zurückzuführen, die Kastell und Vicus um 259/260 angriffen, als der gesamte Limes zerstört wurde. Zumindest sprechen mehrere Münzschätze aus dieser Zeit dafür.

Durch Inschriften sind der *Numerus exploratorum Germanicianorum Divitiensium* und ein *Numerus Brittonum* bezeugt, d. h., es lagen gleich zwei Einheiten in dem Kastell. Vermutlich wurde diese ungewöhnlich starke Besatzung von einem hochrangigen Kommandanten befehligt, der aus dem Ritterstand stammte (Präfekt).

Die Anlage ist, mit Ausnahme einiger Teilbereiche, durch die dichte moderne Bebauung zerstört worden. Kürzlich stellte man bei archäologischen Untersuchungen eine vielfältige Innenunterteilung der Mannschaftunterkünfte fest. Bei diesen Untersuchungen konnten verschiedene Bereiche dokumentiert werden, wie ein Abwasserkanal, Abfallgruben, Stützpfostenpfeiler, die ehemaligen hölzernen Mannschaftsbaracken und Erdkeller. Erforscht wurde der vor der antiken Toranlage gelegene, nördliche Kastellbezirk.

Aus Niederbieber stammen einige ungewöhnliche und seltene Funde. Neben Keramik, Bronze- und Eisengegenständen gibt es die gut erhaltene Reiterstandarte in Form eines Drachenkopfes, den berühmten Reiterhelm von Niederbieber, einen bronzenen

Oben: Eisenhelm mit tief heruntergezogenem Nackenschirm und breiten Wangenklappen aus dem 3. Jahrhundert, gefunden im Kastell Niederbieber.

Unten: Das Kastell und das Lagerdorf von Niederbieber, wie es in der Zeit um 200 n. Chr. ausgesehen haben mag (nach H. Bernhard).

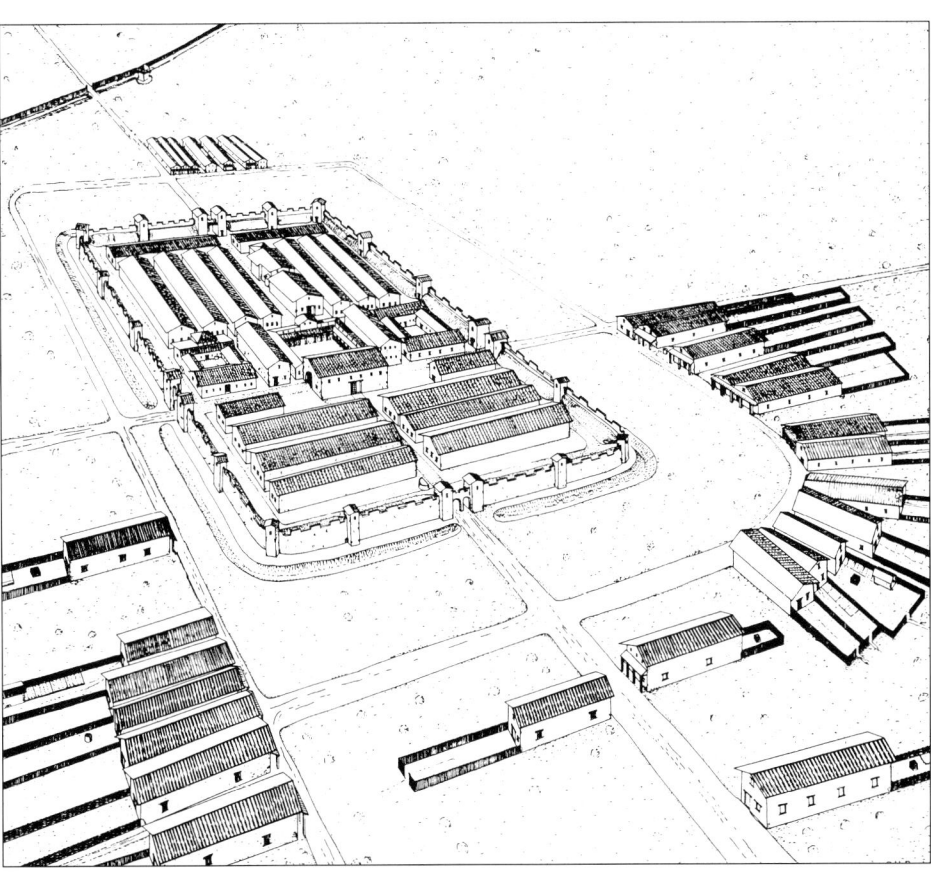

I. VOM RHEIN BIS ZUM TAUNUS

Die bronzene Büste zeigt Kaiser Gordianus III. (238–244), einen der Soldatenkaiser des 3. Jahrhunderts.

Porträtkopf des Kaisers Gordianus III. (238–244) und eine Zierscheibe einer Standarte mit der Darstellung eines römischen Kaisers. Die meisten Fundstücke sind heute im Landesmuseum Bonn und im Kreismuseum Neuwied zu besichtigen.

DAS KASTELL HEDDESDORF

Das Kastell von Neuwied-Heddesdorf ist das ältere der beiden auf Neuwieder Boden festgestellten Kastelle. Es wurde um das Jahr 100 n. Chr. als Steinkastell mit 2,8 ha Größe angelegt. Inwieweit die Anlage auch nach Gründung des benachbarten Kastells Niederbieber weiterexistierte, ist bislang unbekannt. Als Besatzung ist die *Cohors XXVI voluntariorum civium Romanorum* und ab der Mitte des 2. Jahrhunderts die *Cohors II Hispanorum equitata* bezeugt. Die Truppennamen sagen uns einiges über die Zusammensetzung der Einheiten. Die Cohors XXVI bestand aus freiwilligen römischen Bürgern, die Cohors II war ursprünglich in der Provinz Hispania (Spanien) rekrutiert worden und durch eine berittene Abteilung (Equitata) verstärkt. Ausgrabungen 1898/99 legten unweit der Porta principalis dextra ein Badegebäude frei. Das Kastellbad ist im Bereich des Auskleideraumes (Apodyterium) später umgebaut und anschließend vielleicht gar nicht mehr als Bad genutzt worden. Weiter konnte die Ausdehnung der zivilen Ansiedlung im Süden, Osten und Westen des Kastells festgestellt werden.

Oberirdisch sind heute keine Spuren des Kastells sichtbar, die Verbindung zwischen den beiden Seitentoren (Porta principalis dextra/Porta principalis sinistra) wird heute durch den Verlauf der Geschwister-Scholl-Straße in Neuwied-Heddesdorf gekennzeichnet.

DAS KASTELL BENDORF

Südlich des heutigen Ortes Bendorf, unweit der Mündung des Saynbaches in den Rhein, wurden 1896 die Überreste des Kohortenkastells Bendorf entdeckt. Die Anlage wurde zunächst durch die Reichs-Limeskommission und später durch das Rheinische Landesmuseum Bonn untersucht. Mehrere Holzkastelle aus der zweiten Hälfte des 1. Jahrhunderts konnten nachgewiesen werden. Wahrscheinlich ist die älteste archäologisch nachgewiesene Anlage mit den Chattenkriegen des Kaisers Domitian (83–85) in Verbindung zu bringen. Wegen der strategischen Bedeutung der Stelle – Sicherung von Transportwegen in das fruchtbare Neuwieder Becken sowie Kontrolle des Rheines – dürfte hier allerdings schon früher eine militärische Anlage entstanden sein, nämlich in der Regierungszeit des Kaisers Claudius (41–54).

Das jüngste der ausgegrabenen Kastelle war 2,8 ha groß und hatte bereits ein steinernes Badegebäude in seinem Außenbereich. Als Besatzung ist inschriftlich die *Cohors I Thracum* bezeugt, eine Einheit die ursprünglich in Thrakien ausgehoben worden war. In julisch-claudischer Zeit rekrutierten die Römer im unabhängigen Königreich Thrakien, das im heutigen Bulgarien lag, Hilfstruppen, was auch nach der Eingliederung Thrakiens als Provinz im Jahr 43 n. Chr. beibehalten wurde.

Durch das Landesamt für Denkmalpflege Koblenz wurden im Zuge von Ausbauarbeiten an der B 42 sowie bei einem damit verbundenen Bimsabbau Ausgrabungen im Vicusbereich des Kastells Bendorf durchgeführt. Festgestellt wurden die für Kastelldörfer typischen Holzreste von Streifenhäusern, Brunnen und grubenartigen Anlagen.

Römische Gebrauchskeramik des 3. Jahrhunderts aus dem Kastell Niederbieber, geborgen bei Ausgrabungen des Jahres 1999.

TOURISMUS-TIPPS

Im Kreismuseum Neuwied am Raiffeisenplatz sind Funde aus den Kastellen Niederbieber und Heddesdorf ausgestellt. Den Spuren der Eiszeitjäger kann man im Museum des Eiszeitalters im Monrepos folgen. – In Neuwied, der Deichstadt an Rhein und Wied, bieten sich außerdem noch die ehemalige Abtei Rommersdorf, die Burg Altwied und die Schlösser Neuwied und Engers zur Besichtigung an.
In Bendorf lohnt sich ein Besuch des Schlosses Sayn, der Burg Sayn mit dem Turmuhrenmuseum und der um 1200 erbauten Abteikirche mit romanischen Fresken. – Auf der Weiterfahrt passiert die Deutsche Limes-Straße Höhr-Grenzhausen im Herzen des »Kannenbäckerlandes«. Hier kann man dem Keramik-Museum einen Besuch abstatten.

Drachenkopfstandarte aus dem Kastell Niederbieber aus vergoldetem Bronzeblech. Der Kopf saß auf einer Stange, am Hals war ein schlauchförmiger Körper aus Stoff angebracht.

LITERATUR

H. Eiden, Zehn Jahre Ausgrabungen an Mittelrhein und Mosel (1976) 36 ff. – B. Oldenstein-Pferdehirt, Die römischen Hilfstruppen nördlich des Mains. Forschungen zum obergermanischen Heer I. Jahrb. RGZM 30, 1983, 335 f. – ORL Abt. B Nr. 1a (1936); Nr. 2 (1937). – E. Schallmayer, Niederbieber, Postumus und der Limesfall – Stationen eines politischen Prozesses. Saalburg-Schriften 3 (1996). – H.-H. Wegner, Berichte zur Archäologie an Mittelrhein und Mosel 1, 1987, 226 ff.

HILLSCHEID

Von Bendorf erreicht man über Höhr-Grenzhausen den Ort Hillscheid. Westlich der Straße steht der → weiß verputzte Limesturm von Hillscheid. An den Turm schließt der Wall des Limes an. Das Innere des drei Stockwerke hohen Turmes birgt ein kleines Museum mit römischen Funden. Vom Wehrgang hat man einen hervorragenden Blick über den Westerwald, das Neuwieder Becken und die Eifel.

Östlich von Hillscheid ist der → Limes auf ca. 5 km streckenweise sehr gut erhalten. Auf diesem Abschnitt standen einst sieben Wachtürme. Zwischen den Turmstellen WP 1/71 und 1/72 weisen Schilder auf ein Kleinkastell hin, das im Gelände noch erkennbar ist.

Das ursprünglich 0,16 ha große → Kleinkastell Hillscheid wurde von Anfang an in Stein erbaut und vielleicht später durch eine kleinere Anlage von 0,03 ha Größe ersetzt. Ungewöhnlich sind der von der Wehrmauer des ersten Kastells durchzogene quadratische Turm an der Südwestseite und ein einziger, trapezförmiger Eckturm im Süden. Hinweise auf das genaue Alter der Anlage könnte nur eine Ausgrabung liefern. Wahrscheinlich dürfte sie in der Mitte des 2. Jahrhunderts bestanden haben. Vom Kleinkastell aus läuft der Limes weiter nach Süden, wo man unschwer die Reste der Steintürme 1/72 und 1/73 ausmachen kann. Auch ein Abschnitt des Limes ist dort heute noch im Gelände sichtbar.

Vom Wehrgang des rekonstruierten Wachturms bei Hillscheid hat man einen hervorragenden Blick über den Westerwald, das Neuwieder Becken und die Eifel.

I. VOM RHEIN BIS ZUM TAUNUS

ARZBACH-AUGST

Sesterz des Kaisers Hadrian (117–138). Die so genannten »Nationalen Numeri« wurden vornehmlich in der Regierungszeit des Kaisers Hadrian (117–138) in der römischen Armee eingeführt. Zumeist oblag ihnen der Grenzschutz.

Die Ziegelstempel aus dem Kleinkastell Arzbach stammen von der 22. Legion, der 4. Vindelikerkohorte und der 1. Kohorte römischer Bürger. Aus den Stempeln kann man schließen, dass die Anlage am Ende der Regierungszeit Kaiser Trajans (98–117) erbaut wurde.

Der gewundene Verlauf der Limes-Straße führt weiter nach Arzbach-Augst. Am südlichen Ortseingang lag ein Kastell zum Schutz des tief eingeschnittenen Emsbachtales. Das Tal verläuft von hier fast genau nach Süden und stellt die kürzeste Verbindung vom Limes zu dem Lahnübergang in Bad Ems dar. Auch die Limes-Straße nutzt diese verkehrsgeografisch günstige Verbindung zur Lahn.

Das Kastell, nördlich der Augst-Kirche gelegen, umfasste 0,7 ha und wurde gleich in Stein errichtet. Die Truppe, die hier stationiert war, ist unbekannt. Wahrscheinlich handelte es sich um einen Numerus. Die so genannten »Nationalen Numeri« trugen ihren Stammesnamen in der Truppenbezeichnung und wurden vornehmlich in der Regierungszeit des Kaisers Hadrian (117–138) in der römischen Armee eingeführt. Zumeist oblag ihnen der Grenzschutz. Das Haupttor des Kastells Arzbach-Augst führte zum Limes, der rund 50 m vor dem Lager vorbeilief. Von den Innenbauten konnte der rückwärtige Teil des Stabsgebäudes mit apsidial herausgehobenem Fahnenheiligtum ausgegraben werden. Zwei großräumige Gebäude in der Retentura (rückwärtiger Teil eines Kastells) sind ebenso wie ein rechteckiges Bauwerk unmittelbar östlich hinter der Porta praetoria in ihrer Funktion nicht deutbar. Datierbares Fundmaterial, darunter Ziegelstempel der 22. Legion sowie der 4. Vindelikerkohorte und der 1. römischen Bürgerkohorte, zeigt, dass die Anlage am Ende der Regierungszeit Kaiser Trajans (98–117) erbaut wurde. Von dem Kastell, das durch Feuer zerstört wurde, ist heute nichts mehr sichtbar. Wahrscheinlich liegt die Augst-Kirche genau über dem Bad, das zu dem Numeruskastell gehörte.

BAD EMS

Unter der Stadt von Bad Ems liegen zwei Kastelle im Boden verborgen, die nacheinander in römischer Zeit errichtet worden waren, um den Übergang über die Lahn zu sichern. Das jüngere Steinkastell war ca. 1,3 ha groß und wurde wohl für einen unbekannten Numerus angelegt. In der an ihrer Westseite verzogenen Anlage dürfte sich die letzte Ausbaustufe eines ehemals kleineren Kastells zu erkennen geben. Deutlich festgestellt wurde das Südtor. Von der kleineren älteren Anlage nördlich der Martinskirche wurden Reste eines Torturms angetroffen.

Folgt man in Bad Ems von der oberen Lahnbrücke aus der Bahnhofstraße durch die Bahnunterführung über die Wintersbergstraße zum heutigen Café Wintersberg, so entdeckt man die → Überreste des Steinturmes WP 2/1. Von hier aus, 140 m oberhalb des Lahntals, konnte man in römischer Zeit den Wasserweg und wahrscheinlich auch eine Brücke über den Fluss überschauen. Im Jahr 1874 ließ die Bürgerschaft von Bad Ems zu Ehren von Kaiser Wilhelm I. einen römischen Wachturm aufbauen. Er folgt den Vorbildern römischer Wachtürme, die auf der Trajanssäule in Rom dargestellt sind und dort das Tal der Donau kontrollieren. Ein → Hinweisschild bei dem rekonstruierten Turm informiert über das römische Signalsystem. Meldesysteme dieser Art wurden vor allem zum Schutz einer vormarschierenden Truppe sowie zur Nachschubsicherung eingerichtet. In seinem Werk »strategemata« – Kriegslisten – überliefert uns der antike Historiker Frontinus dieses taktische Verhalten der römischen Armee.

Die Limes-Straße überquert in Bad Ems den Fluss, verlässt dann sofort wieder das Lahntal und führt über Bechel, Dessighofen, Geisig, Marienfels, Hunzel und Pohl nach Holzhausen. Der Verlauf des Limes wurde von den römischen Erbauern geschickt auf die höchsten Stellen der umliegenden Bergkämme gelegt. → Wall und Graben sind besonders gut im Wald zwischen Schweighausen und Dornholzhausen zu sehen. Ein weiterer gut erhaltener Streckenabschnitt des Limes liegt im Pohler Wäldchen.

> ### TOURISMUS-TIPPS
>
> Seit dem 14. Jahrhundert entwickelte sich Bad Ems zu einem der bedeutendsten Heilbäder Deutschlands. Nicht nur die Heilquellen, auch die romantische Lage am Fluss und das Jacques-Offenbach-Festival laden ebenso wie das barocke Kurhaus, die Russische Kirche und das Kur- und Stadtmuseum (mit römischen Funden) zu einem Besuch ein. Nur wenige Kilometer lahnaufwärts, aber schon im freien Germanien, liegt der Luftkurort Nassau mit der sehenswerten Stammburg der Grafen und Herzöge von Nassau. Sehenswert sind auch das Stein'sche Schloss – hier wurde der Reichsfreiherr Karl vom und zum Stein geboren –, der Adelsheimer Hof (Rathaus) und die Stadttürme.

HOLZHAUSEN, HEIDENROD UND BAD SCHWALBACH

Ab Holzhausen folgt die Deutsche Limes-Straße der landschaftlich reizvollen Bäderstraße (B 260), die Bad Ems mit Bad Schwalbach und Schlangenbad verbindet und unterwegs an Heidenrod vorbeiführt. Um zum Kastell Holzhausen zu gelangen, passiert man zunächst den Ort und fährt weiter auf der Bäderstraße in Richtung Bad Schwalbach. Ca. 2 km südlich des Ortsausgangs stellt man den Wagen auf einem Parkplatz ab und folgt dem Wanderweg, der nach etwa 1 km das Kastell erreicht.

DAS KASTELL HOLZHAUSEN

Das Kastell liegt etwas unterhalb des 543 m hohen »Grauen Kopfes« mitten in einem Buchenhochwald. Gerade weil das Kastell so abgelegen ist, haben sich die → Überreste der Mauern im Gelände besonders gut erhalten. Unschwer erkennbar sind die Reste der Umwehrung mit den davor liegenden Gräben und den vier Toren. Mitten im Kastell sind die steinernen Fundamente eines Teils des Stabsgebäudes erhalten. Bemerkenswert ist insbesondere das Fahnenheiligtum, erkennbar an dem halbrunden Abschluss des Grundrisses, in dem einst die Feldzeichen standen. Bei dem Kastell entwickelte sich, wie auch in vielen anderen Fällen, ein Lagerdorf. Die Reste der Vicusbauten sind im Gelände als leichte Erhebungen sichtbar.

Mit 1,4 ha Fläche war Holzhausen eines der kleinsten Kohortenkastelle. Die Mauer wurde von einem tiefen Spitzgraben umgeben. Die Anlage wurde unter Kaiser Commodus (180–192) gegen Ende des 2. Jahrhunderts als reiner Holzbau errichtet, bald jedoch durch eine steinerne Anlage ersetzt. Bei den Ausgrabungen fand man eine große rechteckige Kalksteinplatte, auf der vergoldete Bronzebuchstaben befestigt waren. Die Inschrift hatte man zu Ehren Caracallas ursprünglich über dem linken Seitentor angebracht. Wahrscheinlich stand der Ausbau des Kastells mit den Schutzmaßnahmen Kaiser Caracallas (211–217) vor einem drohenden Alamanneneinfall in Zusammenhang. Als Besatzung konnte inschriftlich mehrfach die *Cohors II Treverorum Antoniniana* nachgewiesen werden. Die Funde und Inschriften aus dem Kastell Holzhausen befinden sich heute im Hessischen Landesmuseum Wiesbaden.

Der Limes zog nur 70 m weiter nördlich entlang der nordwestlichen Längsseite am Kastell Holzhausen vorbei. Das Haupttor des Kastells war allerdings nicht dort, sondern an der nordöstlichen Schmalseite. In der Verlängerung dieses Tores trifft man nach ca. 350 m auf den Limes, der hier nach Osten umbiegt. Vermutlich existierte dort ein Durchgang, der von dem Kastell aus überwacht wurde.

Das konservierte Haupttor (Porta praetoria) des Kastells Holzhausen von innen.

DER LIMES BEI HOLZHAUSEN

Das Stück Limes unmittelbar beim Kastell Holzhausen ist zwar irgendwann in nachrömischer Zeit eingeebnet worden, doch der → Bereich nordöstlich bei dem vermuteten Durchgang ist auf einer Strecke von knapp 1 km nach Osten hin sehr gut erhalten. Dann läuft der Wall aus, nach weiteren 30 m verschwindet auch der Graben. Interessant ist, dass ab diesem Punkt niemals eine Grenzbefestigung mit Wall und Graben, wie sie sonst für den obergermanischen Limes typisch ist, existierte. Die Befestigung fehlte auf einer Strecke von über 6 km. Offenbar war diese waldreiche Gegend so abgeschieden, dass das römische Militär diesen Abschnitt zunächst nur durch Türme, später dann noch durch eine einfache Palisade ohne Wall und Graben schützte.

Etwa auf halber Strecke dieses unbefestigten Limesabschnitts liegt westlich von Huppert (Gemeinde Heidenrod) das Kleinkastell »Auf dem Dörsterberg« (WP 2/43). Das Kastell wurde zunächst aus

Holz errichtet (Größe 0,05 ha), später verkleinert und in Stein ausgebaut (Größe 0,03 ha). Im Innenraum der Anlage wurden undefinierbare Pfostenstandspuren festgestellt. Die Grenzlinie lief in einem Abstand von 20 m am Kastell vorbei. Anscheinend war die Anlage besetzt, solange der Limes existierte.

DIE KLEINKASTELLE BEI BAD SCHWALBACH

Unmittelbar an der Bäderstraße, gut 10 km südöstlich von Holzhausen und 5 km nordwestlich von Bad Schwalbach, liegt das Örtchen Kemel. Etwa 1 km nördlich von Kemel setzte bei dem Turm WP 2/47 die übliche Befestigung des Limes mit → Wall und Graben wieder ein, wie durch Grabungen nachgewiesen werden konnte. Die Überreste des Turms sind als flacher Steinhügel unmittelbar westlich der Straße von Kemel nach Huppert erhalten. Die Limesbefestigungen sind jedoch durch den Ackerbau vollkommen eingeebnet worden und werden erst wieder östlich der Aar im Gelände sichtbar.

Unmittelbar auf der Höhe von Kemel stimmt die römische Grenze streckenweise mit der Bäderstraße, die den Ort im Nordosten umgeht, überein. Die Anhöhe, über die die Bäderstraße verläuft, heißt »auf dem Pohl«. Der Name weist auf den Limes hin, der im Volksmund »Pohl« (Pfahl) genannt wird. Auf dieser Anhöhe wurden in römischer Zeit nacheinander mindestens zwei Kleinkastelle angelegt. Sie sind heute im Gelände nicht mehr sichtbar. Das ältere der beiden Kleinkastelle hatte eine Größe von 0,07 ha und dürfte an das Ende des 1. Jahrhunderts zu datieren sein. Es wurde durch zwei Spitzgräben gesichert und hatte einen einzigen Zugang an der dem Limes zugewandten Seite. Im Inneren wurde ein hufeisenförmiger Bau festgestellt, der mit der Anlage von Hanau-Neuwirtshaus vergleichbar ist. Diese Schanze wurde jedoch aufgegeben, und man errichtete unmittelbar nördlich davon eine 56 × 46 m große Anlage, die ebenfalls durch zwei Spitzgräben und eine Palisade gesichert war. Auch hier stellte man bei Ausgrabungen Spuren der Innenbebauung fest. Nach der Aufgabe dieses Kleinkastells dürfte ein Steinwachturm die strategisch wichtige Anhöhe gesichert haben. Es ist bislang jedoch nicht gelungen, diesen Wachturm im Gelände ausfindig zu machen.

Unter dem Ortskern von Kemel liegt ein weiteres Kastell, das wahrscheinlich eine Größe von 0,7 ha hatte und im Verlauf des 2. Jahrhunderts für einen Numerus errichtet wurde. Den Mittelpunkt des Kastells zeigt die heutige Kirche an, obertägig ist von der römischen Anlage nichts mehr sichtbar.

Von Kemel zieht der Limes genau nach Osten weiter in Richtung Adolphseck. Auf dieser Limesstrecke wurden allein sieben römische Wachtürme nachgewiesen, wovon heute noch → die Wachtürme WP 2/51, WP 2/52 und WP 2/53 gut sichtbar sind. Nahe dem ebenfalls gerade noch als Schutthügel erkennbaren Wachturm 2/55 zog die Grenzlinie steil ins Aartal hinunter und überquerte den Fluss. Dort, wo der Limes die Aar überquert, findet man auf einem Felsen in Augenhöhe die → Inschrift »Ianuarius Iustinus« eingemeißelt. Offenbar hat sich hier einer der römischen Soldaten von der Besatzung eines nahe gelegenen Wachpostens in seinen Mußestunden verewigt.

Auf dem rechten Aarufer, ungefähr 40 m hinter dem Limes, lag das 0,04 ha große Kleinkastell Adolfseck. An dieser Stelle führte eine römische Holzbrücke über die Aar, von der noch die Pfähle mit eisernen Schuhen gefunden wurden, mit der sie im Talgrund verankert war. Die Besatzung des Kleinkastells war bei ihren Kontrollgängen auf diese Brücke angewiesen. Der einzige Zugang des Kastells war dem Limes zugewandt.

> **LITERATUR**
> ORL Abt. B. Nr. 6 (1904) Plan Taf. 2. – B. Pferdehirt, Die Keramik des Kastells Holzhausen. Limesforschungen Bd. 16 (Berlin 1976).

Dort, wo der Limes die Aar überquert, hat ein römischer Soldat in Augenhöhe die Inschrift »Ianuarius Iustinus« in den Felsen eingemeißelt.

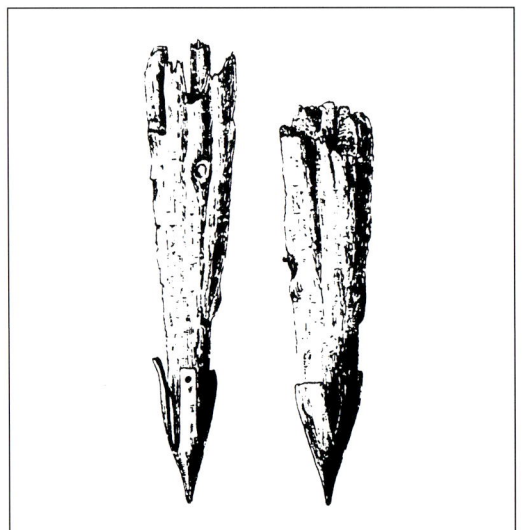

Pfahlreste mit eisernen »Pfahlschuhen« von der römischen Brücke über die Aar beim Kleinkastell Adolfseck.

> **TOURISMUS-TIPPS**
> Die Verbandsgemeinde Nastätten liegt mitten im »Blauen Ländchen« und umfasst 32 Gemeinden. Sehenswert sind das Nicolaus-Otto-Museum (Erfinder des Ottomotors) in Holzhausen, die gotische Kirche aus der Zeit um 1200 mit einzigartiger bäuerlicher Madonna in Marienfels und das Museum »Leben und Arbeiten in Nastätten«.
> Heidenrod gehört zum Naturpark Rhein-Taunus und gilt als die waldreichste Gemeinde Hessens.
> Bad Schwalbach, berühmt für seine kohlensäurereichen Mineralquellen, ist seit über 400 Jahren Heilbad und Mittelpunkt eines ausgedehnten Wanderwegnetzes, das die waldreiche Umgebung erschließt.

II. HOHER TAUNUS UND WETTERAU

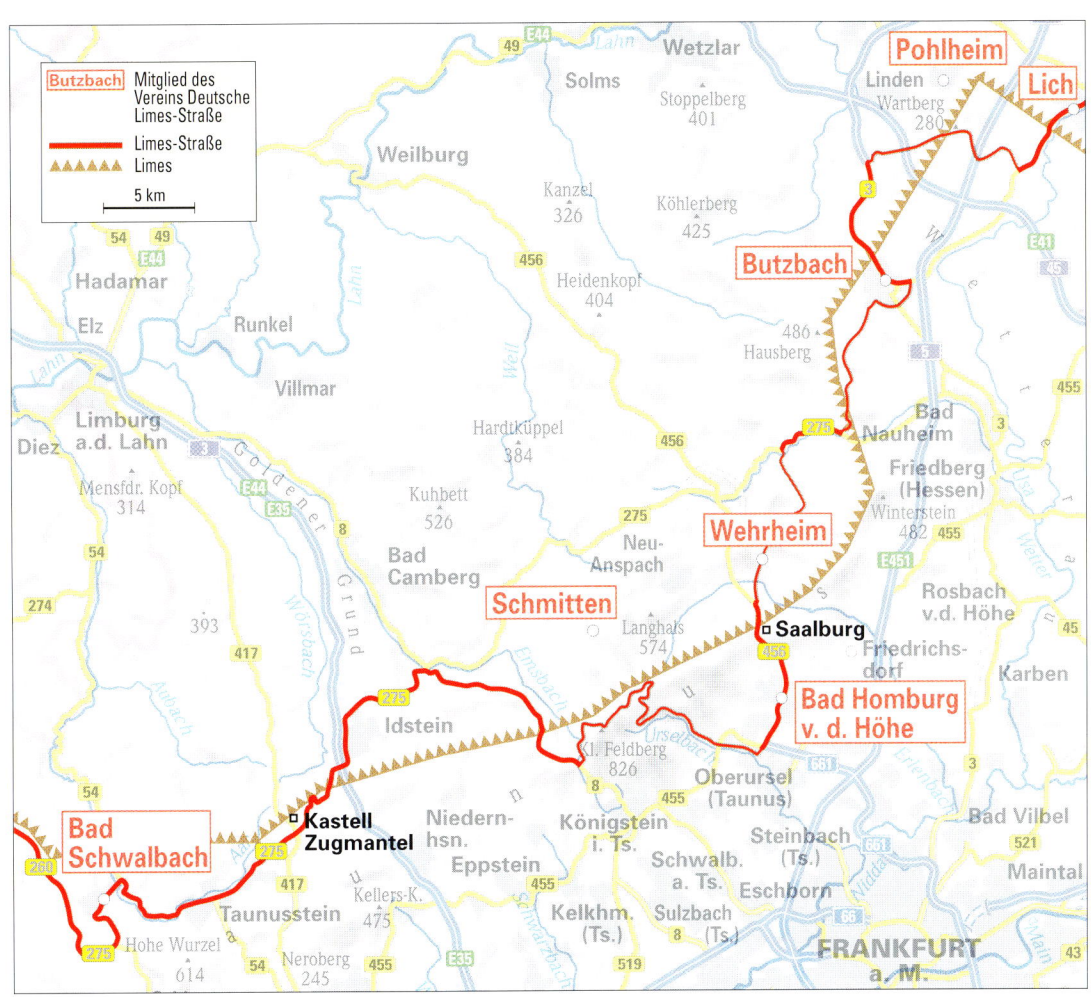

TAUNUSSTEIN – ZUGMANTEL

Ab Bad Schwalbach-Adolfseck folgt die Deutsche Limes-Straße zunächst der B 54, die bei Taunusstein in Richtung Süden nach Wiesbaden abbiegt. Die Limes-Straße wechselt hier auf die B 275 in Richtung Idstein, die mitten in Neuhof von der ebenfalls aus Wiesbaden kommenden »Hühnerstraße« (B 417) gekreuzt wird. Die Hühnerstraße von Wiesbaden nach Limburg verband bereits in römischer Zeit den Rheingau mit dem fruchtbaren »Goldenen Grund« im Limburger Becken. Biegt man in Neuhof links ab und folgt diesem alten Verkehrsweg nach Norden in Richtung Limburg, erreicht man nach knapp 3 km den Limes, der hier die Hühnerstraße kreuzt.

An dieser strategisch und verkehrsgeografisch wichtigen Stelle wurde um 90 n. Chr. ein Numeruskastell aus Holz von 0,7 ha Größe errichtet. In der Regierungszeit Kaiser Hadrians (117–138) auf 1,1 ha erweitert, wurde das Kastell in der Mitte des 2. Jahrhunderts zunächst auf 1,7 ha und ab dem Jahr 223 n. Chr. auf 2,1 ha vergrößert und in Stein ausgebaut. Inschriften nennen als Besatzung die *Cohors I Treverorum equitata*, die wahrscheinlich aus einem zuvor an dieser Stelle stationierten *Numerus Treverorum* hervorgegangen ist. Der keltische Stamm der Treveri wird bereits bei Cäsar erwähnt und stellte Kavallerieeinheiten für den Dienst im römischen Heer. Das Kastell bestand bis zur Aufgabe des Limes um 260 n. Chr.

Ausgrabungen in der Mitte des 19. Jahrhunderts und vor allem die Arbeiten der Reichs-Limeskom-

II. HOHER TAUNUS UND WETTERAU

Unweit des Kastells Zugmantel steht dicht an der Hühnerstraße der Steinturm WP 3/15.

und nach dem Zweiten Weltkrieg. Das Kastell Zugmantel darf heute als eines der am besten untersuchten Kastelle am obergermanischen Limes gelten. Vor allem die Forschungen Heinrich Jacobis im Lagerdorf erbrachten zahlreiche neue Erkenntnisse zu römischen Zivilsiedlungen und dienten nachfolgenden Wissenschaftlern als gute Ausgangsbasis für weitere Forschungen.

Umfangreiches germanisches Fundmaterial belegt offenbar die Anwesenheit von germanischen Soldaten oder Siedlern im Lagerdorf des Kastells. Auffällig sind die zahlreichen Gräben im Kastellinneren und im Außengelände. Das gut erhaltene und reiche Fundmaterial wird heute im Hessischen Landesmuseum Wiesbaden und im Saalburgmuseum aufbewahrt und ausgestellt.

DIE SICHTBAREN ÜBERRESTE

Ein ausgeschilderter Rundwanderweg führt den Besucher zu allen sichtbaren Resten im Umkreis des Kastells Zugmantel. Die → Umwehrung des Steinkastells ist rundum als Erdwall, stellenweise auch als Böschung zu erkennen. Die Porta praetoria, das Haupttor, war in allen Bauphasen des Kastells nach Osten gewandt. Durch dieses Tor führte ein Weg zur Aarquelle, an der zu Beginn des 2. Jahrhunderts ein Badegebäude errichtet wurde. Der Weg verlief über einen dreieckigen Platz im Mittelpunkt des Lagerdorfes. Hier wurde bei den Ausgrabungen dicht vor dem Kastelltor ein kleines Heiligtum festgestellt. Ein weiterer Tempel, der zwischen dem Limes und dem Kastell liegt, ist heute noch als → Schutthügel im Gelände sichtbar. In dessen unmittelbarer Nähe befindet sich eine → Rundschanze, wahrscheinlich ein kleines Amphitheater. Eine weitere → Rundschanze – wohl ein weiteres Theater – liegt einige hundert Meter östlich des Kastells. Dort, wo die Hühnerstraße den gut erhaltenen Limes durchschneidet, wurde ein → Abschnitt mit Wall, Graben und Palisadenzaun sowie ein Wachturm (WP 3/15) rekonstruiert. Der Limes ist hier nach Osten auf einer Strecke von knapp 2 km gut zu verfolgen.

mission unter Louis Jacobi (seit 1894) förderten eine Fülle von Informationen zu Tage. Heinrich Jacobi führte bis 1934 vom Saalburgmuseum aus Ausgrabungen durch, weitere Ausgrabungen folgten vor

TOURISMUS-TIPPS

Empfehlenswert ist ein Abstecher zum Museum Wiesbaden. Dort kann man die »Sammlung Nassauischer Altertümer« besuchen, eine der drei Hauptabteilungen des Wiesbadener Museums. Neben einer kunst- und naturwissenschaftlichen Sammlung sind hier zahlreiche archäologische Funde aus der Umgebung zu besichtigen, zum Beispiel aus der Civitas Mattiacorum, dem Gebiet, in welchem der Civitas-Hauptort Aquae Mattiacorum/Wiesbaden den Verwaltungsmittelpunkt bildete, sowie Funde von der Limesstrecke im westlichen Taunus und von den Limeskastellen Zugmantel und Holzhausen. Die erst vor kurzem neu gestaltete Ausstellung bringt besonders die gut erhaltenen Grab- und Weihesteine im Eingangsbereich der römischen Abteilung zur Geltung.

Museum Wiesbaden, Friedrich-Ebert-Allee 2, 65185 Wiesbaden; Tel. (06 11) 3 68 21 70.

DAS FELDBERGKASTELL (GEMEINDE SCHMITTEN)

Die Deutsche Limes-Straße folgt der B 275 nach Osten und umrundet in einem großen Bogen Idstein, wobei sie einige Kilometer weit nach Germanien gerät. Bei dem Örtchen Esch wechseln wir auf die B 8, die uns wieder südwärts zurück auf römischen Boden führt. Zwischen Kröftel und Glashütten passiert die Straße den Limes. Südlich von Kröftel, am Schlossborner Feld, sind → Wall und Graben des Limes gut erkennbar. Neben dem Weg von Glashütten nach Kröftel liegt das Kleinkastell Maisel. Zwischen den Überresten der Umwehrung steht eine Gruppe von Laubbäumen, sodass das Kastell schon von weitem zu erkennen ist. Knapp 2 km weiter zweigt von der B 8 eine Straße ab, die nach Norden auf den Feldberg führt. Nach weiteren 2 km Fahrt erreicht man das »Rote Kreuz«, den höchsten Pass des Taunus. Hier kann man das Auto auf einem Wanderparkplatz abstellen.

Wenige Hundert Meter weiter östlich findet man auf 700 m Höhe das am höchsten gelegene Kastell des Limes in Deutschland vor. Die Garnison liegt in einer Mulde zwischen dem Großen und dem Kleinen Feldberg, dicht an der Weilquelle. Ihr Zweck war es, den Pass über das »Rote Kreuz« zu überwachen. In der Mitte des 19. Jahrhunderts wurde erstmals mit Ausgrabungen begonnen, die seit 1892 im Auftrag der Reichs-Limeskommission durch Louis Jacobi und später durch seinen Sohn Heinrich Jacobi (1926–1928) weitergeführt wurden.

Weihung für Julia Mamaea und ihren Sohn, den Kaiser Severus Alexander (222–235). Der Stein, der ursprünglich als Sockel für eine Statue der Julia Mamaea diente, wurde später als Trittstein in der Badeanlage des Feldbergkastells verbaut.

eine bewegliche und teilweise berittene Aufklärungstruppe, die etwa 150–200 Mann umfasste. Es ist möglich, dass die Truppe ursprünglich aus der pannonischen Stadt Halica (im heutigen Ungarn) stammte. Das Kastell hatte eine Größe von 0,7 ha. Die Gründung der ersten Kastellanlage konnte nicht genau ermittelt werden, ist aber wahrscheinlich in die Mitte des 2. Jahrhunderts zu datieren. Funde aus dem Feldbergkastell werden heute im Saalburgmuseum aufbewahrt und ausgestellt.

Die → Kastellruine ist außergewöhnlich gut erhalten und in weiten Teilen konserviert. Deutlich zu erkennen sind die Fundamente der Umwehrung mit den vier Toren. Im Inneren der Anlage kann man sich leicht am apsidial (halbrund) abgeschlossenen Fundament des Fahnenheiligtums orientieren. Hier lag das Stabsgebäude. Sichtbar ist auch noch der Grundriss eines Speichers. Mauerzüge eines weiteren Gebäudes neben dem Stabsgebäude gehörten vermutlich zum Haus des Kommandanten. Das Haupttor des Kastells weist nach Nordwesten zum Limes, der in ungefähr 100 m Entfernung vorbeiläuft und als flacher Damm sichtbar ist.

Zwischen Haupttor und Limes erkennt man heute noch den → Schutthügel des Kastellbades, der von der Bevölkerung als »Heidenkirche« bezeichnet wird. Hier entdeckte man als Schwellstein verbaut den Sockel einer Statue mit einer Inschrift für die Kaisermutter Julia Mamaea und ihren Sohn Severus Alexander (222–235). Die Inschrift nennt auch die Besatzung des Kastells, die *Exploratio Halicanensium*,

Die Ruine des Kastells am Feldberg ist außergewöhnlich gut erhalten und in weiten Teilen konserviert.

II. HOHER TAUNUS UND WETTERAU

WANDERUNG: VOM FELDBERGKASTELL ZUR SAALBURG

Zwischen den Türmen WP 3/59 und 3/60 bestand der Limes ausnahmsweise aus einer Trockenmauer, die heute als verstürzter Steinwall durch das Gelände zieht.

Wanderung vom Kastell am Feldberg zur Saalburg.

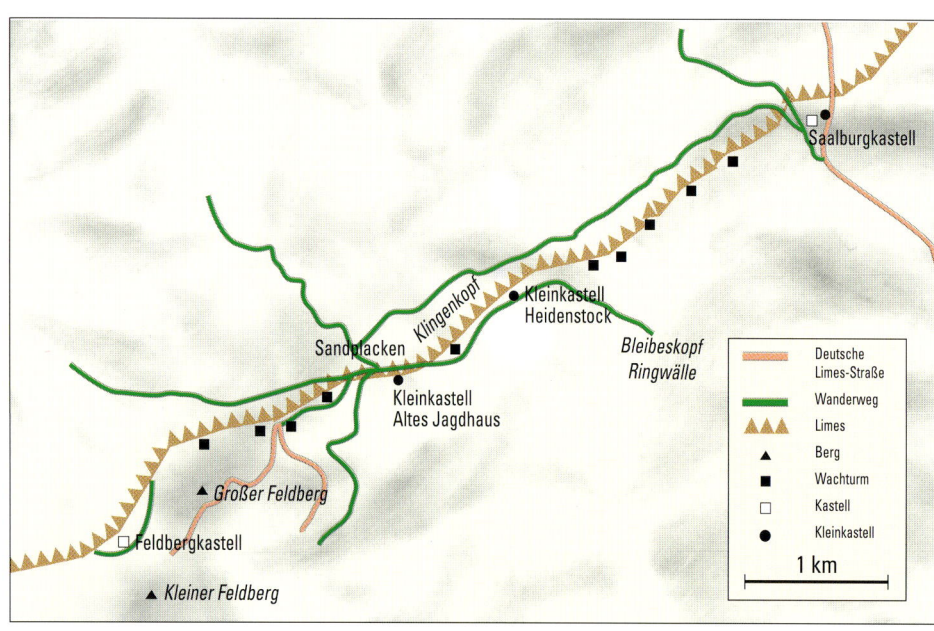

Die Passhöhe am »Roten Kreuz« ist ein geeigneter Ausgangspunkt für eine Wanderung entlang des Limes zur Saalburg. Folgt man dem markierten Wanderweg, so erreicht man nach ca. 150 m entlang am gut erkennbaren Limes das rückwärtige Tor des Feldbergkastells. Vom Feldbergkastell folgt der markierte Weg über weite Strecken dem Limes. Auffällig ist unweit des Feldbergkastells die doppelte Ausführung des Walls, wahrscheinlich eine Korrektur der Linienführung zur leichteren Kontrolle. Ein Etappenpunkt ist der WP 3/49 – mit 825 m ü.NN die höchste Stelle am obergermanisch-rätischen Limes. Von der jüngeren Ausbauphase des Turms in Stein ist das → konservierte Fundament sichtbar. Es liegt etwa 75 m hinter dem Limes. Steigt man den Abhang hinauf Richtung Feldberg, entdeckt man auch den noch sichtbaren Kreisgraben des hölzernen Vorgängerturmes.

Anschließend gelangt man zum Ehrenmal für die im Zweiten Weltkrieg Gefallenen des Taunusclubs. Hinter dem Denkmal, etwa 50 m zurückgenommen im Wald, liegen die → konservierten Reste des Steinturmes WP 3/50. Über weite Strecken kann man den Verlauf des Pfahlgrabens am Wegrand erkennen. WP 3/52 zählt zu den gut sichtbaren Wachturmstellen im Taunus, dessen Mauerwerk noch im Jahr 1927 bis zu einer Höhe von 1,5 m erhalten war.

Bei der Passhöhe »Sandplacken« kann man unweit einer Gastwirtschaft ca. 150 m weiter am markierten Wanderweg im Wald die Reste des Kleinkastells »Altes Jagdhaus« erkennen. Im Inneren dieser Anlage wurde im 16. Jahrhundert ein Jagdhaus gebaut. Hierbei wurden die römischen Überreste weit gehend vernichtet, bei Grabungen konnte Louis Jacobi 1897 nur noch Kleinfunde bergen, die sich heute im Saalburgmuseum befinden. Errichtet wurde das Kleinkastell wahrscheinlich in der Mitte des 2. Jahrhunderts, als Besatzung dienten wohl Soldaten von der Saalburg. Folgt man dem markierten Wanderweg, so kann man im Wald an mehreren Stellen → Wall, Graben und manchmal auch das Gräbchen entdecken, in dem ursprünglich die Palisade des Limes stand. Bisweilen wurde der Limes auf dieser Strecke auch als Trockenmauer ausgeführt, die aus vor Ort anstehenden Bruchsteinen bestand.

Am Klingenkopf wurden die → Fundamente von WP 3/55 restauriert, am Fuß des Wachpostens endet schließlich der Steinwall und das Wall- und Grabensystem beginnt wieder. Der Weg führt den Besucher zum Kleinkastell Heidenstock, eine im Verlauf des 2. Jahrhunderts entstandene und von Louis Jacobi ausgegrabene Anlage. Das direkt am Weg liegende → Kleinkastell ist zum Teil konserviert, die Wehrmauer besteht aus Quarzitbruchstücken. Auf der folgenden Strecke über den Rosskopf zum WP 3/59, vorbei am Schutthügel des WP 3/60 (Einsiedel) und WP 3/61 (Kieshübel), kann man an zahlreichen Stellen den gut erhaltenen Limeswall erkennen. In der Nähe des »Weißesteins« findet man die konservierten Grundmauern des WP 3/63. Etwa 25 m entfernt davon, auf der anderen Wegseite, sind die Spuren der Vorgängertürme aus Holz zu erkennen. Der Wanderweg führt weiter zur Saalburg (s. u.) vorbei am hier zum Teil hervorragend erhaltenen Limes.

II. HOHER TAUNUS UND WETTERAU

DIE SAALBURG BEI BAD HOMBURG

Die Limes-Straße führt am Fuß des Feldbergs entlang über Königstein und Bad Homburg zur Saalburg. Man kann vom Feldbergkastell aus jedoch, anstatt zur B 8 zurückzukehren, auch über den Großen Feldberg auf die Hochtaunusstraße fahren und bei Oberursel nach Norden zur Saalburg abbiegen.

Die römischen Militäranlagen der Saalburg liegen auf einem Sattel des Taunus, der einen natürlichen Gebirgspass bildet, über den eine relativ bequeme Wegeverbindung zwischen dem Rhein-Main-Raum und dem Usinger Becken, letztlich dem oberhessischen Gebiet, verlief. Die etwa 6 km nördlich von Bad Homburg vor der Höhe gelegene Übergangsstelle musste allein schon aus strategischen Gründen gesichert und nach Einrichtung des Limes als wichtiger Grenzdurchgang überwacht werden.

FORSCHUNGSGESCHICHTE

Bereits 1723 wurde in der Nähe der Saalburg eine Weiheinschrift für den römischen Kaiser Caracalla gefunden, die heute im Fahnenheiligtum des Kastells aufgestellt ist. Im Jahr 1747 wurde die Saalburg erstmals von dem Homburger Regierungsrat Elias Neuhof als »Schanze der Römer« angesprochen. Er beschrieb die Anlage als viereckigen Platz, der von einem Graben umgeben sei. In der Folgezeit nutzte man die Ruine als Steinbruch.

Im Jahr 1857 wurde durch Landgraf Ferdinand die Saalburg-Kommission eingesetzt, die sich um die Konservierung der römischen Mauern bemühte.

Bei einem Besuch der Ausgrabungen im Spätsommer des Jahres 1870 begeisterte sich auch der spätere Kaiser Wilhelm II. für die Untersuchungen. Seit 1871 führte der preußische Konservator der Altertümer in Wiesbaden, August von Cohausen, die umfassende archäologische Erschließung der Gesamtanlage durch. Cohausen war es auch, der bereits ein Jahr später den Neuaufbau der Saalburg mit entsprechenden Räumlichkeiten für ein Museum anregte und den »Verein zur Förderung der Saalburg-Bauten« gründete.

Den letzten Anstoß zum Wiederaufbau der Saalburg – zwischenzeitlich hatte Louis Jacobi die Ergebnisse der bisherigen Untersuchungen in seinem viel beachteten Werk »Das Römerkastell Saalburg bei Homburg v.d.H.« veröffentlicht – gab schließlich Wilhelm II. selbst. Am 11. Oktober 1900 legte der Kaiser im Rahmen eines aufwendig gestalteten Festaktes den Grundstein. Zugleich entstand ein kleines

Forschungsinstitut, das sich bis heute besonders der Limesforschung widmet.

Bei den Baumaßnahmen, die sich bis kurz vor dem Ersten Weltkrieg hinzogen, entstanden neben dem Stabsgebäude auch die Getreidespeicher (Horrea), das Haus des Kommandanten (Prätorium) sowie zwei Mannschaftsbaracken (Zenturien), im Außenbereich des Kastells das Mithräum, das Wärterhaus und zahlreiche in die Landschaft integrierte Einzeldenkmäler wie etwa die Mainzer Jupitersäule oder sonstige Versatzstücke. Auch die beiden im Jahr 1909 östlich des Kastells aufgefundenen und anschließend von Heinrich Jacobi ausgegrabenen Schanzen A und B wurden im Gelände sichtbar gemacht.

Seither haben Millionen Besucher den Weg zu dem wieder aufgebauten Römerkastell auf den Taunushöhen gefunden. Als einzigartiges Denkmal der römischen Archäologie vermittelt die Saalburg noch

Reiter in römischer Paraderüstung am Rande einer Veranstaltung im Saalburgmuseum.

Öl- und Parfümgefäße von der Saalburg zeugen von der Badekultur der Römer.

Museumspädagogischer Arbeitsraum auf der Saalburg.

heute einen detaillierten Einblick in die Lebensverhältnisse, die während der Antike in unserem Land herrschten. Das Haus versteht sich als kulturhistorische Einrichtung, die entsprechend dem Anliegen seiner Gründer Wissenschaft und anschauliche Darstellung für die Öffentlichkeit verbindet.

Wie viele Kastellplätze am obergermanisch-rätischen Limes hat auch die Saalburg in römischer Zeit eine komplizierte Entwicklung durchlaufen. Dementsprechend kamen auch hier bei den Ausgrabungen die Spuren von mehreren Militäranlagen zum Vorschein.

SCHANZE A

Als älteste Anlage gilt die etwa 75 m östlich des Kohortenkastells gelegene Schanze A. Es handelt sich um eine 42,0 × 38,5 m (1600 m²) große Befestigung in der Form eines unregelmäßigen Fünfecks. Die Umwehrung bestand zunächst offenbar nur aus einem Zaun, dessen Pfostengruben an allen Seiten vor dem Graben erfasst werden konnten. Der Graben ließ sich noch mit einer Breite von 1,5–1,8 m und einer Tiefe von bis zu 0,9 m dokumentieren. Er ersetzte offenbar schon sehr bald, vielleicht nur nach wenigen Tagen, zusammen mit dem dahinter angeschütteten Erdwall den Zaun. Für den Erdwall lässt sich eine Breite von 2,0–2,5 m rekonstruieren.

Das Lagerinnere war bis auf technische Einrichtungen wie Backöfen an der Nordwestecke sowie Gräbchen, Gruben und einen Brunnen im östlichen Teil frei von Befunden. Dies lässt den Schluss zu, dass hier keine massive Innenbebauung vorhanden war, sondern die Soldaten in der offensichtlich kurz besetzten Schanze lediglich in Zelten untergebracht waren. Ausgehend von der üblichen Größe römischer Militärzelte und der Überlegung, möglichst viele Zelte im Innern der kleinen Anlage unterzubringen, ließe sich als Besatzung der Schanze A eine Truppe in Zenturienstärke vermuten. Bei der Datierung ist man bisher davon ausgegangen, dass die kleine Anlage im Zusammenhang mit dem Chattenkrieg Kaiser Domitians 83–85 n. Chr. und in Verbindung mit der Einrichtung des Limes entstanden ist. Da der Schanzeneingang aber nicht zum Limes nach Norden, sondern auf der entgegengesetzten Seite liegt, lässt sich vermuten, dass Letzterer noch gar nicht bestand, als Schanze A angelegt wurde.

SCHANZE B

Etwa 28 m südlich hinter Schanze A und um 11 m aus deren Achse nach Osten verschoben liegt die zweite Erdschanze des Saalburgpasses, die Schanze B. Die Befestigung weist einen annähernd regelmäßigen quadratischen Grundriss mit Seitenlängen von 47 m bzw. 45 m (2100 m²) auf. Zwei jeweils 2,8 m breite und noch 1,2 m tiefe Gräben bildeten zusammen mit dem dahinter angeschütteten Erdwall von 4,5 m Breite die Umwehrung. Vorder- und Rückseite des Erdwalles dürften durch senkrechte »Mauern« gestützt worden sein, die man aus Rasensoden aufsetzte.

Das Kleinkastell war nach Norden ausgerichtet. Hier unterbrach eine 5 m breite Erdbrücke die beiden Gräben. Der Kastelleingang selbst war wohl als holzverschalter und mit Turm bewehrter Verschlag für ein zweiflügeliges Tor in den Erdwall eingebaut. Die Toranlage liegt genau gegenüber dem Eingang der Schanze A.

Auch in Schanze B konnten bei den Ausgrabungen nur geringe Reste einstmals vorhandener Innenbauten dokumentiert werden. Es lässt sich eine U-förmige Mannschaftsbaracke ergänzen, die sich mit ihrer überdachten Veranda (Portikus) an drei Seiten zu einem Innenhof öffnete, auf den die vom Tordurchgang herkommende Straße mündete. Die Innengliederung der Baracke lässt sich mit Blick auf andere Kleinkastelle am obergermanischen Limes (z. B. Neuwirtshaus bei Hanau, Rötelsee bei Welzheim) rekonstruieren. So könnte auch Schanze B auf dem Saalburgpass eine Truppe in Zenturienstärke (80 Mann) aufgenommen haben, die sich allerdings auf eine längere Stationierungszeit einzustellen hatte.

DAS ERDKASTELL

Etwa 100 m westlich der beiden Schanzen A und B liegt ein Erdkastell. Seine Umrisse lassen sich noch heute im Gelände innerhalb des rekonstruierten Kohortenkastells an dem seit den Ausgrabungen offen stehenden Graben erkennen. Es handelt sich um eine fast quadratische Anlage, deren Seitenlängen 98 × 92 m (0,9 ha) betragen. Die Innenfläche beträgt 0,67 ha. Der das Kastell umgebende Wehrgraben war als Spitzgraben ausgeführt, 5–6 m breit und bis zu 2 m tief. Vor dem nach Norden gerichteten Kastelltor war der Graben auf 5 m Breite nicht ausgehoben. Dafür befand sich 3 m nördlich der Grabenlinie vor der Erdbrücke ein kurzer, tiefer Grabenabschnitt als zusätzlicher Eingangsschutz, ein so genanntes »titulum«. Der Durchgang des Haupttors war 3,6 m breit. Die Rekonstruktion einer zweiflügeligen Toranlage mit seitlichen Tortürmen und einer holzverschalten Überbrückung des Wehrgangs dürfte analog zu Befunden aus anderen Kastellen (z. B. Nersingen, Hesselbach, Köngen) vorzunehmen sein. Bei der Wehrmauer handelte es sich um ein Holz-Erde-Werk, das eine Breite von durchschnittlich 3,6 m besaß. In die Wehrmauer waren an den Ecken und in der Mitte der Ost- und Westseite Eck- und Zwischentürme eingebaut. Die jeweils 3 × 3 m großen Türme ragten vermutlich als offenes Gestell über den Wehrgang auf der Krone der Wehrmauer hinaus und besaßen eine (überdachte?) Plattform für die Wachen. Von der Innenbebauung des Erdkastells konnte nur wenig dokumentiert werden. Das Stabsgebäude lässt sich ohne Schwierigkeiten im Lagerzentrum annehmen. Dabei kommt der Lage der Exerzierhalle für die Rekonstruktion des Straßenverlaufs innerhalb des Kastells besondere Bedeutung zu. Sie befindet sich über der Kreuzung von Via praetoria und Via principalis. Jenseits der Kastellstraßen, die den mit Stabsgebäude und Prätorium besetzten Lagermittelstreifen im rückwärtigen Lagerteil (Retentura) einfassen, können die Mannschaftsbaracken rekonstruiert werden.

Bis auf ein komplett holzverschaltes Bassin von 4,5 × 3,9 m Größe und 1,5 m Tiefe, das auf der Südseite mittels fünf Stufen zugänglich war, und einigen Abwassergräbchen sind keine weiteren Befunde in dem vorderen Teil des Erdkastells (Prätentura) bekannt. Insgesamt könnte die Innenbebauung des Erdkastells ähnlich ausgesehen haben wie die des Numeruskastells von Hesselbach am Odenwaldlimes. Diese für eine Truppe von etwa 160 Mann errichtete Befestigung war offenbar nach einem sehr einheitlichen Schema erbaut worden. Hier handelt es sich nach Ausweis der Bauinschriften um Kastellanlagen von *Numeri Brittonum*, Truppen, die offenbar in Britannien ausgehoben und an den obergermanischen Limes verlegt wurden. Auch im Erdkastell der Saalburg dürfte ein Britonennumerus gestanden haben, denn hier fanden sich zahlreiche Fibeln britannischer Herkunft.

Zum Erdkastell gehörte ein Badegebäude, das nordöstlich der zum Limes gewandten Haupteingangsfront (Prätorialfront) des Kastells liegt. Es folgt im Grundriss dem Aussehen der Bäder bei den Numeruskastellen am Odenwaldlimes. Bisher hat man das Numeruskastells bei der Saalburg in die Zeit von etwa 90/100 n. Chr. bis »um 135 n. Chr.« datiert. Eine Neubewertung der Münzfunde aus den Kastellen des obergermanischen Limes insgesamt könnte aber den Beginn des Erdkastells, möglicherweise zusammen mit den beiden Erdschanzen A und B, erst in spättrajanischer Zeit, d. h. etwa um das Jahr 115 n. Chr., andeuten. Dagegen lässt sich der Zeitpunkt der Auflassung des Numeruskastells genauer festlegen. Über dessen planmäßig abgerissenen Bauten errichtete nämlich die *Cohors II Raetorum equitata Civium Romanorum* ihr 3,2 ha großes Kastell. Eine Weiheinschrift aus dem Jahr 139 n. Chr. spricht dafür, dass die neue Truppe ihre Garnison zu diesem Zeitpunkt schon bezogen hatte. Da die jüngste Fundmünze aus der Einfüllung des Erdkastellgrabens eine Prägung des Kaisers Hadrian aus dem Jahr 129 n. Chr. ist, muss die Aufgabe des Numeruskastells zwischen diesen beiden Jahren erfolgt sein. Die Forschung hat sich auf ein Datum von »um 135 n. Chr.« geeinigt.

Bereits zu der Zeit des Erdkastells bestand ein ausgedehntes Lagerdorf, das sich vor allem südlich und südöstlich der Garnison erstreckte. Es scheint, als sei spätestens mit der Errichtung des Erdkastells auf dem Sattel der Saalburg eine Fläche von nahezu 500 × 250 m vermessen und in 7–10 m breite Parzellen eingeteilt worden, wobei man die Fluchten der alten Erdschanzen A und B beibehielt. Auf diesen

Bronzener Zierbeschlag, der am Schwertgurt befestigt war.

Lederschuh, der in einem Brunnen der Saalburg gefunden wurde (Original und Nachbildung).

Parzellen errichteten die Bewohner langrechteckige Gebäude, die so genannten Streifenhäuser.

HOLZ-STEIN-PHASE DES KOHORTENKASTELLS

Um 135 n. Chr. entstand das 147 × 221 m (ca. 3,25 ha) große Kohortenkastell für die *Cohors II Raetorum civium Romanorum equitata*. Anders als das Numeruskastell war die neue Anlage mit ihrem Haupttor (Porta praetoria) nicht mehr zum Limes, sondern nach Süden zu der hier beginnenden Römerstraße nach Heddernheim (Nida) ausgerichtet. Die annähernd 3,6 m breite Umwehrung war an der Außen- und Innenfront jeweils mit einer trocken gesetzten, 0,8 m starken Mauerschale aus Bruchsteinen versehen. Die Wehrmauer war breit genug, um hinter einer Brustwehr noch den Wehrgang aufzunehmen, zu dem man rasch über parallel zur Mauer verlaufende Aufgangsrampen gelangen konnte. Mächtige Pfostengruben dürften von hölzernen Eck- und Zwischentürmen stammen. Wie das Beispiel des Nordtores (Porta decumana) zeigt, hatten die Tore wohl seitliche Türme mit 3 m Seitenlänge. Unmittelbar hinter der Wehrmauer der westlichen und östlichen Retentura befanden sich Gruppen von bis zu neunzehn Backöfen. Die Größe der rund bis oval angelegten, insgesamt annähernd fünfzig Backöfen bewegte sich zwischen 1,5 und 1,8 m.

Die Innenbebauung des Holz-Stein-Kastells ist nur in wenigen Resten erhalten. Vermutlich deckten sich die Gebäude dieser Bauphase in Grundriss und Größe weit gehend mit den Bauten der zweiten Phase, des späteren Steinkastells. Sehr wahrscheinlich zur Bauphase des Holz-Stein-Kastells gehörten der langrechteckige Bau in der Nordwestecke, der als Pferdestall gedeutet wurde, und ein rund 52 × 20 m großes Gebäude, vielleicht eine Doppelbaracke, in der Südwestecke des Kastells. Sehr wahrscheinlich blieb das Bad des Numeruskastells, das nun im rückwärtigen Teil des Lagers der Kohorte zu liegen kam, weiterhin in Betrieb. Dieser Umstand und die Tatsache, dass das neue Kastell mit über 3 ha Innenfläche für die Unterbringung nur einer 500 Mann starken Kohorte viel zu groß war, legen den Schluss nahe, dass der Britonennumerus am Ort verblieb und die neue Befestigung gemeinsam mit der 2. Räterkohorte bezog.

DAS STEINKASTELL

Das Kohortenkastell wurde in der zweiten Hälfte des 2. Jahrhunderts in Stein ausgebaut. Die Größe der Anlage veränderte sich dabei nicht. Allerdings wurde nun ein zweiter Spitzgraben etwa 1 m vor dem bisherigen Wehrgraben ausgehoben. Er war knapp 10 m breit und 2,5–3,0 m tief. Auch die Wehrmauer wurde umgestaltet. Ihre Vorderseite erhielt jetzt eine im Fundament 1,8–2,1 m breite massive Steinmauer, die bei den Ausgrabungen noch bis zu einer Höhe von 2,4 m angetroffen wurde. Insgesamt dürfte sie etwa 4,8 m hoch gewesen sein. Die Wehrmauer wurde von Zinnen bekrönt, die mit halbwalzenförmigen Basaltsteinen abschlossen. Der Zinnenabstand wird mit 1,5 m rekonstruiert, der Raum zwischen den einzelnen Zinnen war ebenfalls mit Basaltplatten abgedeckt. Die Wehrmauer war wohl vollständig weiß verputzt (heute an der Südostecke des Kastells teilweise rekonstruiert). Der 3,1 m breite Wehrgang war innen über eine bis zu 5 m breite Erdrampe zugänglich.

An den Toren führten Brücken über die durchgehenden Gräben. Während das Südtor (Porta praetoria) als Doppeltor mit jeweils zwei 3,36 m breiten überwölbten Durchfahrten errichtet worden war, die ein Mittelpfeiler trennte, besaßen die seitlichen Tore nur einen Durchgang von 3,66 bis 3,77 m Breite. Kleiner war das zum Limes gewandte Tor, die Porta decumana, mit einer Breite von 2,8 m. Vor dem architektonisch herausgehobenen Haupttor befand sich das Postament für eine aus Basalt in halber Lebensgröße angefertigte Kaiserstatue, deren Teile im Schutt des Tores lagen. Möglicherweise war oben zwischen den Torbögen auch jene Bauinschrift mit vergoldeten Bronzebuchstaben angebracht, von der sich ein Bruchstück im Schutt des Stabsgebäudes fand. Alle vier Tore wurden von seitlichen Tortürmen flankiert, die an die durchlaufende Außenmauer der Kastellfront angesetzt waren. Die Mauerstärken schwanken zwischen 0,57 und 0,95 m. Die Rekon-

Römische Soldaten marschieren durch das Tor der Saalburg. Aktionstage mit lebendiger Geschichtsdarstellung im Saalburgmuseum.

Das Haupttor (Porta praetoria) der Saalburg.

struktion demonstriert dem Besucher zweistöckige Türme.

Das Stabsgebäude im Zentrum lag genau über dem hölzernen Vorgängerbau des Holz-Stein-Kastells und besaß eine Größe von 41 × 58 m. Nach Süden schloss sich die 38,5 × 11,5 m große, die Via principalis überdeckende Exerzierhalle an. Zum Innenhof des Stabsgebäudes hin liegen fünf Eingänge von 1,3–3,8 m Breite. Hier dürften Tore, wie sie heute ähnlich rekonstruiert sind, vorhanden gewesen sein. Der Innenhof selbst besitzt einen quadratischen Grundriss von 21 m Seitenlänge, um den eine 3 m tiefe Vorhalle (Portikus) verlief. Die seitlichen Raumfluchten nahmen in der Antike die Waffenkammern (Armamentaria) auf. Heute sind hier Ausstellungsräume eingerichtet. Nach dem Durchschreiten des Innenhofes und eines überdachten Wandelgangs gelangt man in einen zweiten Innenhof. An dieser Stelle ist aber die Rekonstruktion des Stabsgebäudes bedingt durch den Forschungsstand, wie er vor annähernd 100 Jahren war, falsch. Anstelle des Innenhofs ist nämlich eine zweite überdachte Halle anzunehmen, die ebenso wie die große Exerzierhalle ihr Licht aus im zweiten Geschoss liegenden Fensterreihen erhalten hat. An diese zweite Querhalle schlossen sich seitlich und vor allem rückwärts liegende Räume an, die der Truppenverwaltung und den Dienst habenden Chargen als Büroräume dienten. Im Zentrum der rückwärtigen Raumfront lag das Fahnenheiligtum (Aedes principiorum). Hier waren die Truppenfahnen, allerlei Weihungen an die römische Götterwelt sowie ein Kaiserbild oder eine Kaiserstatue aufgestellt. Die Rekonstruktion geht von einem über mehrere Stufen erreichbaren, über einem Keller errichteten hohen Raum aus, dessen Ausmalung eine Vorstellung von dem Aussehen dieses sakralen Raumes im Zentrum eines römischen Kastells geben soll.

In der westlichen Prätentura befand sich das Haus des Kommandanten (Prätorium). Der lang gestreckte, insgesamt 28 m lange Bau enthielt mehrere 6 m breite Räume, deren westlichster mit einer Kanal- und Hypokaustheizung in Mischbauweise versehen war. Insgesamt wird man die Kommandantenwohnung zu einer vierflügeligen Peristylanlage zu ergänzen haben.

Gegenüber dem Prätorium lag der 24,36 × 20,12 m große Getreidespeicher (Horreum) offenbar über den Resten zweier älterer Speicherbauten, die ehemals durch einen 1 m breiten Korridor voneinander getrennt waren. Die Außenmauern des Steinhorreums sind mit bis zu 1 m Breite sehr massiv ausgeführt. Das hier lagernde Getreide und die sonstigen

Backöfen, in denen die Soldaten, die regelmäßig eine Getreideration zugeteilt bekamen, ihr Brot buken.

LITERATUR

L. Jacobi, Das Römerkastell Saalburg bei Homburg vor der Höhe (1897). – M. Klee, Die Saalburg. Führer zur hessischen Vor- und Frühgeschichte 5 (1995). – E. Schallmayer (Hrsg.), Hundert Jahre Saalburg. Vom römischen Grenzposten zum europäischen Museum (1997).

Vorräte wurden durch Schlitze in den Außenmauern belüftet. Vor den Eingängen an der Westseite des Bauwerks lagen sehr wahrscheinlich Laderampen. Heute sind hier überdachte Treppeneingänge rekonstruiert.

DIE REKONSTRUIERTEN ANLAGEN RUND UM DAS SAALBURGKASTELL

Südwestlich außerhalb des Kohortenkastells liegt das rund 43 m lange Badegebäude. Es handelt sich um ein Bad vom Reihentypus, das von Osten her zugänglich war. Das Bauwerk besitzt mehrere Bauphasen.

Als eines der ersten Gebäude wurde 1872 östlich der heutigen Bundesstraße das so genannte Gräberhaus errichtet. Das Bauwerk diente dazu, die bei den Ausgrabungen des römischen Gräberfeldes, das südlich des Lagerdorfes zu beiden Seiten der nach Heddernheim (Nida) führenden Straße gelegen war, zu Tage gekommenen Gräber in der Originalfundlage präsentieren zu können. Zur Rekonstruktion diente ein hier gefundener Grabbau.

Unterhalb des Kastells in unmittelbarer Nähe einer Quelle wurde ein Mithräum nach Vergleichsbeispielen aus Italien rekonstruiert. Der Wiederaufbau basierte aber auf einem Irrtum, denn die Ausgräber hielten ebenfalls hier gefundene Grabeinfassungen für den Grundriss eines Kultgebäudes für den persischen Lichtgott Mithras, den Gott einer Mysterienreligion, die die Wiedergeburt der Seele lehrte. Heute gibt das Saalburg-Mithräum einen zutreffenden Eindruck vom Aussehen dieser Heiligtümer in der Antike, wenn auch auf der Saalburg selbst kein Mithräum nachzuweisen ist.

Westlich vor der Porta principalis dextra des Kastells entstand im Jahr 1906 das Wärterhaus auf einem römischen Hausgrundriss. Das neu gebaute, mit Satteldach, Bruchsteinmauern und Holzbauelementen versehene Gebäude sollte nach der Idee des Erbauers, Louis Jacobi, ein Haus in einem römischen Lagerdorf darstellen, wie sie sich regelmäßig um die Kastelle entwickelten. Heute wissen wir, dass in den Lagerdörfern so genannte Streifenhäuser standen, die den Soldatenfamilien als Wohn-, Arbeits- und Wirtschaftsräume dienten.

Eine Kopie der bekannten Mainzer Jupitersäule findet man unterhalb des Saalburg-Restaurants aufgestellt. Es handelt sich um ein aus französischem Moselkalkstein in Originalgröße gearbeitetes Stück, das zahlreiche Götterdarstellungen auf dem Sockel und der Säule zeigt, die von der Bronzefigur des Jupiter auf dem Kapitell überragt werden. Das Original befindet sich heute im Landesmuseum Mainz, dort sind allerdings nur drei nebeneinander stehende Bruchstücke der Säule zu sehen.

TOURISMUS-TIPPS

Saalburg-Museum und -Kastell sind täglich geöffnet, auch an Sonn- und Feiertagen; Tel. (0 61 75) 93 74-0, Fax 93 74-11. Führungen nach Vereinbarung; Veranstaltungsservice.
Ganz in der Nähe der Saalburg liegt das Freilichtmuseum Hessenpark. Hier sind alte Baudenkmäler, insbesondere Bauernhäuser aus verschiedenen Regionen Hessens, zu einer eindrucksvollen Gesamtanlage zusammengestellt worden. Der Besucher kann sich bei einem Spaziergang durch die wieder entstandenen Häuserzeilen, Straßen und Plätze eine Vorstellung von der Wohn-, Arbeits- und Lebenswelt der Menschen während der letzten Jahrhunderte machen. Der Hessenpark ist von der Saalburg aus auch zu Fuß über die alte Obernhainer Straße westlich des Kastells in ca. 45 Minuten zu erreichen.
Bad Homburg bietet das Flair einer alten Bäder- und Kurstadt mit sehr schönen Bauten aus der Belle Epoque, aber auch einem schönen alten Stadtkern. Die Kirchenbauten aus der Zeit des Historismus sind bedeutend. Das Schloss der Grafen von Hessen-Homburg, später oft Sommerwohnung der Preußischen Könige und Kaiser des zweiten deutschen Kaiserreiches, birgt zahlreiche originalgetreu möblierte Zimmer.

II. HOHER TAUNUS UND WETTERAU

Das Mithräum auf der Saalburg gibt einen Eindruck von der Atmosphäre in einem antiken Mithras-Tempel.

II. HOHER TAUNUS UND WETTERAU

DIE KAPERSBURG BEI WEHRHEIM

Die Mauern des Kastellbades bei der Kapersburg.

Statuette eines Genius (Schutzgeist) aus dem Fahnenheiligtum der Kapersburg (heute im Saalburgmuseum).

4 km nördlich der Saalburg liegt Wehrheim. Hier führt eine Nebenstraße zu dem Örtchen Pfaffenwiesbach, von wo aus die Kapersburg zu Fuß erreichbar ist. Noch heute gehört die Ruine zu den am besten erhaltenen Kastellen Hessens. Die gute Erhaltung führten zu dem Namen »Burg«.

Die im Gelände sichtbaren Überreste gehören in das letzte Ausbaustadium des Kastells in der zweiten Hälfte des 2. Jahrhunderts. Es handelt sich um ein Numeruskastell, dessen antiker Name nicht überliefert ist. Am besten erhalten sind die → beiden konservierten Torbauten in der Umwehrung. Im Inneren sind Reste des Stabsgebäudes erkennbar, nämlich das Fahnenheiligtum (Aedes), an das sich auf beiden Seiten beheizbare Räume anschließen, wahrscheinlich Schreibstuben (Tabularia). Des Weiteren sind Mauerreste des Getreidespeichers erhalten. Eine Bauinschrift besagt, dass der Bau dieses Getreidespeichers im Jahr 208 oder 209 von dem damaligen Statthalter Obergermaniens, *Quintus Aiacius Modestus*, veranlasst wurde. Weitere konservierte Mauerreste im Nordostteil gehören wohl teilweise zum Wohnhaus des Kommandanten.

Besonders gut erhalten sind die → Überreste des Badegebäudes, das ebenfalls in der zweiten Ausbauphase des Kastells entstanden ist. Das Bad liegt etwa 60 m entfernt zwischen Kastell und Pfahlgraben neben einer Quelle.

Ausgrabungen, die seit 1832 bis in das frühe 20. Jahrhundert in der Kapersburg durchgeführt wurden, vermitteln ein genaues Bild von der Entwicklung der mehrphasigen Anlage. Das Kastell selbst wurde gegen Ende des 1. Jahrhunderts, spätestens unter Kaiser Trajan (98–117), als kleines Holzkastell angelegt und hatte damals eine Größe von 0,8 ha. Das darauf folgende Steinkastell wurde wahrscheinlich unter Kaiser Hadrian (117–138) auf 1,3 ha vergrößert. Die Umwehrung dieses jüngeren

Kastells bestand aus einer zweischaligen mörtellosen Steinmauer mit Holzverankerungen. Die Innenbebauung ist weit gehend unbekannt, nur am Osttor konnte ein kleiner Keller ermittelt werden. Die konservierten und heute sichtbaren Mauern gehören der letzten Bauperiode an. Diese Anlage dürfte wohl in der zweiten Hälfte des 2. Jahrhunderts angelegt worden sein und verfügt über eine massiv vermörtelte Steinmauer, die zusätzlich durch einen vorgelagerten Spitzgraben gesichert wurde. Am Ende hatte das Kastell eine Ausdehnung von 1,6 ha erreicht. Die aus Holz erbaute dreischiffige Querhalle sowie eine ebenfalls hölzerne Mannschaftsbaracke sind ausgegraben worden, jedoch nicht mehr sichtbar.

Die Grabungsfunde werden zum größten Teil im Wetteraumuseum Friedberg verwahrt. Abgesehen von der gut erhaltenen Bauinschrift des Getreidespeichers (Horreum) sind noch besonders ein Relief der keltisch-römischen Pferdegöttin Epona mit einer Inschrift sowie das ebenfalls mit Inschrift versehene Hochrelief eines Genius sowie eine Geniusstatue aus dem Fahnenheiligtum zu erwähnen.

An der Straße Ockstadt-Pfaffenwiesbach, östlich von Pfaffenwiesbach, liegt das Kleinkastell Kaisergrube. Von der Umwehrung ist an der Südseite ein → hoher Wall mit vorgelagertem Graben leicht zu finden. Etwas weiter nördlich steht auf dem Gaulskopf die → Rekonstruktion des WP 4/16. Der Turm hatte ein besonders breites Fundament und war durch Strebepfeiler verstärkt. Das lässt auf eine beträchtliche Höhe schließen, und man kann annehmen, dass der Turm als Signalturm diente. Möglicherweise bestand von hier aus Sichtverbindung mit einem Turm auf dem Johannisberg in Bad Nauheim.

Im weiteren Verlauf in Richtung Butzbach passiert die Deutsche Limes-Straße Langenhain. Östlich von Langenhain bestand ein 3,2 ha großes Kohortenkastell, von dem heute nichts mehr zu sehen ist. Die Ruine diente im Mittelalter als Steinbruch, u.a. für den Bau der gotischen Dorfkirche, wo an der Südostecke eine Inschrift der 22. Legion aus Mainz eingebaut ist.

Auf dem Gaulskopf steht eine der besten Wachturmrekonstruktionen am Limes.

TOURISMUS-TIPPS

Lohnenswert ist ein Abstecher zum Wetteraumuseum in Friedberg. Als im Jahr 1894 bei Ausgrabungen ein Mithrasheiligtum entdeckt wurde, stellte der neu gegründete Geschichtsverein Friedberg Räumlichkeiten für ein Museum zur Verfügung. Das Museum, welches zwischen 1979 und 1986 erweitert und modernisiert wurde, behandelt schwerpunktmäßig die Vor- und Frühgeschichte sowie die Römerzeit. Man gewinnt einen guten Überblick über den lückenlosen Besiedlungsablauf in der Wetterau zwischen dem 6. und 1. Jahrtausend v. Chr. Die römische Abteilung zeigt eine Fülle von Funden, die thematisch gut geordnet präsentiert werden. Besonders interessante Ausstellungsobjekte sind der Münzschatzfund von Ober-Florstadt und Ausrüstungsfragmente römischer Soldaten der Limeskastelle im Friedberger Raum. Abgeschlossen wird der Rundgang durch das Museum mit einer Ausstellung zur mittelalterlichen Stadtgeschichte und das Thema »Von der Sichel zur Dreschmaschine«, in welcher die Mechanisierung und Modernisierung der ländlichen Arbeitswelt in der Wetterau von 1800 bis 1950 dokumentiert ist. – Wetteraumuseum Friedberg, Haagstraße 16, 61169 Friedberg; Tel. (0 60 31) 8 82 18.

LITERATUR

B. Beckmann, Archäologische Denkmäler in Hessen 59 (Wiesbaden 1988). – ORL Abt. B Nr. 12 (1906).

II. HOHER TAUNUS UND WETTERAU

BUTZBACH

Um das Jahr 100 n. Chr. wurde in Butzbach-Degerfeld ein kleines Holzkastell unmittelbar am Limes errichtet. Die hufeisenförmig angelegte Kaserne öffnete sich zum Haupttor.

Der Aureus (Goldmünze) aus dem Lagerdorf von Butzbach zeigt Kaiser Trajan (98–117), den Organisator des römischen Limes.

Nördlich von Friedberg folgt die Deutsche Limes-Straße der B 3 nach Butzbach. Südwestlich des Ortes erblickt man einen → rekonstruierten, hölzernen Wachturm auf dem Schrenzer (WP 4/33). Die Grundmauern des jüngeren Steinturms wurden konserviert, davor ist ein Stück weit die Limespalisade rekonstruiert.

Auf der Butzbacher Gemarkung gab es zwei Kastelle. Ein großes Kohortenkastell lag am nordwestlichen Ortsrand, etwa 700 m hinter dem Limes. Es wird heute von der B 3 durchschnitten. Im Volksmund erhielt die römische Ruine den Namen Hunneburg, als sie noch zu sehen war. Direkt am Limes lag das Kleinkastell Degerfeld, das als Grenzposten diente. Die beiden Kastelle sicherten einen wichtigen Grenzübergang, durch den der Fernverkehr in nord-südlicher Richtung verlief. Eine römische Straße, die aus Mainz kam und Friedberg passierte, stieß hier auf den Limes. Entlang der römischen Straße entwickelte sich ein Lagerdorf. Von den Kastellen und dem Vicus ist nichts mehr zu sehen.

DAS KOHORTENKASTELL HUNNEBURG

Ein Kastell wurde wohl kurz nach dem Chattenkrieg Kaiser Domitians (83–85) notwendig. Noch während der Regierungszeit Domitians kam eine Kohorte nach Butzbach, wahrscheinlich die *Cohors II Raetorum civium Romanorum*, die vorher in Wiesbaden gelegen hatte. Sie erbaute ein Kastell mit einer Umwehrung aus Rasensoden, Holz und Erde. Neuere Ausgrabungen weisen darauf hin, dass das Kastell ungewöhnlich groß war, die Fläche dürfte 4 ha umfasst haben. Um 135 n. Chr. wurde die 2. Räterkohorte auf die Saalburg versetzt. An ihre Stelle trat in Butzbach die *Cohors II Augusta Cyrenaica equitata*, die das Steinkastell (2,8 ha) erbaute. Mitte des 2. Jahrhunderts wurde das Steinkastell erweitert, sodass es nun eine Fläche von 3,3 ha umfasste (jüngeres Steinkastell). Möglicherweise musste Platz geschaffen werden, weil eine andere Truppe hierher versetzt wurde und nun auch Pferde untergebracht werden mussten.

TOURISMUS-TIPPS

Butzbach ist eine durch mittelalterliche Fachwerkhäuser geprägte Stadt und besitzt die älteste Fachwerkkirche Hessens. Besonders sehenswert ist das Museum im »Solms-Braunfelser Hof«. Das 1994 neu eröffnete Museum deckt mit seiner Ausstellung die Themenbereiche Römerzeit, Stadtgeschichte bis zur Mitte des 19. Jahrhunderts, Volkskunde, Handwerk und Industrialisierung im Butzbacher Raum ab. Im Erdgeschoss und Keller des Museums werden Funde aus der Römerzeit Butzbachs gezeigt und Grabungsfunde aus dem Kastell und seiner Zivilsiedlung gut dokumentiert vorgestellt. Beeindruckend ist ein Modell des Kastells, welches unter einer Glasplatte liegt und vom Besucher »überschritten« werden kann. In Grafiken wird ferner der Limes zusammen mit dem Kleinkastell Degerfeld rekonstruiert. – Museum der Stadt Butzbach im »Solms-Braunfelser Hof«, Färbgasse 16, 35501 Butzbach; Tel. (0 60 33) 6 50 05.

Trotz vieler germanischer Übergriffe wurde das Kastell immer wiederhergestellt und war wohl bis zum Ende des Limes 260 n. Chr. besetzt.

DAS KLEINKASTELL DEGERFELD

Am Nordrand von Butzbach lag das Kleinkastell Degerfeld. Man kann es direkt neben dem südlichsten von drei heute dort stehenden Hochhäusern lokalisieren. Um das Jahr 100 n. Chr. wurde dort ein kleines Holzkastell errichtet, dessen Innenbebauung durch Ausgrabungen untersucht werden konnte. Wie in vergleichbaren Anlagen dieser Art gruppierte sich hufeisenförmig eine kleine Kaserne um einen Innenhof. Die Holzanlage wurde durch Feuer zerstört, in der Mitte des 2. Jahrhunderts folgte ein vergrößerter Wehrbau (0,3 ha), der bis zum Beginn des 3. Jahrhunderts besetzt blieb.

Die → Limesstrecke mit den Wachturmstellen ist am Nordausgang von Butzbach bis zur Autobahn Gießen sichtbar. Südwestlich von Butzbach, zwischen der Stadt und dem Ortsteil Hausen kann man ebenfalls Reste des Limes sowie der Türme WP 4/31–33 ausmachen.

LITERATUR

W. Jorns/W. Meier-Arendt, Das Kleinkastell Degerfeld bei Butzbach, Kr. Friedberg (Hessen). Saalburg-Jahrbuch 24, 1967, 12 ff. – D. Wolf, Einblicke ins römische Butzbach. Begleitheft zur neuen Abteilung des Museums der Stadt Butzbach im Solms-Braunfelser Hof (Butzbach 1999).

Nach einem Brand wurde das Kleinkastell Butzbach-Degerfeld in der Mitte des 2. Jahrhunderts vergrößert und in Stein ausgebaut.

II. HOHER TAUNUS UND WETTERAU

POHLHEIM

Konservierte Mauern des Kleinkastells Holzheimer Unterwald.

LITERATUR

G. Seitz, Neue Forschungen am nördlichen Wetterau-Limes. Das Kastell Holzheimer Unterwald. In: V. Rupp (Hrsg.), Archäologie in der Wetterau (Friedberg 1991).

Die Deutsche Limes-Straße führt weiter nordwärts Richtung Gießen durch die ausgedehnte Gemarkung von Pohlheim. Pohlheim ist nach der Kreisstadt die zweitgrößte Gemeinde im Landkreis Gießen und verdankt ihren Namen dem Limes (Pfahl, mundartlich »Pohl«). Der Limes bildet ein großes Stück der heutigen Gemarkungsgrenze.

DAS KLEINKASTELL HOLZHEIMER UNTERWALD

Etwa 8 km nordöstlich von Butzbach und 2 km nach der Gemeinde Holzheim auf der K 162 Richtung Grüningen liegt unweit der Kreuzung links der Straße das Kleinkastell Holzheimer Unterwald. Mit knapp 290 m² nutzbarer Innenfläche zählt das Holzheimer Kastell zu den kleinsten Vertretern dieser Denkmälergattung. Der nahezu quadratische → Steinbau ist konserviert und durch Hinweistafeln gut erläutert.

Dem vergleichsweise seltenen Typ des Kleinkastells galten in Deutschland lange Zeit nur wenige planmäßige Untersuchungen. Entsprechend lückenhaft sind die Kenntnisse über dort stationierte Truppenteile, die militärische Rangordnung und die Stärke der Besatzungen und ihre standortbezogenen Aufgaben. Die Ausgrabungen des Landesamtes für Denkmalpflege Hessen haben seit 1988 eine annähernd quadratische Grundfläche des Kastells von 18,6 × 19,4 m nachgewiesen, die von einer 1 m starken Zweischalenmauer aus Basaltsteinen umwehrt war. Unmittelbar vor der Mauer umzog ein 2 m breiter und 1 m tiefer Spitzgraben das Lager, das im Westen durch ein 2,5 m weites, zentral angelegtes Tor zugänglich war. Während der ersten Bauperiode befand sich auf der gegenüberliegenden Lagerseite zusätzlich ein 1,2 m breiter, einfacher Durchlass.

Den Innenbereich gliederte ein befestigter Weg, der die beiden Tore miteinander verband und an dessen Seiten Fachwerkbauten angeordnet waren, in denen die zur Grenzkontrolle abkommandierten Auxiliarsoldaten untergebracht waren. Die Unterkünfte waren in jeweils vier Stuben unterteilt, sodass eine Besatzung von 20–30 Mann angenommen werden kann. Für Aufsehen sorgte ein Schatzfund von insgesamt 35 Münzen, der bei den Ausgrabungen im Kastellinneren entdeckt wurde. Die Münzen sind in den Jahren 69 bis 176 geprägt worden. Wir wissen nicht, aus welchem Anlass sie versteckt wurden.

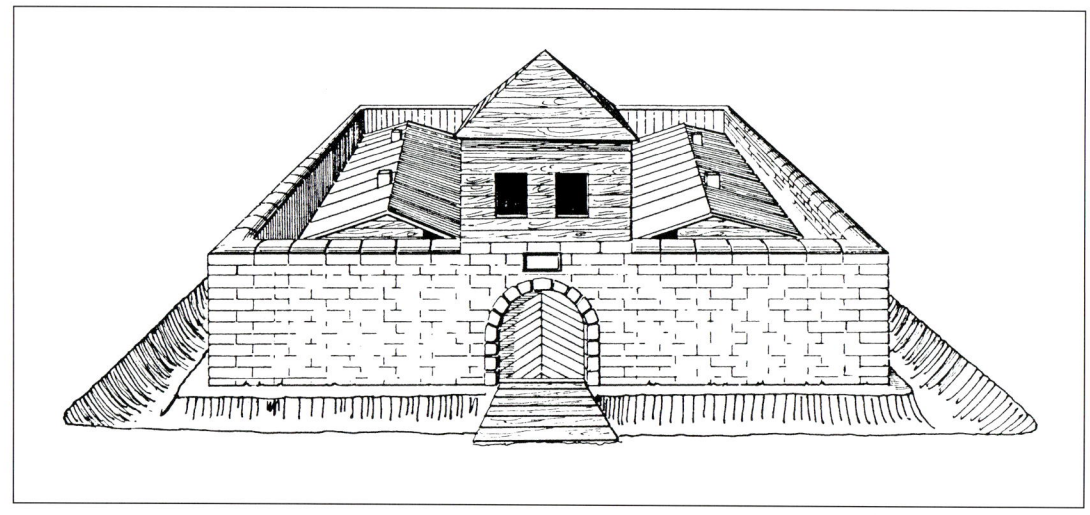

Rekonstruierte Ansicht des Kleinkastells Holzheimer Unterwald mit hoch aufragendem Torturm und zwei Mannschaftsbaracken im Inneren.

DER LIMESKNICK BEI WP 4/49

Der Turm WP 4/49 auf dem Sandberg bezeichnet das Ende einer exakt geraden, 12 km langen Limesstrecke, die im Süden bei Butzbach anfängt. Hier wurde ein von weitem → sichtbarer Steinturm rekonstruiert, nahe dessen Nordostecke liegen die Reste eines originalen römischen Steinturms. Die Rekonstruktion weist einige Fehler auf. Der Turm ist viel zu niedrig – es fehlt ein ganzes Stockwerk –, er besitzt ein ungewöhnliches Ziegeldach, ferner waren die Wachtürme am Limes verputzt.

Die Limesstrecke knickt nördlich vom Turm in östliche Richtung ab, was von der Galerie des Turmes, den man besteigen kann, gut zu sehen ist. Der Pfahlgraben, der vor diesem Wachposten gut erhalten war, läuft als Feldrain weiter und zieht hinab zur Landstraße von Grüningen nach Gießen, jenseits der Straße wird er nur durch einen Feldweg markiert. Am Sandberg wurde auch ein → Abschnitt des Limes rekonstruiert, die Palisade sollte man sich mit Querhölzern verstärkt vorstellen.

KLEINKASTELL HAINHAUS (WP 4/50)

Am nördlichsten Punkt des Limes liegt das Kleinkastell Hainhaus, ein Steinkastell von 0,3 ha Fläche. Es ist, wie auch der Pfahlgraben an dieser Stelle, nicht mehr erhalten. Etwa 1,5 km entfernt von der Straße von Grüningen nach Gießen wird der → Limes im Waldgelände wieder sichtbar und man kann die Überreste mehrerer Turmstellen bei WP 4/52 erkennen.

Oben: Rekonstruktion des Wachturms auf dem Sandberg bei Pohlheim. Nördlich des Turms knickt der Limes nach Osten ab, was von der Galerie des Turmes, den man besteigen kann, gut zu sehen ist.

Links: Ein Schatz mit 35 Münzen wurde im Inneren des Kleinkastells Holzheimer Unterwald geborgen.

III. DIE ÖSTLICHE WETTERAU

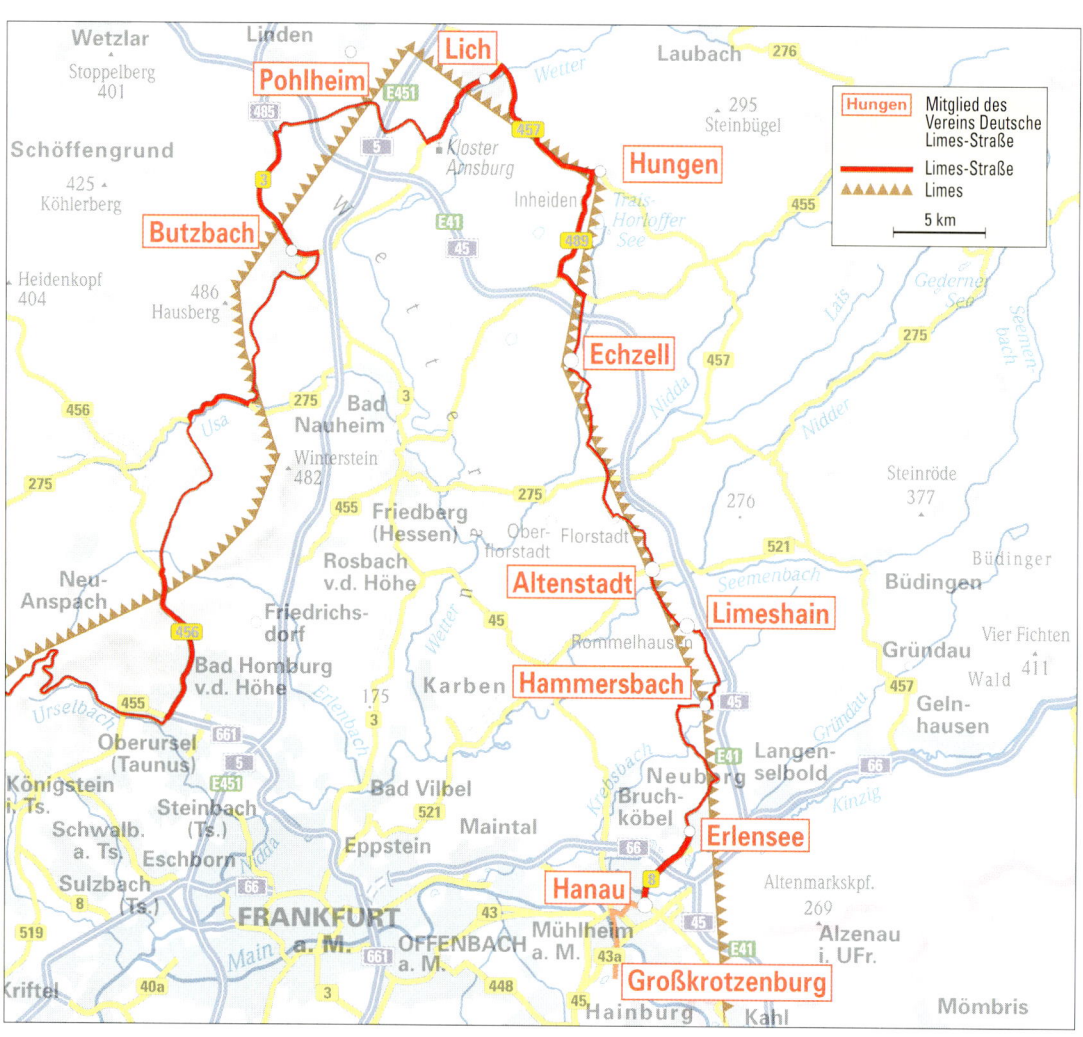

LICH – ARNSBURG

Die Deutsche Limes-Straße führt über Lich nach Arnsburg. Nordwestlich von Arnsburg ist der Limes zwischen den WP 4/52 und WP 4/57 durchweg gut erhalten. Das Kohortenkastell »Alteburg« findet man 1 km südwestlich vom Kloster Arnsburg. Es liegt auf einer Anhöhe über dem Wettertal, die einen vorzüglichen Überblick über die Umgebung erlaubte und zugleich einen natürlichen Schutz für die Nord- und Ostseite des Kastells bot. Die Ruine diente bei der Errichtung des Klosters Arnsburg als Steinbruch. Heute lassen sich im Gelände noch → Reste der Nordfront mit der Nordwestecke und dem Kastelltor erkennen. Eine alte Linde kennzeichnet den Standort des Stabsgebäudes.

Als nördlichster Stützpunkt des Wetteraulimes muss das Kastell stets von besonderer Bedeutung gewesen sein. Dafür spricht auch die frühe Gründung unter Kaiser Domitian. Das Kastell blieb bis zum Ende des Limes um 260 n. Chr. besetzt. Die zum Teil berittenen Kohorten waren rasch und vielseitig einsetzbar, das Kastell schützte einen empfindlichen Einfallspunkt in die römische Provinz Obergermanien. Am Kastell selbst liefen mehrere römische Straßen zusammen, die nach Butzbach, Friedberg und Echzell führten. Davon war die Straße nach Friedberg, in das Zentrum der fruchtbaren Wetterau, die wichtigste. Sie kann heute südlich des Kastells über eine weite Strecke verfolgt werden.

HUNGEN-INHEIDEN

Luftbild des Numeruskastells von Inheiden: Zu erkennen sind die beiden Verteidigungsgräben der Umwehrung und eine aus dem Kastell hinausführende Straße. Außerhalb der Gräben liegen entlang der Flucht der Straße die Gebäude des Lagerdorfs.

In ihrem weiteren Verlauf nach Hungen passiert die Deutsche Limes-Straße zunächst das Örtchen Langsdorf. Etwa 1 km südlich des Ortes lag das Kleinkastell Langsdorf. Das Steinkastell (ca. 0,1 ha groß) ist heute jedoch nicht mehr sichtbar. Von dort verlief eine gerade Limesstrecke bis zum Kastell Feldheimer Wald, an der sich – nach neueren Untersuchungen – nur ein einziger Wachposten in der Mitte der Strecke befand (WP 4/67–68, Holz- und Steinturm, nicht sichtbar).

Das Kleinkastell Feldheimer Wald (0,1 ha) liegt südwestlich von Hungen. Im Gelände kann man heute noch die → Umwehrung mit den charakteristischen, abgerundeten Ecken als niedrigen Damm im Wald erkennen. Unter diesem Damm liegen die steinernen Fundamente. Die Umwehrung bestand wahrscheinlich aus einer stark vermörtelten Mauer. Das Tor dürfte auf der Südostseite gelegen haben, Spuren der Innenbebauung haben sich nicht erhalten, möglicherweise wurde das Kastell gewaltsam zerstört. Der Pfahlgraben ist vor dem Kastell ein Stück weit sichtbar, insbesondere fällt die einspringende Ecke des Limes an dieser Stelle auf.

Südlich von Hungen schiebt sich ein Winkel des Wetteraulimes nach Nordosten vor. Der Limes biegt an dieser Stelle scharf nach Süden ab und folgt der Ostseite des Horlofftales. In diesem vorgeschobenen Winkel befand sich das römische Numeruskastell Inheiden, dessen Spuren inzwischen von der Oberfläche verschwunden sind. Der Kastellplatz ist zwar schon seit dem 18. Jahrhundert bekannt, wurde jedoch noch nie richtig untersucht. Die einzige größere Kastellgrabung unternahm F. Kofler schon 1885, in einer Zeit, in der er erst über wenig Ausgrabungserfahrung verfügte. Durch die Luftbildarchäologie der letzten Jahre zeigte sich dann auch, dass die im ORL veröffentlichten Grundrisse des Kastells unzuverlässig sind.

Im Luftbild erkennt man eine regelmäßige Anlage mit Steinmauer und Spitzgraben davor. Im Inneren zeichnen sich Straßenzüge und die Umrisse der Baracken ab. Bemerkenswert sind auch die vergleichsweise großen Bauten der zu dem Kastell gehörenden Zivilsiedlung. Das Kastell durchlief offensichtlich mehrere Ausbauphasen. Die anfängliche Größe lag bei 0,6 ha; später besaß es eine steinerne Umwehrung, die ein etwa 1 ha großes Areal einschloss. Möglicherweise bestand die Anlage schon in der Regierungszeit Kaiser Trajans (98–117). Es blieb bis zum Ende des Limes um 260 n. Chr. besetzt. Welche Truppen dort lagen, ist bis heute unbekannt.

III. DIE ÖSTLICHE WETTERAU

ECHZELL

Bei den Ausgrabungen im Kastell Echzell entdeckte man im Bereich einer Offizierswohnung Wandmalereien. Der Raum wurde im Saalburgmuseum als Speisezimmer für einen Reiterhauptmann rekonstruiert.

Von Hungen folgt man der B 489 nach Süden, bis kurz nach dem Überqueren der Autobahn eine Straße nach links in Richtung Echzell abzweigt. Die schnurgerade Strecke heißt »Römerstraße« und verband schon in römischer Zeit das große Kastell in Echzell mit dem nördlichsten Stützpunkt der Römer in der Wetterau, dem Kastell Alteburg bei Arnsburg (s.o.).

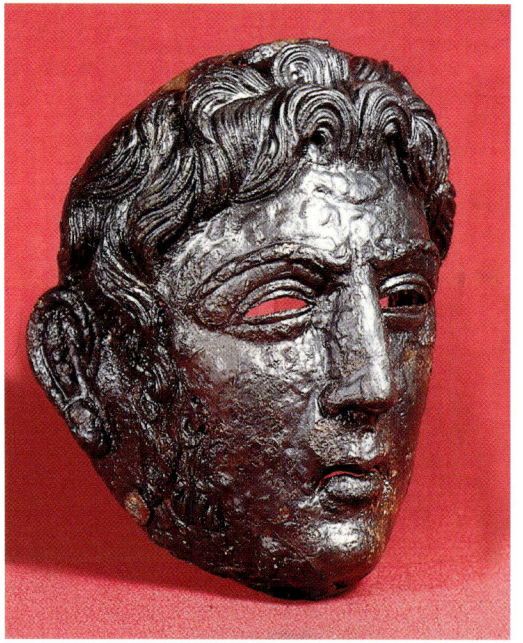

Eiserner Maskenhelm eines Paradereiters aus Echzell.

DAS REITERKASTELL

Die Römerstraße führt direkt zum nordwestlichen Ortsrand von Echzell. Dort liegen auf einer hochwasserfreien flachen Anhöhe unter Äckern und Obstgärten die Reste des heute nicht mehr sichtbaren Limeskastells. Mit einer Fläche von 5,2 ha war es der größte römische Wehrbau des Wetteraulimes und eines der größten Kastelle der gesamten obergermanischen Grenze. Auf Grund seiner Ausdehnung geht man davon aus, dass hier zwei Einheiten stationiert waren, vermutlich eine berittene Truppe (Ala) und eine Kohorte von jeweils 500 Mann. Inschriften belegen die *Ala Indiana Gallorum*, die *Ala moesica felix torquata* sowie die *Ala I Flavia* als Besatzung. Von den obergermanischen Kohorten könnte die *Cohors XXX voluntariorum civium Romanorum* in dem Kastell gelegen haben.

Ausgrabungen des Saalburgmuseums zufolge (1958 und 1962–1965) muss das Kastell noch in den letzten Regierungsjahren Kaiser Domitians, also um 90 n. Chr., entstanden sein. Anfangs waren Umwehrung und Innenbebauung aus Holz, doch schon unter Kaiser Hadrian (117–138) wurden Wehrmauer und Stabsgebäude in Stein ausgebaut, die Mannschaftsunterkünfte blieben weiterhin Fachwerkbauten. Hinweise auf Zerstörungen, die mit Germaneneinfällen zusammenhängen können, gibt es aus den sechziger und siebziger Jahren des 2. Jahrhunderts. Eine spätere Zerstörung dürfte mit dem Alamanneneinfall von 233 zusammenhängen. Das Kastell wurde erneut aufgebaut und bestand bis zum Ende des Limes weiter.

Bei den Ausgrabungen trat im Bereich einer Offizierswohnung am Kopfteil einer Mannschaftsbaracke eine überraschend qualitätvolle Wandmalerei zu Tage. Dieser Raum wird im Saalburgmuseum als Triclinium – als Speisezimmer – für einen Reiterhauptmann dargestellt. Die Malerei zeigt Szenen aus der griechisch-römischen Mythologie. Die Entstehung dieser im Limesbereich seltenen Fresken dürfte in der Mitte des 2. Jahrhunderts gelegen haben.

Das Kastellbad hatte eine Länge von etwa 50 m und gehörte zu den größten des Limes. Es wurde 1960 bei Renovierungsarbeiten unter der evangelischen Pfarrkirche entdeckt. Die Mauern der Kirche stehen auf römischen Fundamenten, zum Teil sind die → Grundmauern des römischen Bades in der heutigen Pflasterung des Kirchenvorplatzes sichtbar.

DAS KLEINKASTELL HASELHECK

Das Reiterkastell von Echzell liegt ein Stück weit vom Limes entfernt. Der Pfahlgraben zog etwa 1,3 km entfernt auf der anderen Seite des Horlofftals nach Süden. Dort bestand ein Vorposten an der Grenze, das Kleinkastell Haselheck. Die Reste des nicht mehr sichtbaren Kleinkastells liegen unter einem Acker nicht weit vom heutigen Rand des Markwaldes. Es hatte eine Innenfläche von 0,4 ha, abgerundete Ecken und eine ca. 2 m breite Mauer. In unmittelbarer Nähe des Kleinkastells stellte man auch die Spuren eines Kastellbades, wohl vom Reihentyp, sowie eines Holzturmes fest. Der Pfahlgraben zog in unmittelbarer Nähe des Kastells vorbei, er ist hier jedoch ebenfalls nicht mehr erhalten. Erst etwas weiter südlich, nördlich des Forsthauses, wird die → Befestigung des Limes wieder sichtbar. Er zieht hier mitten durch eine Gruppe vorgeschichtlicher Grabhügel.

LITERATUR

M. Schleiermacher, Die römischen Wand- und Deckenmalereien aus dem Limeskastell Echzell (Wetteraukreis). Saalburg-Jahrbuch 46, 1991, 96–120.

Die Kirche von Echzell steht auf römischen Fundamenten. So weit die Grundmauern des römischen Bades unter den Kirchenvorplatz reichen, ist ihr Verlauf durch Markierungen im Pflaster kenntlich gemacht worden.

TOURISMUS-TIPPS

In der Zehntscheune von Echzell befindet sich das im Jahr 1987 eröffnete Heimatmuseum. Den Grundstock der Sammlung bilden archäologische Funde. Ein eigener Raum ist der römischen Epoche gewidmet. Gut vertreten ist das reiche Material aus den Gräberfeldern, dem Kastellbereich und dem zivilen Lagerdorf. In groben Zügen wird auch die weitere Geschichte Echzells abgehandelt, von der ersten Erwähnung des Ortes unter Karl dem Großen im Jahre 782 bis hin zum modernen Thema des Natur- und Vogelschutzes im Wetterauer Umland. – Heimatmuseum Echzell, Lindenstraße 3, 61209 Echzell; Tel. (0 60 08) 4 05. – Sehenswert sind auch das Alte Rathaus aus dem 14. Jahrhundert, das Beamtenhaus und das ehemalige Wasserschloss in Echzell.

III. DIE ÖSTLICHE WETTERAU

OBER-FLORSTADT

Die Deutsche Limes-Straße folgt der Landstraße nach Süden über Reichelsheim nach Florstadt, dann geht es nach links auf die B 275 in Richtung Autobahn. Kurz darauf erreicht man Ober-Florstadt. Wenn man am östlichen Ortsausgang der letzten Straße nach rechts folgt, kommt man nach ca. 200 m zu dem Limeskastell Ober-Florstadt, von dem allerdings keinerlei Überreste sichtbar sind. Das Kastell liegt auf einer flachen Randhöhe südlich des Niddatales. Die Höhe trägt den Flurnamen »Auf der Warte«. Man konnte von hier aus eine weite Strecke des 2,5 km weiter östlich bei Staden vorbeiziehenden Limes überblicken.

In Ober-Florstadt war die *Cohors XXXII voluntariorum civium Romanorum* (32. Freiwilligenkohorte römischer Bürger) stationiert. Um 100 n. Chr. angelegt, bestand das Kastell bis in die Zeit um 260 n. Chr. Einem Steinkastell ging wahrscheinlich eine hölzerne Anlage voraus, Fundmaterial datiert zum Teil bis in die spätflavische Zeit. Bei Ausgrabungen konnte F. Kofler in den Jahren 1886, 1888 und 1893 die Fundamente des Stabsgebäudes, der Wehrmauern sowie der Mannschaftsbaracken nachweisen. Die moderne Überbauung hat bereits einen Teil des Kastells zerstört.

Bis heute ist die Lage des wahrscheinlich ausgedehnten römischen Friedhofs unbekannt. Zum Kastell gehörte auch ein größeres Lagerdorf, das sich in Richtung Nordosten ausdehnte und vom heutigen Ortskern Ober-Florstadts überdeckt wird. Durch Luftbilder aus den achtziger Jahren gelang ein Einblick in die Innenbebauung des Kastells und einiger Vicusbauten, darunter wahrscheinlich ein Badegebäude. Die Luftbilder zeigen auch, dass der Vicus durch einen Verteidigungsgraben geschützt war. Für Aufsehen sorgte der anlässlich einer Feldbegehung 1984 entdeckte Schatzfund von 1136 Denaren, dessen Schlussmünze eine Prägung des Alexander Severus aus den Jahren 232/233 n. Chr. darstellt. Die Funde aus dem Kastell Ober-Florstadt und der Denarschatzfund, der zu den umfangreichsten seiner Art zählt, sind im Wetteraumuseum in Friedberg ausgestellt (S. 45).

KLEINKASTELL STADEN

Bei der Weiterfahrt gelangt man nach Staden. Hier, 2,5 km östlich des Kastells Ober-Florstadt, überquert der Limes die Nidda. Zur unmittelbaren Kontrolle der Grenze diente ein Kleinkastell. Das Kleinkastell lag etwa 500 m südlich des heutigen Ortes und

III. DIE ÖSTLICHE WETTERAU

Im Luftbild zeichnet sich dunkel eine abgerundete Ecke der Umwehrung des Kastells Ober-Florstadt ab. Die hellen Streifen entsprechen den Umrissen der Innenbebauung.

100 m nordwestlich eines Aussiedlerhofes. Die Anlage war in Stein errichtet und hatte mit 0,4 ha eine für Kleinkastelle überdurchschnittliche Größe. Im Gelände ist heute nichts mehr sichtbar.

Die Straße berührt als Nächstes den Ort Stammheim. Auch hier lag ein Kleinkastell unmittelbar am Limes, von dem heute nichts mehr zu sehen ist. Südöstlich von Stammheim dagegen, im Wald am Winterberg, sind → Wall und Graben der Grenzbefestigung vorzüglich erhalten und können über eine längere Strecke verfolgt werden.

LITERATUR

H. Schubert, Ein kaiserzeitlicher Denarfund aus dem Kastell von Ober-Florstadt. In: V. Rupp (Hrsg.), Archäologie in der Wetterau (Friedberg 1991) 271. – P. Wagner, Der Nordwestvicus des Kastells Ober-Florstadt. In: V. Rupp (Hrsg.), Archäologie in der Wetterau (Friedberg 1991) 245.

Gegenüberliegende Seite, oben: Der Münzschatz aus dem Kastell Ober-Florstadt besteht ausschließlich aus Denaren, der gängigen Silberwährung des römischen Reiches. Die 1136 Münzen sind um 232/233 n. Chr. versteckt worden.

Gegenüberliegende Seite, unten: Römische Keramik aus Ober-Florstadt.

Die Grabungen der Reichs-Limeskommission in Ober-Florstadt: Porta principalis dextra, rechter Seitenturm von außen.

III. DIE ÖSTLICHE WETTERAU

ALTENSTADT

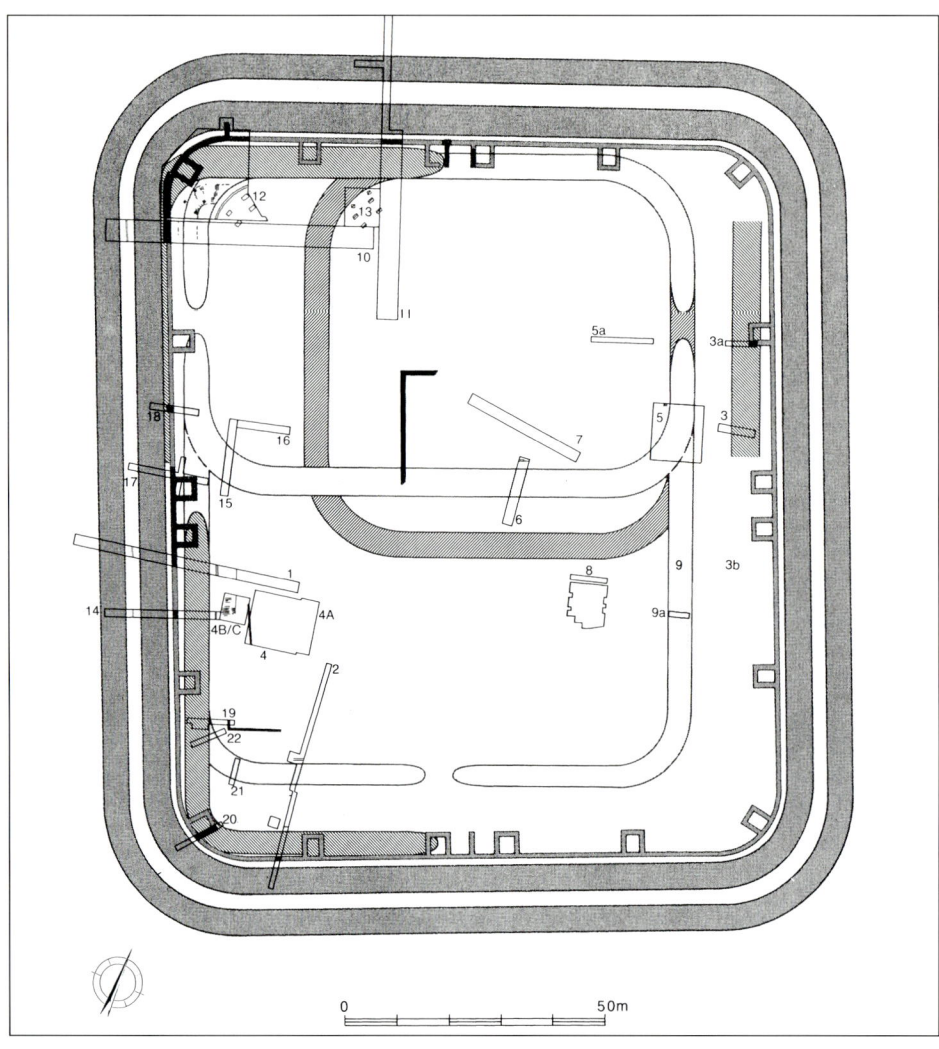

Der Plan des Kastells Altenstadt zeigt beispielhaft die oft komplizierte Baugeschichte römischer Militäranlagen.

LITERATUR

ORL Abt. B Nr. 20 (1912). – H. Schönberger/H.-G. Simon, Das Kastell Altenstadt. Limesforschungen 22 (Berlin 1983).

TOURISMUS-TIPPS

Altenstadt kann mit zahlreichen Sehenswürdigkeiten aufwarten: die Abtei Kloster Engelthal, in der im Sommer Konzerte stattfinden, die Kirche St. Nikolai, der historische Landgasthof »Zum Schwarzen Storchen«. – In der Dorfkirche von Rodenbach steht die älteste Orgel Hessens. Außerdem lohnt sich ein Abstecher zu dem nur 5 km entfernten Glauberg. Der Berg ist von einem Parkplatz bei dem Dorf Glauberg bequem erreichbar. Auf der Hochfläche des Glauberges kann man eindrucksvolle Ringwälle aus vorgeschichtlicher Zeit besichtigen. Sie gehören zu den bedeutendsten archäologischen Geländedenkmälern in Hessen.

Der nächste Ort, den die Deutsche Limes-Straße in ihrem Verlauf nach Süden berührt, ist Altenstadt. Der Name Altenstadt besagt schon, dass der Ort an einer »alten Statt« – bei einem Römerkastell – errichtet wurde. Hier überquert der Limes erneut ein Flüsschen, die Nidder. Entlang der Nidder verband schon in vorrömischer Zeit eine wichtiger Weg die Wetterau mit dem Gebiet des Vogelsberges. Dieser Weg berührt auch den nur 5 km von Altenstadt entfernt liegenden Glauberg (s. Tipps).

Das Kastell Altenstadt liegt am südwestlichen Ortsrand, dicht an dem mitten durch den heutigen Ort ziehenden Limes. Bedauerlicherweise ist diese wichtige Militäranlage fast vollständig überbaut. Vermutlich war es die Hauptaufgabe des Kastells, den erwähnten Weg und möglicherweise auch den Glauberg zu kontrollieren.

Angelegt wurde das mehrperiodige Kastell Altenstadt wohl bereits unter Kaiser Domitian um 90 n. Chr. als Kleinkastell (Holzkastell 0,3 ha). Nach mehreren Aus- und Umbauphasen hatte es in der Regierungszeit des Kaisers Trajan (98–117) mit 0,9 ha Größe die Ausdehnung eines Numeruskastells. In der Mitte des 2. Jahrhunderts wurde das Kastell schließlich in Stein ausgebaut und hatte am Ende eine Größe von 1,5 ha. Möglicherweise lag jetzt eine Cohors peditata im Kastell, allerdings gibt es bis heute keinerlei Hinweise auf die Besatzung. Die Bauphasenabfolge konnte trotz geringer Grabungsaufschlüsse durch eine überaus sorgfältige Befundinterpretation von Hans Schönberger ermittelt werden. Die Ausgrabungen lieferten umfangreiches Fundmaterial, das wissenschaftlich vorbildlich bearbeitet wurde. Die Funde aus dem Kastell Altenstadt befinden sich heute zum Teil im Wetteraumuseum Friedberg, einige Steindenkmäler sind im Landesmuseum Darmstadt.

Am südlichen Ortsrand von Altenstadt überquert der Limes das breite Niddertal. Der Limesverlauf entspricht ungefähr dem Verlauf der Landstraße von Altenstadt nach Rommelshausen. Während in der unmittelbaren Umgebung von Altenstadt nichts vom Limes zu erkennen ist, ist er auf der Höhe von Rommelshausen vorzüglich erhalten (S. 57). Im Eckartshäuser Unterwald sind → Holz- und Steinturmstellen sichtbar. Der Limes behält seine schnurgerade südsüdöstliche Richtung bei, bis er auf den Ort Hammersbach-Marköbel stößt. Bei Marköbel knickt der Limes stumpfwinklig ab und verläuft anschließend genau nach Süden, bis er in Großkrotzenburg auf den Main stößt. Im Ortskern von Marköbel liegt ein Kastell, in der eine teilberittene Einheit stationiert war. Ähnlich wie das Kastell Altenstadt diente auch das Kastell Marköbel der Sicherung verschiedener Verkehrswege. Weder vom Kastell noch vom Limes sind Überreste sichtbar.

WANDERUNG: LIMESHAIN–ROMMELHAUSEN

Südlich von Altenstadt folgt man der Straße nach Oberau und Rommelhausen. Dort trifft man auf den Limeswanderweg. Ebenso beginnt hier ein Archäologischer Lehrpfad.

Anlässlich des 25-jährigen Bestehens der Großgemeinde Limeshain im Jahr 1996 wurde ein Abschnitt des Limes rekonstruiert sowie ein archäologischer und naturkundlicher Wanderlehrpfad eingerichtet. Der rund 3 km lange archäologische Rundwanderweg beginnt am Parkplatz der Sportanlage Rommelhausen. Informationstafeln führen den Wanderer an einen rekonstruierten Limesabschnitt, der den Ausbauzustand der Zeit um 200 n. Chr. wiedergibt. Die Wachturmstellen der Wachposten 4/103 und 4/105 kann man noch heute im Gelände erkennen, sie beschließen den römischen Teil des Wanderweges, der auch mehrere vorgeschichtliche Grabhügel berührt.

Oben: Der rekonstruierte Limesabschnitt bei Limeshain-Rommelhausen gibt den Ausbauzustand der Zeit um 200 n. Chr. wieder.

Links: Wanderung bei Limeshain-Rommelhausen.

LITERATUR

H. Birley/V. Rupp, Die Limesanlagen bei Limeshain-Rommelhausen, Wetteraukreis. Archäologische Denkmäler in Hessen 131 (Wiesbaden 1996).

ERLENSEE-RÜCKINGEN

Die gut erhaltenen Mauern des Kastellbads von Erlensee-Rückingen liegen etwa 200 m südlich der B 40 in der Niederung der Kinzig.

Die Limes-Straße folgt der Landstraße nach Süden in Richtung Hanau, bis sie in Erlensee-Rückingen auf die B 40 stößt. Hier geht es rechts und ein Stück weit auf der B 40 in Richtung Hanau. Am westlichen Ortsausgang von Rückingen beschreibt die B 40 eine leichte Linkskurve. Genau hier liegt die nordwestliche Ecke des Kastells »Altenburg« bei Rückingen. Sicher geht die leichte Biegung der Straße auf eine Zeit zurück, in der die Mauern des Kastells noch aufrecht standen, sodass die Straße dieses Hindernis umgehen musste. Heute ist von dem Kastell selbst nichts mehr zu sehen. Nur die → Mauern des zugehörigen Kastellbads, die etwa 200 m südlich der B 40 in der Niederung der Kinzig bei einer Baumgruppe liegen, sind konserviert und können besichtigt werden.

Das gut erhaltene Badegebäude wurde schon 1801–1804 durch Fürst Karl von Isenburg untersucht. Das Kohortenkastell wurde 1883 von G. Wolff entdeckt und ausgegraben. Es hatte eine Größe von 2,5 ha. Einige wenige ältere Funde lassen auf einen kleineren Vorgängerbau schließen. Das Kastell selbst wurde in den Jahren 110–125 n. Chr. erbaut. Auf Grund des Brandschutts, der überall gefunden wurde, ist zu vermuten, dass das Kastell in der Zeit des Limesfalls um 260 n. Chr. zerstört wurde. Die *Cohors III Dalmatarum pia fidelis* war hier stationiert und sicherte neben dem Limes auch eine römische Brücke über die Kinzig. Diese Kohorte war ursprünglich in Dalmatien an der Adria ausgehoben worden.

Westlich des Kastells erstreckt sich ein Gräberfeld, das hauptsächlich in der Gemarkung Langendiebach liegt. In diesem Gräberfeld sind bereits in den Jahren zwischen 1740–1750 Funde geborgen worden. 1777 wurden viele Gegenstände im Zuge großer Raubgrabungen ausgegraben und sind vermutlich unwiederbringlich verloren. Reguläre Ausgrabungen nahm 1872 und 1879 der damalige Hanauer Bezirksverein für hessische Geschichte und Landeskunde vor.

Südöstlich und auch nördlich des Kastells fand man Spuren des Lagerdorfes mit dem Badegebäude. 1950/51 entdeckte man in einem Brunnen ca. 200 m nordwestlich des Kastells Skulpturenbruchstücke und in deren Nähe ein Kultbild, das wahrscheinlich zu einem Mithräum gehörte. Ein weiteres Gräberfeld wurde 60 m westlich des Brunnens entdeckt, das 1960 und 1961 untersucht wurde.

Die Funde aus dem Kastell Rückingen werden im Museum Schloss Philippsruhe in Hanau aufbewahrt.

III. DIE ÖSTLICHE WETTERAU

HANAU

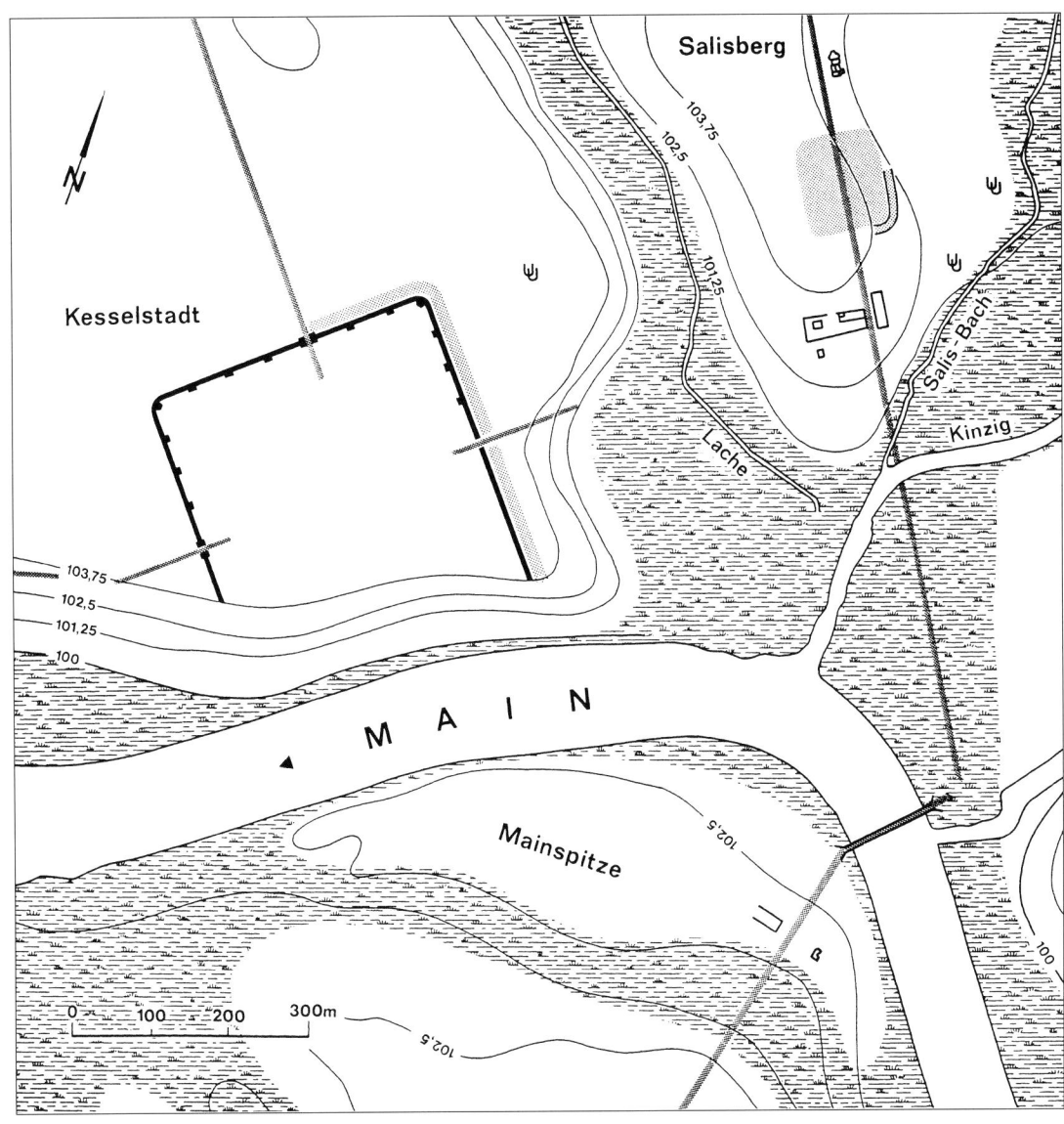

Die römischen Bauwerke und Straßen von Hanau-Kesselstadt und Hanau-Salisberg.

Von Rückingen ist es nur noch ein kurzes Stück bis Hanau, wo die Kinzig in den Main mündet, der hier scharf nach Süden abknickt. Im Stadtgebiet Hanaus befinden sich zwei in Größe und Funktion völlig verschiedene Militärstützpunkte, was die strategisch außerordentlich wichtige Position am Mainknie an der Nahtstelle zwischen östlicher Wetterau und der Maingrenze unterstreicht. Die Kontrolle mehrerer an dieser Stelle zusammentreffender Straßen sowie die Bedeutung des Flusses als Verkehrsweg legten schon früh die Vermutung nahe, dass sich im Bereich Hanaus wichtige Stützpunkte befunden haben müssen. Insbesondere diente der Main als Nachschubweg für die in der Wetterau und im Hinterland des Mains operierenden römischen Truppen, die so von Mainz (Mogontiacum) aus rasch und problemlos versorgt werden konnten.

HANAU-KESSELSTADT

1886 wurde von G. Wolff das große Steinkastell Kesselstadt östlich des Schlosses Philippsruhe entdeckt. Im Auftrag der Reichs-Limeskommission wurde 1887 und 1896 der Grundriss des Kastells erforscht. Ausgrabungen 1976 ergaben dann weitere wichtige Anhaltspunkte. Das Kastell ist 375 m lang und liegt auf einer hochwasserfreien Mainterrasse, wobei durch Erosion die Südostflanke in nachrömischer Zeit zerstört wurde. Nach heutigem Kenntnisstand wurde das Kastell von Anfang an in Stein erbaut. Die auf einem 2,2 m breiten Fundament ruhende Wehrmauer bestand aus mächtigen Basaltbruchsteinen. Vollständig freigelegt wurde das nördliche Kastelltor (Porta principalis sinistra) mit zwei vor die Mauerfront vorspringenden Türmen. Die Kastellmauer war im Abstand von 44 m mit Zwischentürmen von 3 × 5 m Größe gesichert. Ihr vorgelagert waren als Annäherungshindernis zwei parallele Spitzgräben. Diese sicherten allerdings nicht das ganze Lager, sondern wurden nur entlang der Vorderfront sowie der östlichen Hälfte der Nordwestflanke festgestellt. Im Inneren der Anlage begleitete eine aufgeschotterte Straße (Via sagularis) die Wehrmauer; Spuren der zwei Hauptlagerstraßen sowie einer Innenbebauung wurden nicht festgestellt, was die Vermutung einer kurzfristig belegten Anlage unterstützt. Mit einer Gesamtgröße von 14 ha gehört es zu den größten Kastellen am obergermanischen Limes, nur übertroffen von den Legionslagern am Rhein. Möglicherweise sollte die Anlage als Depot- oder Umschlagplatz für Versorgungsgüter dienen. Dieser Platz muss jedoch schon sehr bald nach der Fertigstellung wieder aufgegeben worden sein. Es muss ein schwer wiegendes Ereignis gewesen sein, welches das römische Militär zu dieser Maßnahme zwang. Nach heutiger Forschungsmeinung kommt nur die Zeit nach Domitians Chattenkriegen infrage, wobei der Aufstand des Mainzer Legaten Saturninus im Winter 88/89 n. Chr. der Anlass gewesen sein könnte, das bezugsfertige Kastell zu räumen.

HANAU-SALISBERG

Die strategisch wichtige Überwachung dieses Gebietes übernahm dann das erheblich kleinere und vergleichsweise schwach befestigte Holzkastell auf dem Salisberg. Infolge der dichten Überbauung kennen wir vom Kastell durch die Ausgrabungen von 1929 nur ein 70 m langes Teilstück der Umwehrung mit einer 7,8 m breiten Erdbrücke, die den Spitzgraben vor dem Tor unterbricht. Damals konnten Ausdehnung und Größe des anscheinend nie in Stein ausgebauten Lagers nicht festgestellt werden, wohl aber das zugehörige Kastellbad. Die → Grundmauern des Gebäudes wurden konserviert und sind sichtbar. Es liegt auf dem Gelände des alten Kesselstadter Friedhofs. Die Ausgrabungen ergaben die Baureste eines älteren und eines jüngeren Badegebäudes, wobei vom älteren nur noch ein 5 × 6 m großer, hypokaustierter Raum frei gelegt wurde. Der Bau des 43 m langen jüngeren Bades entspricht dagegen in Größe und Typ den bekannten Militärbädern am Limes.

Über die bauliche Entwicklung und über die Zeitstellung der Badeanlagen geben mehr als 250 Stempel der 14., 21. und 22. Legion Auskunft, die auf den Ziegeln der Hypokaustpfeiler und auf einigen Reparatureinbauten angebracht waren. Das ältere Bad muss um 92 n. Chr., das jüngere zwischen 95 und 100 n. Chr. gebaut worden sein.

Das wohl um 90 n. Chr. erbaute Kastell wurde zwischen 110 und 120 n. Chr. ebenfalls aufgegeben und durch das näher am Limes gelegene Kastell Rückingen ersetzt (S. 58).

DER LIMES ÖSTLICH VON HANAU

Auf der Höhe von Hanau-Wolfgang liegt östlich der Autobahn Hanau-Seligenstadt der Doppelbiersumpf. Zwischen den Türmen WP 5/11 und 5/12 setzen

Die bei einer Ausgrabung freigelegten Fundamente des Turms WP 5/12. Der Turm stand am Rand des Doppelbiersumpfs bei Hanau-Wolfgang. Hier setzten Wall und Graben des Limes aus, stattdessen führte in römischer Zeit ein Knüppeldamm mit einem Holzzaun davor über den Sumpf.

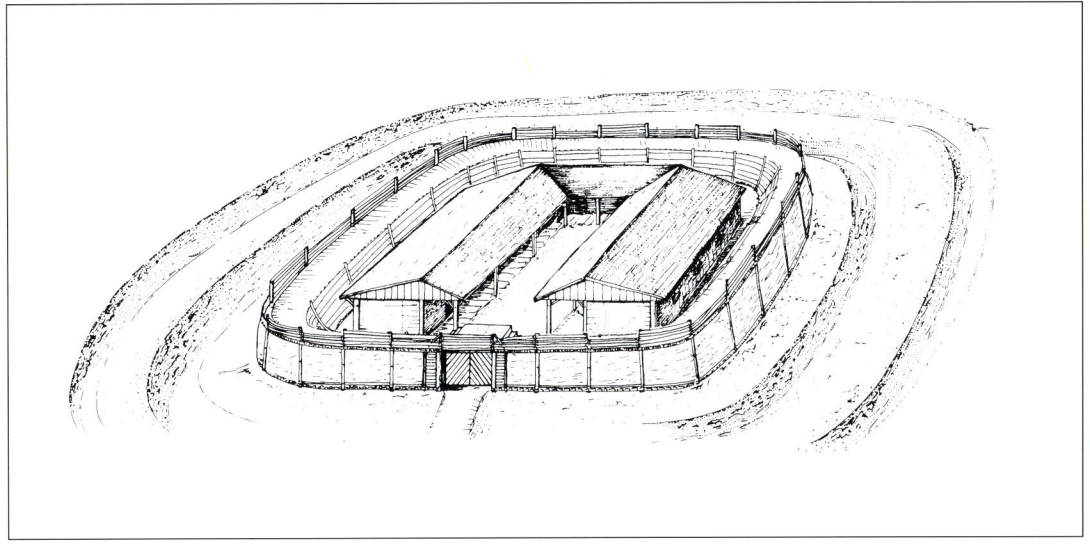

Rekonstruktion des Kleinkastells Neuwirtshaus.

hier Wall und Graben aus. Über den Sumpf hinweg führten die Römer stattdessen einen Knüppeldamm und davor einen Holzzaun. Noch erkennbar ist der → flache Hügel des WP 5/12 dicht bei der Stelle, wo der normale Pfahlgraben südlich des Sumpfs wieder einsetzt. Ein Waldweg folgt dem Pfahlgraben auf der Innenseite, bis er von der nach Südsüdosten abbiegenden Autobahn unterbrochen wird.

Auch jenseits (südlich) der Autobahn ist der → Pfahlgraben noch als flacher Wall erhalten. Unweit der gut erhaltenen Holz- und Steinturmreste bei WP 5/13 – beide sind als flache Erdhügel erkennbar – wurde in römischer Zeit das Kleinkastell Neuwirtshaus angelegt. Die Stelle liegt zwischen der Autobahn Hanau-Seligenstadt und der B 8 nach Aschaffenburg. Das Kleinkastell kann heute nur schwach im Nadelgehölz »Torfhaus« ausgemacht werden. Die im 19. Jahrhundert noch gut erhaltene Anlage war mehrfach das Ziel archäologischer Unternehmungen, genauer Aufbau und Geschichte der Anlage konnten aber mit den damals üblichen Grabungsmethoden nicht geklärt werden. Erst eine Nachuntersuchung im Jahr 1977 erbrachte neue Erkenntnisse. Im Inneren der 21 × 25 m großen Anlage wurde ein hufeisenförmiger Barackenkomplex nachgewiesen. Ein Erdwall bildete die Befestigung, diese war 3,5–4,0 m breit und bestand aus aufgeschichteten Rasensoden. Versteifungen aus Holz dürften den mehrperiodigen Wall zusätzlich befestigt haben, der an der Ostseite eine Toröffnung hatte. Dieser Bereich ist heute noch im Gelände sichtbar. Frühere Ausgrabungen hatten hier auch Steinfundamente freigelegt, die möglicherweise zu einem Tordurchlass oder einem kleinen Wehrgang gehörten. Zusätzlich wurde die Anlage durch zwei umlaufende Spitzgräben gesichert. Genaue chronologische Aussagen ließen sich bislang zu dieser Anlage nicht gewinnen, der Beginn dürfte im Verlauf des 2. Jahrhunderts liegen.

> ### TOURISMUS-TIPPS
> Hanau bietet zahlreiche Sehenswürdigkeiten: das Deutsche Goldschmiedehaus, das Nationaldenkmal der Brüder Grimm, das Wilhelmsbad mit historischem Kurpark, sehenswert auch der mittelalterliche Stadtteil Steinheim mit Schloss und Museum.
> Im Schloss Philippsruhe ist das Historisches Museum untergebracht. Neben zahlreichen Funden aus den Kastellen des östlichen Wetteraulimes und des Hanauer Landes werden hier vor allem die Funde aus dem Kastell Rückingen aufbewahrt, darunter auch die 1959 aus einem Brunnen geborgenen Skulpturenreste eines Mithrasheiligtums. Die römischen Fundstücke sind zurzeit jedoch nicht in der Ausstellung berücksichtigt. – Museum Hanau, Schloss Philippsruhe, Philippsruher Allee, 63456 Hanau.
> Schloss Steinheim – im 13. und 14. Jahrhundert als Burg im Besitz der Herren von Eppstein – beherbergt seit seiner Eröffnung im Jahr 1986 eine gut aufgearbeitete und lebendig präsentierte Ausstellung zur Geschichte des Ortes vom Mittelalter bis in das 19. Jahrhundert sowie der Vor- und Frühgeschichte und der römischen Vergangenheit des Umlandes. Für eine Führung »durch die Menschheitsgeschichte« eignet sich das Museum hervorragend. In der römischen Abteilung muss man vor allem das rekonstruierte Mithrasheiligtum sowie die preisgekrönte Filmvorführung »Unter römischer Herrschaft« hervorheben. – Museum Schloss Steinheim, Schlossstraße, 63456 Hanau-Steinheim; Tel. (0 61 81) 29 55 16.

III. DIE ÖSTLICHE WETTERAU

GROSSKROTZENBURG

Der Straßenverlauf in der Innenstadt von Großkrotzenburg entspricht dem Umriss des Kastells.

Die Deutsche Limes-Straße führt uns entlang der B 8 nach Großkrotzenburg. In Großkrotzenburg stößt der Limes, der ab Marköbel über fast 16 km Länge eine fast schnurgerade Linie nach Süden beibehält, auf den Main. Auf der gegenüberliegenden Mainseite beginnt der so genannte Mainlimes. An dieser Nahtstelle vom Wetterau- zum Mainlimes liegt das Kohortenkastell Großkrotzenburg, das um 110 n. Chr. entstanden sein dürfte. Ältere Funde lassen vermuten, dass es schon vorher eine kleinere Anlage aus Holz gab, die Ende des 1. Jahrhunderts erbaut worden sein könnte. Im heute dicht bebauten Ortskern von Großkrotzenburg konnten jedoch von diesem Vorgängerbau bislang keine Spuren entdeckt werden. Die Aufgabe des Kastells war es, die Grenze zu sichern und zugleich eine Mainbrücke zu schützen.

Das Kastell Großkrotzenburg ist erst verhältnismäßig spät entdeckt worden. Der Grundriss wurde durch Grabungen des Hanauer Geschichtsvereins 1881 und der Reichs-Limeskommission 1893 festgestellt, beide Untersuchungen standen unter der Leitung von G. Wolff. Das Kohortenkastell hatte eine Größe von 2,1 ha und entstand an einer Stelle des Hochufers, wo es vor Überschwemmungen sicher war. Sein Haupttor ist nach Osten ausgerichtet, genau auf den Pfahlgraben, der in nur 25 m Entfernung am Kastell vorbeiläuft. Von der Innenbebauung ist kaum etwas bekannt, da im Ortskern keine großen Ausgrabungsflächen möglich waren. Im zentralen Bereich des Kastells wurden verschiedentlich Mauern festgestellt, wahrscheinlich die Reste des Stabsgebäudes, außerdem wurden Teile des Lagerdorfes und eines Mithräums aufgedeckt. Durch Inschriften konnte als Besatzung die *Cohors IV Vindelicorum* nachgewiesen werden.

Der Umriss des Kastells kann noch heute am Verlauf der Straßen im Ortskern von Großkrotzenburg abgelesen werden. Darüber hinaus sind noch → Teile der steinernen Umwehrung zu sehen. Die römischen Mauern ragen stellenweise weit in die Höhe, häufig hat man im Mittelalter auf die römische Ruine noch einmal eine Mauer gesetzt. In der Nähe der Kirche lässt sich die Südwestecke der Wehrmauer mit dem Eckturm erkennen, auch hier mittelalterlich überformt. Beim Eingang der Kirche sind Teile der Südmauer erhalten.

In Großkrotzenburg stellte das römische Militär Ziegel her: Der Abdruck einer genagelten Sohle auf der Ziegelplatte stammt von einem zum Ziegelbrennen abkommandierten Soldaten.

Ein wenig mainabwärts vom Kastell führte die römische Brücke über den Main. Ihre steinernen Pfeiler saßen auf mit Eisenschuhen bewehrten Holzpfählen, die bei Bauarbeiten Anfang des 20. Jahrhunderts entdeckt wurden. Den dendrochronologischen Untersuchungen der Eichenpfähle zufolge wurde diese Brücke gegen Ende der Regierungszeit Kaiser Hadrians um 134 n. Chr. errichtet. Dieser Mainübergang ermöglichte der römischen Armee schnelle Truppenbewegungen längs des Limes sowie die wirtschaftliche Ausbeutung der reichen Waldlandschaft des Spessarts. Vermutlich wurde dieser Übergang von einer Benefiziarierstation überwacht, die durch Inschriften belegt ist.

Gegen Ende des 2. Jahrhunderts hat die hier stationierte *Cohors IV Vindelicorum* einen umfangreichen Ziegeleibetrieb unterhalten. Wegen seiner

III. DIE ÖSTLICHE WETTERAU

Fundamente eines römischen Eckturmes des Kastells Großkrotzenburg. Auf den römischen Resten sitzen teilweise mittelalterliche Mauern.

Feuergefährlichkeit legte man diesen außerhalb von Lagerdorf und Kastell an, dicht am Pfahlgraben nordöstlich des Kastells. Die hergestellten Ziegel konnten von Großkrotzenburg aus bequem über den günstigen Wasserweg transportiert werden. So finden sich Ziegelstempel dieser Truppe in zahlreichen Bauten des römischen Heeres zwischen Walldürn im Odenwald und dem Neuwieder Becken in Rheinland-Pfalz.

Ein Mithrasheiligtum wurde am Rand des nördlich und westlich vor dem Kastell gelegenen Vicus gefunden. Erhalten war eine Gruppe von Skulpturen des Mithraszyklus. Leider wurden diese Funde im Zweiten Weltkrieg bei Luftangriffen auf Hanau zerstört.

TOURISMUS-TIPPS

Das Heimatmuseum befindet sich in einer ehemaligen Schule, ein denkmalgeschütztes klassizistisches Gebäude neben der Kirche, inmitten des Römerkastells. Der Schwerpunkt der Sammlung liegt auf der Archäologie, daneben werden auch paläontologische Funde gezeigt. Die Entwicklung des Menschen wird auf Schautafeln erläutert und leitet über zur Vor- und Frühgeschichte im Raum Großkrotzenburg mit Funden aus der Bronze- und Eisenzeit. Die römische Zeit ist durch zahlreiche Originalfunde und anschauliche Modelle (Kastellrekonstruktion mit Zinnfigurendiorama; Nachbildung des Mithrasbildes) vertreten. Die mittelalterliche Stadt Großkrotzenburg bildet den Abschluss der Sammlung. –
Museum Großkrotzenburg, Breite Straße 20, 63538 Großkrotzenburg; Tel. (0 61 86) 4 46.

Römische Brückenpfähle der Mainbrücke im Museum Großkrotzenburg: Die Brücke mainabwärts des Kastells Großkrotzenburg wurde gegen Ende der Regierungszeit Kaiser Hadrians um 134 n. Chr. errichtet.

IV. DER MAIN

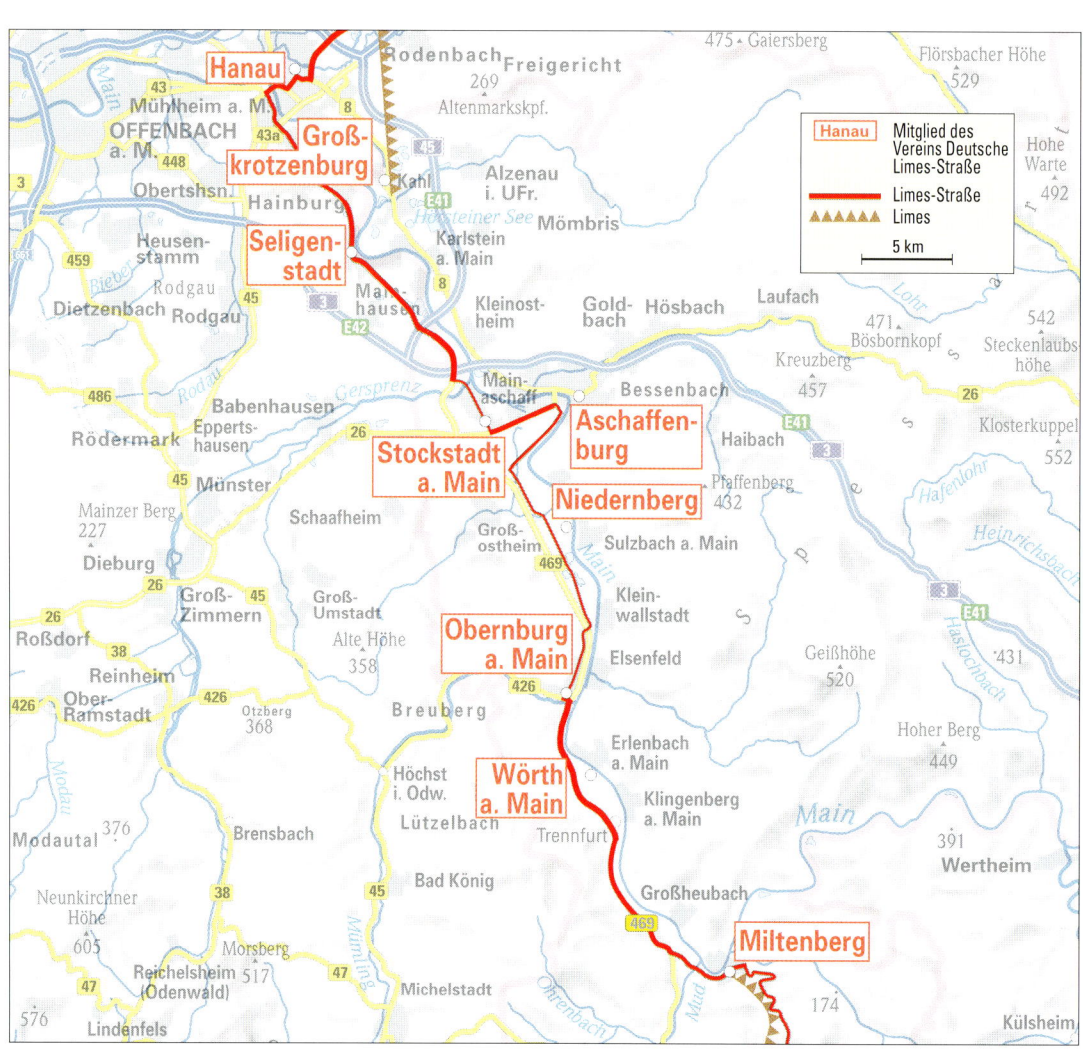

SELIGENSTADT

Gegenüber Großkrotzenburg auf der linken Seite des Flusses beginnt der Mainlimes. Hier wurde in Hainstadt in den 1960er Jahren ein Holz-Erde-Kastell wohl für einen *Numerus* (Aufklärungseinheit – ca. 130 Mann) entdeckt. Vermutlich ist darin die Vorgängeranlage des Kastells Großkrotzenburg auf der linken Mainuferseite zu sehen. Einige Kilometer weiter südlich erreicht man Seligenstadt, wo das nördlichste Kastell des so genannten »älteren Mainlimes« liegt. Der Limes entlang des Mains wurde etwa um 90 n. Chr. eingerichtet und reichte zunächst nur bis Wörth, wo er dann den Main verließ und in den Odenwald abbog. Ab der Mitte des 2. Jahrhunderts, als der gesamte Limes im Odenwald und am Neckar ein Stück vorverlegt wurde, verlängerte man die Grenzlinie entlang des Mains bis Miltenberg – das ist der »jüngere Mainlimes«. Zur Überwachung der Flussgrenze genügten Wachtürme, eine durchgehende Grenzbefestigung mit Wall und Graben oder Palisade hat es hier nicht gegeben. Auf der gegenüberliegenden Mainseite erstreckte sich das unbesiedelte Waldgebirge des Spessarts. Der Holzreichtum dieses Gebietes hatte für das römische Militär eine gewisse wirtschaftliche Bedeutung. Aus Stockstadt, Obernburg und Trennfurt sind Holzfällerkommandos der 22. Legion aus Mainz inschriftlich belegt.

Ausgangspunkt für die römischen Forschungen in Seligenstadt war das in den Jahren 1819 und 1840/41 ergrabene Kastellbad. Die Versuche, das dazugehörige römische Kastell zu finden, blieben bis in das 20. Jahrhundert erfolglos. Erst 1914 vermutete E. Fabricius, die römische Befestigungsanlage müsse auf dem Altstadtplateau liegen. Durch Kanalisationsarbeiten 1937 konnten dort dann Kastellmauer und -graben an mehreren Stellen ausfindig gemacht und die Größe des Kastells festgestellt werden (3,1 ha).

Das Kastell erstreckt sich im Bereich der Altstadt auf dem Hochufer des Mains und ist vollständig überbaut. Die Größe der Anlage passt zur inschriftlich belegten Besatzung, die *Cohors I civium Romanorum equitata*. Das Kastell wurde in der Mitte des 2. Jahrhunderts erbaut, wahrscheinlich über einem hölzernen Vorgängerbau, der schon um 100 n. Chr. ebenfalls für eine Kohorte errichtet worden war. Bei Ausgrabungen 1975/1976 wurden Baureste angeschnitten, wahrscheinlich Überreste des Stabsgebäudes. 1976 wurde bei weiteren Ausgrabungen ein Verteidigungsgraben auf über 50 m Länge freigelegt. Er gehört vielleicht zu dem kleineren Holzkastell, das dem Steinkastell voranging.

Die Steine aus der Kastellruine, darunter auch Inschriften, sind in der Karolingerzeit in der Einhard-Basilika verbaut worden. Weitere römische Inschriftensteine findet man im Kreuzgang neben der Basilika. Die römischen Funde aus Seligenstadt sind im Landschaftsmuseum ausgestellt.

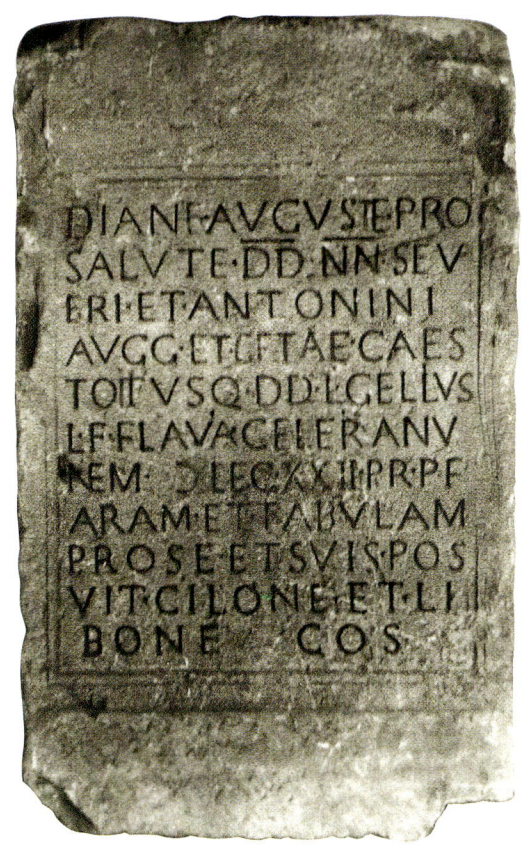

Dianaaltar des Legionszenturio Lucius Gellius Celerianus.

LITERATUR

E. Schallmayer, Archäologische Denkmäler in Hessen 9 (1979). – E. Schallmayer, Ausgrabungen in Seligenstadt. Zur römischen und mittelalterlichen Topografie. Saalburg-Jahrbuch 43, 1987, 5–60.

TOURISMUS-TIPPS

Sehenswert ist die historische Altstadt rund um den Markplatz mit farbenprächtigen Fachwerkhäusern und einem klassizistischen Rathaus, dem Romanischen Haus und dem Einhard-Haus, weiter die Einhard-Basilika, die ehemalige Benediktinerabtei, die Kaiserpfalz und die Wasserburg. Das Museum befindet sich in der ehemaligen Benediktinerabtei. Den Schwerpunkt der Ausstellung bildet in erster Linie die Abtei und ihr Weg zur staufischen Stadt. Der Klostergründer Einhard wird neben einem Auszug aus der Vita Caroli Magni und der Baugeschichte der Einhard-Basilika gesondert abgehandelt. Die Römerzeit wird vor allem durch das Kohortenkastell mit seiner Zivilsiedlung vorgestellt. Bodenfunde erläutern auch die Vor- und Frühgeschichte des Umlandes, wobei die 1986 geborgenen Funde des fränkischen Gräberfeldes bei Klein-Welzheim hervorzuheben sind. – Landschaftsmuseum Seligenstadt, Klosterhof, 63500 Seligenstadt; Tel. (0 61 82) 2 04 55.

IV. DER MAIN

STOCKSTADT

Eiserner Gesichtshelm, gefunden auf der Sohle eines römischen Brunnens im Kastell Stockstadt. Der Gesichtshelm wurde bei Reiterspielen getragen, für kriegerische Auseinandersetzungen war er ungeeignet.

Das Pompejanum vermittelt einen Eindruck von der hohen Wohnqualität in einem italischen Stadthaus des Jahres 79 n. Chr.

Rechts: *Der Tonkrug mit einem Münzschatz aus 1316 Silberdenaren und sechs Goldstücken ist um 170 n. Chr. im Inneren des Kastells Stockstadt vergraben worden.*

Von Seligenstadt geht es auf der linken Mainseite weiter nach Stockstadt. Am südlichen Ortsausgang von Stockstadt überquert die Straße eine Eisenbahnlinie. Südlich der Eisenbahnlinie erstreckt sich das Industriegelände der Papierfabrik PWA. Auf diesem Gelände wurden die verschiedenen Kastelle und das Lagerdorf von Stockstadt ausgegraben. Heute ist an anderer Stelle nur noch das zum Kastell gehörende Bad zu sehen. Es ist schon 1898 ausgegraben worden, lag dann siebzig Jahre frei und wurde 1968 auf Grund einer Erweiterung der Papierfabrik in den Nilkheimer Park bei Aschaffenburg versetzt, wo die konservierten Mauern heute besichtigt werden können.

DIE RÖMISCHEN MILITÄRBAUTEN

Die römischen Militärbauten in Stockstadt zählen zu den am intensivsten untersuchten im Gebiet des Mainlimes. Unmittelbar nördlich der Eisenbahnlinie wurde ein 0,3 ha großes Kleinkastell festgestellt und etwa 200 m südöstlich davon das Kohortenkastell, welches kurz nach dem Jahr 90 entstanden sein muss. Ferner wurde nördlich des Kohortenkastells ein Holzkastell von unbekannter Größe errichtet, das ebenfalls vor das Jahr 100 datiert. Das Holzkastell könnte auch nur ein vorübergehendes Baulager für die *Cohors III Aquitanorum equitata civium Romanorum* gewesen sein, die um 100 n. Chr. südlich von diesem Gebiet das Kohortenkastell baute. Um 100 n. Chr. hatte dieses Kohortenkastell schließlich eine Fläche von 3,2 ha. Zunächst besaß es eine hölzerne Umwehrung, wurde jedoch Mitte des 2. Jahrhunderts in Stein ausgebaut.

Noch in der ersten Hälfte des 2. Jahrhunderts ist die 3. Aquitanerkohorte in das Kastell bei Neckarburken versetzt worden. An ihre Stelle trat in Stockstadt die *Cohors II Hispanorum equitata pia fidelis*, doch schon in der Mitte des 2. Jahrhunderts wurde diese wieder abkommandiert und durch die *Cohors I Aquitanorum veterana equitata* ersetzt, die zuvor im Kastell Arnsburg am Wetteraulimes lag.

In der Mitte des Kastells fand man den sehr klaren Grundriss des Stabsgebäudes, das in Stein ausgebaut war. Leider haben die Ausgräber mit den Grabungsmethoden der Jahrhundertwende die wahrscheinlich zahlreichen Holzbauten im Inneren der Anlage nicht erfassen können. Mit Ausnahme des Stabsgebäudes waren alle damals aufgedeckten Steingebäude Teile einstmals größerer Bauwerke aus Fachwerk, deren Gesamtgrundrisse unbekannt geblieben sind.

Im Umfeld des Kastells dehnte sich längs des Mains die zivile Siedlung aus. Bei Ausgrabungen wurden zahlreiche Tempel festgestellt, u. a. zwei Mithrastempel und ein Heiligtum des Jupiter Dolichenus. Besonders interessant ist der Fund eines Münzschatzes aus dem Jahr 1962. Er umfasste 1316 Denare (Silbermünzen) und sechs Goldstücke. Der Schatz ist um 170 n. Chr. in einem Tonkrug vergraben worden.

Auf der Höhe des Kastells wurden am Main Reste von hölzernen Schiffsanlegestellen nachgewiesen. Der Main war eine wichtige Verkehrsader insbesondere für den Nachschub der Truppen. Eine Benefiziarierstation diente möglicherweise speziell der Überwachung des Schiffsverkehrs auf dem Main.

Einige der zahlreichen, zum Teil sehr gut erhaltenen Weihesteine der Benefiziarier sind im Saalburgmuseum ausgestellt, ebenso ist dort eines der Mithrasheiligtümer rekonstruiert worden. Weitere Funde aus Stockstadt, u. a. den erwähnten Münzschatz, kann man im Stiftsmuseum in Aschaffenburg besichtigen.

POMPEJANUM UND NILKHEIMER PARK IN ASCHAFFENBURG

Im Stiftsmuseum der Stadt Aschaffenburg sind zahlreiche Funde vom Mainlimes ausgestellt, darunter die Parademaske eines Reiters sowie der 1962 entdeckte große Münzschatz aus Stockstadt, der wahrscheinlich aus dem Jahr 170 n. Chr. stammt, als der germanische Stamm der Chatten in das Land einfiel. Die Bedrohung hatte den Besitzer bewogen, sein Besitztum zu vergraben und so vor dem Zugriff der Plünderer zu schützen. Weil er den Schatz später nicht mehr bergen konnte, blieb dieser bis zu seiner Entdeckung im Jahr 1962 im Boden. Bekannte Fundstücke im Aschaffenburger Museum sind der Wasserspeier aus Niedernberg in Form eines Silenskopfes oder die Grabinschriften aus Obernburg und Niedernberg.

Unweit des Museums, wenige Hundert Meter mainabwärts vom Aschaffenburger Schloss, liegt auf einer Anhöhe ein fremdartiges Gebäude, das so genannte Pompejanum. König Ludwig I. von Bayern ließ hier in einem südländisch anmutenden Areal ein pompejanisches Wohnhaus nachbilden, welches heute – nach aufwendiger Restaurierung – wieder zu besichtigen ist. Das Pompejanum ist eine Kopie der Casa dei Dioscuri in Pompeji und wurde 1840–1848 nach der Planung von Friedrich von Gärtner errichtet. Man gewinnt einen guten Eindruck von der hohen Wohnqualität in einem italischen Stadthaus

TOURISMUS-TIPPS

Sehenswert in Stockstadt sind das Heimatmuseum, das vom Mainer Erzbischof und Kurfürsten Albrecht von Brandenburg erbaute Zollhaus (1514–1545) und die Leonharduskirche (1773).
Aschaffenburg, ehemaliger Zweitsitz der Mainzer Erzbischöfe, erfreut sich eines besonders milden Klimas. Der Wittelsbacher König Ludwig I. nannte es deshalb vor 150 Jahren liebe-voll sein »Bayerisches Nizza«. Im Pompejanum findet man eine Bayerische Antikensammlung. Reizvoll ist auch die Altstadt mit prächtigen Kirchen und Sakralbauten. In dem Renaissancebau Schloss Johannisburg befinden sich eine bedeutende Staatsgemäldesammlung und das Schlossmuseum.

des Jahres 79 n. Chr. Der Name des Originalgebäudes, Casa dei Dioscuri, geht auf die Wandgemälde zurück. Sie zeigen die Dioskuren, die Zeussöhne Castor und Pollux.

Die rekonstruierte römische Küche im Pompejanum.

Der Nilkheimer Park liegt etwa 3 km westlich des Aschaffenburger Stadtkerns am Main. Im Nilkheimer Park (geöffnet von April bis Oktober) kann man die → Grundmauern des römischen Kastellbades von Stockstadt besichtigen. Das Badegebäude gehört zu dem so genannten Reihentypus.

Das Bad des Kastells Stockstadt wurde in den Nilkheimer Park in Aschaffenburg versetzt, wo es heute noch besichtigt werden kann.

IV. DER MAIN

NIEDERNBERG, OBERNBURG, WÖRTH UND TRENNFURT

Wasserspeier in Gestalt eines Silenskopfes aus Niedernberg.

Rechts: Dem Jupiter Optimus Maximus und den Schutzgottheiten des Ortes weihte der Benefiziarier Marcus Bellius Marcellinus diesen Stein, als er in Obernburg stationiert war.

NIEDERNBERG

Die Deutsche Limes-Straße folgt nun nach Süden zunächst der Landstraße, später der B 469 immer am linken Mainufer entlang. 8 km südlich von Stockstadt kommt man nach Niedernberg. Vom römischen Steinkastell Niedernberg ist heute nichts mehr sichtbar.

1883 wurde mit den Ausgrabungen begonnen. Eine intensivere Forschung begann 1894 als Maßnahme der Reichs-Limeskommission (W. Conrady). Sicher ist, dass die Umwehrung 2,2 ha Fläche einschloss und die Reste des mit einem einfachen Spitzgraben umgebenen Kastells unter dem südlichen Teil des heutigen Ortskerns von Niedernberg liegen. Die heutige Hauptstraße des Ortes überlagert die römische Via principalis. Die rückwärtige Front deckt sich mit der ehemaligen mittelalterlichen Umwehrung. Aus dem Innenbereich des Kastells kennt man nur die hinteren Teile des Stabsgebäudes. Der Vorgängerbau, vermutlich ein Holz-Erde-Bau, ist nicht bekannt. Das östlich vom Kastell gelegene Kastellbad wurde bereits 1884 untersucht und ist heute ebenfalls nicht mehr sichtbar. Als Besatzung ist die *Cohors I Ligurum et Hispanorum* nachgewiesen, eine Einheit, die ursprünglich in Norditalien und Spanien rekrutiert worden ist. 1963 wurden auch Teile der römischen Nekropole entdeckt, aus welcher die beiden 1728 und 1737 nach Fulda verbrachten Altäre stammen dürften. Funde aus Niedernberg werden heute im Dommuseum Fulda und im Museum Aschaffenburg aufbewahrt.

OBERNBURG

Obernburg liegt an der Kreuzung alter Wege zwischen Spessart und Odenwald am westlichen Mainufer. Gegenüber münden Mümling und Elsava in den Main. Ein römisches Kohortenkastell, das seit 1741 bekannt ist, liegt mitten im Bereich des heutigen Ortskerns. Von der 3 ha großen Anlage ist zwar oberirdisch nichts mehr sichtbar, doch zeichnen sich die Straßenfluchten des Militärlagers im heutigen Straßenverlauf ab. Die Via principalis, die das Kastell etwa in nordsüdlicher Richtung teilte, entspricht weit gehend der heutigen Hauptstraße (B 469). Die heutige Badgasse läuft genau durch die Porta praetoria auf das Stabsgebäude zu. Das Stabsgebäude kann man genau gegenüber der Einmündung der Badgasse in die Hauptstraße lokalisieren.

Das Kastell war in Stein ausgebaut und von einem Spitzgraben umgeben. Als Besatzung ist die *Cohors IIII Aquitanorum equitata civium Romanorum* nachgewiesen, die gemeinsam mit den Truppen der Nachbarkastelle in Großkrotzenburg, Stockstadt und Niedernberg den Mainlimes kontrollierte. Ausgrabungen W. Conradys zwischen 1882 und 1884 erbrachten eine Vielzahl von Informationen zum römischen Kastell. Weitere neue Erkenntnisse zu Kastell und Zivilsiedlung ergaben die Forschungen von L. Hefner und jüngst von H. Lüdemann.

Wahrscheinlich wurde auch in Obernburg um 90 n. Chr. ein Vorgängerbau in Holz errichtet, von welchem sich jedoch keine Spuren nachweisen ließen. Um das Kastell dürfte sich eine ansehnliche Zivilsiedlung ausgedehnt haben. Aus den angrenzenden Gräberfeldern liegen zahlreiche Bestattungen vor. Das Kastellbad wurde bislang nicht lokalisiert.

1954 entdeckte man bei Bauarbeiten südlich des Kastelles eine Benefiziarierstation, deren sehr qualitätvolle Weihesteine heute im Römermuseum Obernburg aufbewahrt werden. Möglicherweise existierte noch weiter südlich im Gelände des heutigen Friedhofs ein Numeruskastell. Inschriftlich ist der *Numerus Brittonum Nemaningensium* erwähnt, dessen Beiname »Nemaningensium« – folgt man der lokalen Forschung – den römischen Namen von Obernburg, Nemaninga, wiedergeben soll. Die zahlreichen römischen Funde Obernburgs kann man im neu eingerichteten Römermuseum besichtigen. Bei jüngeren Ausgrabungen im Stadtbereich von Obernburg wurden auch bedeutende spätantike Funde (Glasschale mit frühchristlichen Motiven) geborgen.

Die einzigen sichtbaren → Reste eines Wachturmes vom Mainlimes liegen 2,5 km südlich von Obernburg an der B 469 bei Kilometer 22,7. Hier kann man etwa 25 m westlich der Straße im Wald den Rest eines Steinturmes erkennen, die Stelle ist jedoch schlecht zugänglich.

bäude des Kastells. Ebenfalls ausgegraben wurde das Kastellbad, es ist heute jedoch nicht mehr sichtbar. Vom Lagerdorf fehlt bislang jede Spur.

Jupiter Taranis, einst Bekrönung einer Jupiter-Giganten-Säule in Obernburg.

WÖRTH

Am nördlichen Ortsausgang wurde 1882/83 und 1887 das Numeruskastell Wörth von W. Conrady ausgegraben. In der Luftlinie ist nur etwa 4,5 km vom Kastell Obernburg und 2,3 km vom Kastell Trennfurt entfernt. Es liegt bei Kilometer 25,0 unmittelbar südlich der B 469, die entlang der zum Main gerichteten Vorderfront des Kastells verläuft. Die Anlage war 0,8 ha groß, von einem einfachen Spitzgraben umgeben und hatte vier Tore.

Neuere Funde aus dem Kastellbereich könnten in die spätflavische Zeit (um 90 n. Chr.) datieren. Festgestellt wurde bei den Ausgrabungen ein Teil des Stabsgebäudes, das einzige in Stein ausgebaute Ge-

TRENNFURT

Das 0,6 ha große Steinkastell, wahrscheinlich für einen Numerus, ist heute nicht mehr sichtbar. Das Kastell liegt zwischen der Hauptstraße (B 469) und einem Bahndamm, der die östliche Kastellseite anschneidet. 1883 wurde die Anlage von W. Conrady entdeckt und teilweise ausgegraben. Im Inneren wurden keine Bebauungsspuren entdeckt, ebenso fehlen bislang Hinweise auf ein Lagerdorf oder das Kastellbad. Die von Conrady geborgenen Kleinfunde sind spärlich und ihr heutiger Verbleib ist unbekannt.

Im Eingang der Trennfurter Kirche ist ein römischer Altar eingemauert. Der Altar wurde im Jahr 212 n. Chr. von einer Abteilung Holzfäller (Lignarii)

Die kleine Figur des Atlas stammt aus Wörth.

dem Jupiter, dem Silvanus Conservator und der Diana geweiht. Die Truppe war offenbar im Odenwald eingesetzt und sollte Holz zum Ausbau der britannischen Flotte des Kaisers Caracalla (211–217) schlagen. Auf Holzfällereinheiten, die wohl auch im waldreichen Gebiet des Spessart mit dem Fällen und Abtransport von Bauholz beschäftigt waren, gibt es am Mainlimes mehrfach inschriftliche Hinweise.

LITERATUR

L. Hefner, Miltenberg, Amorbach, Obernburg, Aschaffenburg, Seligenstadt. Führer zu vor- und frühgeschichtlichen Denkmälern 8 (Mainz 1967) 149 ff. – L. Hefner, Das Mainkastell Obernburg im Spiegel seiner Inschriften. Festschrift des Kronberg-Gymnasiums Aschaffenburg 1968, 71 ff. – H. Lüdemann, Neue Untersuchungen im Kastell Obernburg am Main. Das archäologische Jahr in Bayern 1996, 132 f. – E. Schallmayer, Der Odenwaldlimes (1984) 55 ff. (mit weiterer Literatur).

TOURISMUS-TIPPS

1313 erhob Erzbischof Peter von Mainz Obernburg zur Stadt. Sehenswert ist die historische Altstadt mit ihren zahlreichen erhaltenen Stadttürmen (Almosen-, Hexen-, Täschen-, Gumpen- und Runder Turm) und -toren sowie der St. Annakapelle. Das Römermuseum befindet sich in der Unteren Gasse 4. Es umfasst zahlreiche Funde aus dem Kastell und dem Lagerdorf, Steindenkmäler, ein rekonstruiertes Mithrasheiligtum und Reste einer Jupitergigantensäule.

Wörth, schon am Fuße des Bayerischen Odenwalds gelegen, bietet sich als Ausgangspunkt für Wanderungen in die waldreiche Umgebung an. In der Stadt gibt es ein Schifffahrtsmuseum in der ehemaligen Kirche St. Wolfgang. Die katholische Pfarrkirche birgt einen Flügelaltar aus der Zeit um 1485 und eine Kreuzigungsgruppe aus dem 16. Jahrhundert.

MILTENBERG

Miltenberg liegt am südlichsten Punkt des Mainlimes am Mainknie, dem Scheitelpunkt einer scharfen Flusswindung. Die Stadt liegt exakt an dem Punkt, wo der Main den Durchbruch zwischen Spessart und Odenwald schafft. Das große Kohortenkastell, das so genannte »Altstadtkastell«, liegt etwas flussabwärts von Miltenberg, also nach dem Durchbruch. Flussaufwärts, vor dem Durchbruch, gibt es noch ein Numeruskastell, das »Ostkastell«. Ab hier bildet nicht mehr der Main die Grenze, sondern es beginnt der vordere Limes, der wie am obergermanischen Limes üblich mit Wall, Graben und Palisade befestigt war und in Richtung Süden nach Walldürn verlief.

DAS ALTSTADTKASTELL IM WESTEN DER STADT

Das Altstadtkastell liegt knapp nördlich der Mudmündung 1,7 km entfernt vom Ortskern Miltenbergs. Im Mittelalter wurden die Reste der römischen Umwehrung benutzt, um den Ort »Walehusen« (Wallhausen) zu befestigen. Der Ort wurde im 13. Jahrhundert aufgegeben. Die Flur am Südende des Fürstlich-Löwensteinschen Parkes, in der das Kastell und die mittelalterlichen Ruinen liegen, behielt bis heute den Namen »In der Altstadt«.

Zwischen Bahnlinie und Main ist für den geübten Blick eine → ausgedehnte Bodenerhebung zu sehen. Unter dieser Erhebung verbergen sich die Überreste des Kastells und die Ruinen von Wallhausen. Besonders deutlich kann man die mainseitige Front erkennen. Hier lag auch die Vorderfront des römischen Kastells. Die dort heute sichtbaren Mauern sind mittelalterlichen Ursprungs, stehen jedoch auf römischen Fundamenten. Der Rest eines steinernen Turmstumpfes am Altstadtweg stammt von der Kirche Wallhausens. Die Ruine der Kirche liegt etwas azentrisch über dem Stabsgebäude in der Mitte des Kastells.

Das römische Kastell wurde erst 1842 entdeckt, gerade weil es von der mittelalterlichen Überbauung verdeckt wurde. Erste Ausgrabungen fanden 1875 statt, als mit dem Bau der Eisenbahnlinie begonnen wurde. 1878 schlossen sich dann Untersuchungen der Reichs-Limeskommission an. 1970–1976 und 1990 folgten weitere Untersuchungen. Das Kastell ist 2,72 ha groß und von einem Lagerdorf umgeben. Direkt am Bahndamm liegen die Reste des Kastellbades. Bei der Besatzung handelte es sich um die *Cohors I Sequanorum et Rauracorum equitata* mit einer Truppenstärke von 480 Mann. Eventuell war hier

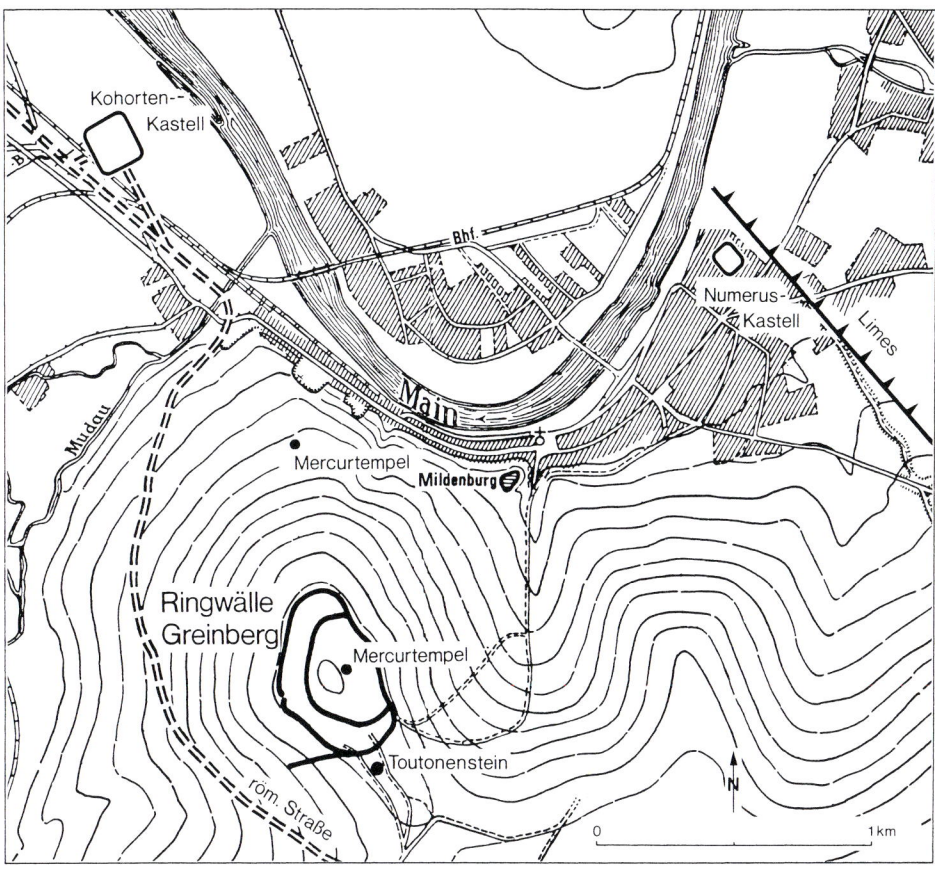

auch noch ein *Numerus exploratorum Triputiensium* stationiert. Die Truppe hatte das Kastell erst als Holz-Erde-Lager errichtet und dann in Stein ausgebaut.

Außerhalb des Kastells, direkt am Westturm, wurde die Victoriasäule gefunden, die heute im Museum Miltenberg ausgestellt ist. Am Weg zum römischen Mudübergang lagen die Gräber der im Kastell stationierten Soldaten. Der Friedhof des Lagerdorfes befindet sich im Bereich der heutigen Kläranlage.

DAS OSTKASTELL

Das Ostkastell liegt in der Luftlinie 2,3 km vom Altstadtkastell entfernt auf der Gemarkungsgrenze zwischen Miltenberg und Bürgstadt. Es erstreckt sich zwischen der Gartenstraße und der Bürgstädterstraße und ist heute völlig von Wohnhäusern überbaut. Der Stichweg Gartenstraße 22A führt genau in das Kastellinnere. Die Fläche umfasste 0,6 ha.

1912 wurde das Kastell entdeckt und ausgegraben, wobei man sich auf die 1,6 m starke, steinerne Umwehrung konzentrierte. Sie war mit vier Toren versehen und von einem Spitzgraben umgeben, die Porta praetoria führt zum Main. Bei 1979 durchgeführten Nachbeobachtungen konnten Einblicke in

Die archäologischen Denkmäler in und um Miltenberg.

Paradeschildbuckel in Form einer Minervabüste aus Miltenberg.

IV. DER MAIN

Oben: Der heute im Museum der Stadt Miltenberg aufbewahrte Toutonenstein stand ursprünglich auf dem Greinberg.

Unten: Zwei Seiten des Toutonensteins. Sie zeigen die gesamte Inschrift im Zusammenhang: »Inter Toutonos« und einzelne Buchstaben der offensichtlich nicht vollendeten Inschrift.

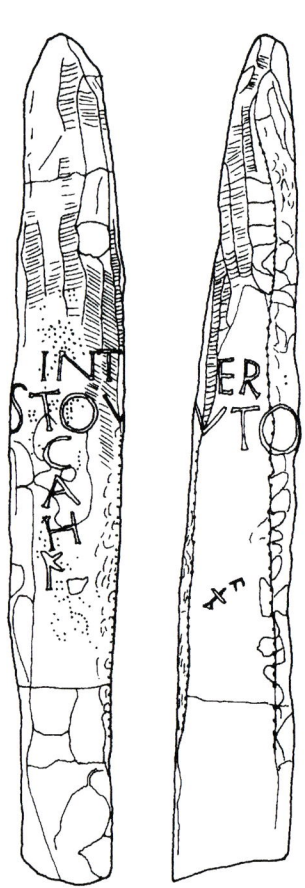

die Innenbebauung gewonnen werden, vermutlich erfasste man das Stabsgebäude, kleine Teile des Bades und möglicherweise erste Anzeichen eines Lagerdorfes. Geht man davon aus, dass das Numeruskastell gleichzeitig mit dem Kohortenkastell errichtet wurde, müsste ein kleinerer Vorgängerbau existiert haben, allerdings konnte man ihn noch nicht nachweisen. Mauern und Tore der Umwehrung entstanden zwischen 198 und 211 n. Chr. Im 3. Jahrhundert endete die Belegung. Neue Grabungen im Lagerdorf des Ostkastells lassen annehmen, dass sich das Lagerdorf entlang des Mains zwischen den beiden Kastellen erstreckte. Gefunden wurden auch Töpferöfen.

Die Besatzung des Ostkastells, der ca. 120 Mann starke *Numerus exploratorum Seiopensium*, ist uns von einer Inschrift vom Merkurtempel auf dem Plateau des Greinbergs bekannt (s. u.). Die Truppe unterstand dem Präfekten des Altstadtkastells. Sie hatte den hier beginnenden vorderen Limes zu schützen und die ersten Wachtürme dieser Linie mit Besatzung zu versehen.

MILTENBERG – GREINBERG

Der Greinberg oberhalb Miltenbergs wird von → vorgeschichtlichen Ringwällen (600 × 370 m) umzogen. Es handelt sich dabei um Verteidigungsanlagen, die wahrscheinlich in der späten Bronzezeit (1200–700 v. Chr.) angelegt und in keltischer Zeit (ab 700 v. Chr.) erneut genutzt und weiter ausgebaut wurden. Zu der Zeit des vorderen Limes befanden sich zwei Heiligtümer auf dem Berg. In ihnen wurden nichtrömische Gottheiten verehrt, die man mit Merkur gleichsetzte. Ein gewaltiger Merkurtempel war innerhalb der Anlage vorhanden zu einem Zeitpunkt, als die vorgeschichtlichen Wälle bereits verfallen waren. Die 1845 ausgegrabenen → Fundamente des Tempels sind heute stark zerstört. Steinerne Inschriften mit Weihungen an *Mercurius Cimbrianus*, in denen die *Cohors I Sequanorum et Rauricorum* und der *Numerus exploratorum Seiopensium* genannt werden, sowie Weihungen an *Mercurius Avernoricus* (Avernus) wurden bei verschiedenen Ausgrabungen gefunden.

Ein weiterer Merkurtempel, der bescheidener ausgestattet war, stand am nördlichen Steilhang des Berges. Bei Ausgrabungen 1881 wurde weiteres Inschriftenmaterial geborgen, welches auf Merkur verweist.

Über einen Archäologischen Wanderweg gelangt man am Fuße des Greinbergs auch an die Stelle, an der 1878 der so genannte Toutonenstein entdeckt wurde. Der heute im Museum der Stadt Miltenberg aufbewahrte Stein hat eine Länge von 4,75 m und trägt eine nicht sehr qualitätvolle Inschrift. Die häufig vorgenommene Gleichsetzung der hier genannten Toutonen mit dem berühmten Germanenstamm der Teutonen ist wissenschaftlich nicht haltbar. Der Fund datiert wohl in die Zeit zwischen ca. 150 und 260 n. Chr.

> **LITERATUR**
>
> B. Beckmann, Römisches Lapidarium. Museum der Stadt Miltenberg (1984). – L. Wamser, In den Ruinen des Römerkastells Miltenberg-Altstadt: Fränkischer Stützpunkt, staufische Turmburg, pfalzgräflich-wittelsbachisches Oppidum, spätmittelalterlicher Herrensitz. Das archäologische Jahr in Bayern 1989, 160. – ORL B Nr. 38a mit Plan Taf. 1. – B. Overbeck, Eine Bauinschrift aus dem Limeskastell Miltenberg-Ost. Chiron 12, 1982, 445 ff. – M. Jae, Eine Flächengrabung im Numeruskastell Miltenberg-Ost. Das archäologische Jahr in Bayern 1998, 80. – J. Röder, Greinberg. Führer zu vor- und frühgeschichtlichen Denkmälern 8 (Mainz 1967) 94–98. – J. Röder, Toutonenstein und Heunesäulen bei Miltenberg. Materialhefte zur bayerischen Vorgeschichte Bd. 15 (1960) 20–22. – Ch. Rytka, Neue Funde im Kastell Miltenberg-Ost. Bayer. Vorgeschbl. 52, 1987, 255.

> **TOURISMUS-TIPPS**
>
> Das unversehrte mittelalterliche Stadtbild mit dem weltberühmten Marktplatz hat Miltenberg den Ehrentitel »Stadt in Holz« eingetragen. Besonders erwähnenswert sind das im 15. Jahrhundert errichtete Rathaus und der »Riese«, die älteste Fürstenherberge Deutschlands. – Am Schnatterloch, dem Marktplatz, liegt das neu konzipierte Museum Miltenbergs, in welchem sich auch der viel zitierte Toutonenstein befindet. Natürlich gibt es eine römische Abteilung mit Funden aus den Kastellen und dem Vicus. Die Ausstellung behandelt des Weiteren die glanzvolle Zeit des Mittelalters, den Alltag der Schiffer, Fischer und Kaufleute sowie die Juden in Miltenberg. Vom Museum aus kann man auf dem »Römerweg« einen historischen Rundgang starten, dieser darf jedoch nicht verwechselt werden mit dem Limeswanderweg, welcher von Miltenberg aus entlang des Limes in Richtung Süden verläuft. – Museum der Stadt Miltenberg, Am Schnatterloch, Marktplatz 169–173, 63897 Miltenberg; Tel. (0 93 71) 4 04-1 53.

V. VOM MAIN NACH HOHENLOHE

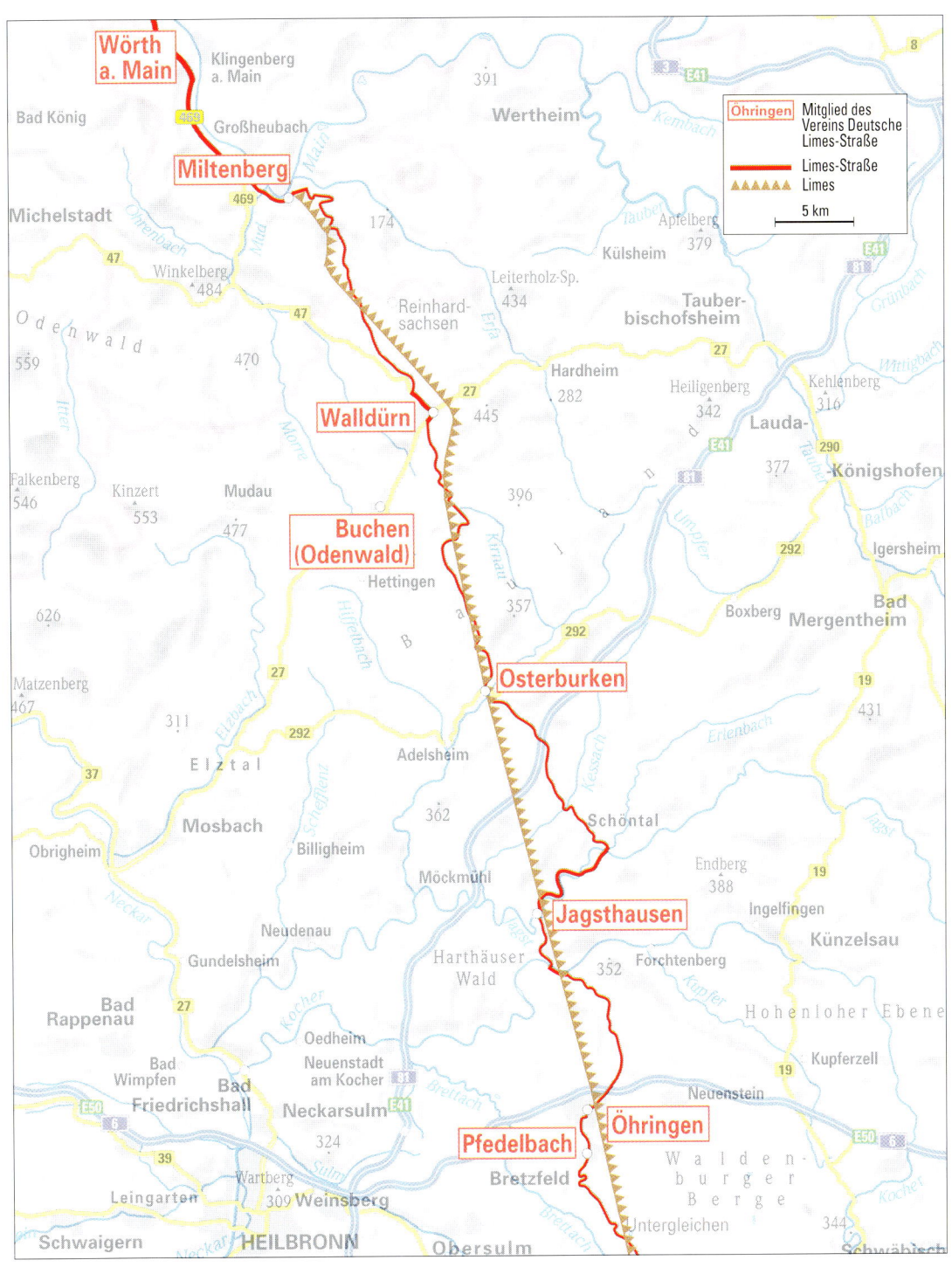

WALLDÜRN-REINHARDSACHSEN – DAS KLEINKASTELL HASELBURG

Blick auf das konservierte Osttor des Kleinkastells Haselburg in Richtung Limes bei Walldürn-Reinhardsachsen.

An der Kreuzung der Deutschen Limes-Straße (L 518 Walldürn-Miltenberg) mit der Straße Geroldzahn-Reinhardsachsen (K 3914) befindet sich etwa 650 m vor dem Ort rechts der Straße ein Parkplatz mit einer Hinweistafel. Ein kurzer Fußweg führt zu dem → restaurierten Osttor des Kleinkastells.

Das Kastell liegt auf einer nach Osten geneigten Höhe. Von dort aus hatte man einst eine gute Sicht auf den etwa 60 m weiter nordöstlich verlaufenden Limes, der allerdings heute nicht mehr zu erkennen ist. Von den beiden Toren ist das Osttor – das Ausfalltor zum Limes – mit den anschließenden Teilen der steinernen Kastellmauer nach Ausgrabungen im Jahre 1975 konserviert worden. Westlich der Militäranlage lag eine zivile Ansiedlung, der Vicus. Das Kleinkastell Haselburg gehört zu den wenigen Militäranlagen am obergermanisch-rätischen Limes, die flächig ausgegraben werden konnten.

Ende des 18. Jahrhunderts dienten die Ruinen der Militäranlage als Steinbruch für den Bau der Kirche von Reinhardsachsen. Durch Ausgrabungen der Jahre 1892 und 1975 sind der Plan der Kastellanlage und die Bauabfolge vollständig bekannt. Das Kastell wurde um 150 n. Chr. erbaut und bestand bis zur Aufgabe des Limes 259/260. Die älteste Anlage war 0,15 ha (41 × 37 m) groß und wurde durch eine Palisade geschützt.

An der Lagerhauptstraße standen zwei lang gestreckte Fachwerkbauten, die Mannschaftsbaracken. Ein kleinerer Bau im nordöstlichen Kastellbereich zeichnet sich durch einen Mittelgang mit etwa gleich großen seitlichen Räumen aus. Möglicherweise wurde er als Speicher genutzt.

Nachdem das ältere Kastell abgebrannt war, entstand eine leicht größere Militäranlage mit dem gleichen Schema der Innenbebauung. Die Umwehrung bestand jetzt aus einer hölzernen Bohlenwand mit innen angeschütteter Böschung und vorgelagertem Spitzgraben. Die Kastelltore waren jeweils durch zwei Holztürme geschützt. Erst gegen Ende des 2. Jahrhunderts wurde die Holzumwehrung durch eine Steinmauer ersetzt.

Größe und Innenbebauung sprechen dafür, dass hier eine 60 bis 80 Mann starke Besatzung stationiert war. Es wird vermutet, dass diese Soldaten von Miltenberg oder Walldürn abkommandiert waren. Bedauerlicherweise sind weder der Name des Kastells noch die Bezeichnung der Truppe überliefert. Die Garnison hatte die Aufgabe, einen Durchgang durch den Limes zu überwachen, der genau in der Verlängerung der Lagerhauptstraße vermutet wird.

Bei den Ausgrabungen kamen zahlreiche Funde zu Tage, u. a. ein kleiner Weihealtar mit der Darstellung einer Griffschale auf der linken Seite. Bedauerlicherweise sind der Stifter und die Gottheit, der das Altärchen geweiht wurde, nicht mehr zu ermitteln. Außerdem ist ein Depotfund aus Eisengeräten mit einem Schwert (Gladius) mit eingelegten Verzierungen interessant.

V. VOM MAIN NACH HOHENLOHE

WALLDÜRN

Die Deutsche Limes-Straße von Miltenberg über Geroldzahn nach Osterburken führt durch den westlichen Bereich des modernen Ortes. Von dort folgt man der Landstraße in Richtung Waldstetten auf ca. 600 m, dann führt rechts ein geschotterter, ausgeschilderter Feldweg zur Fundstelle mit dem konservierten Römerbad.

Am Übergang vom Odenwald zum Bauland liegt unweit des Maasbaches, auf einer beherrschendem Hochfläche mit Ausblick nach Osten, das Numeruskastell mit Bereichen der Zivilsiedlung und vollständiger Badeanlage. Etwa 300 m weiter östlich verlief der Limes. Ca. 500 m nordöstlich des Kastells stand der Turm WP 7/39 an einem außergewöhnlichen Knick in der Grenzbefestigung. Leider ist vom Limes selbst nichts mehr sichtbar.

DAS NUMERUSKASTELL

Das etwa 96 m lange und 84 m breite Kastell (0,8 ha) war bereits im 18. Jahrhundert bekannt. Ende des 19. Jahrhunderts fanden hier Ausgrabungen der Reichs-Limeskommission statt. Das Kastell besaß demnach vier Tore, wobei bislang nur zur Ostseite des rechten Seitentores (Porta principalis dextra) nähere Erkenntnisse vorliegen. Es ist überaus wahrscheinlich, dass weitere Befunde, die mit den Toranlagen in Zusammenhang stehen, seinerzeit schlichtweg übersehen wurden. Die Innenbauten des Lagers sind bislang nicht bekannt. Vermutlich standen auch hier Holzbaracken aus Lehmfachwerk, die als Soldatenunterkünfte dienten. Mit Ausnahme einiger flacher Bodenwellen, aus denen sich mit einem geübten Auge die Lage der Umfassungsmauer rekonstruieren lässt, ist von dieser Militäranlage heute nichts mehr zu sehen. Das Gebiet konnte angekauft und als archäologisches Reservat ausgewiesen werden. Es ist somit dauerhaft vor zerstörenden Bodeneingriffen geschützt und steht zukünftigen Generationen als Forschungsobjekt zur Verfügung.

DIE ZIVILSIEDLUNG

Die Zivilsiedlung zwischen Kastell und Kastellbad konnte in den Jahren 1982 und 1983 in Teilen untersucht werden. Durch intensive landwirtschaftliche Nutzung waren hier jedoch bereits starke Zerstörungen der Denkmalsubstanz zu beobachten. Bei den Grabungen konnten noch die einst tiefer gelegenen Keller, Abwassergräbchen und etliche Gruben festgestellt werden. Über den Kellern standen ursprünglich langrechteckige, so genannte Streifenhäuser, offensichtlich in nordsüdlicher Ausrichtung.

Wie so oft in römischen Kastelldörfern, konnten auch im Vicus von Walldürn zahlreiche Funde geborgen werden. Besondere Bedeutung kommt einem Bronzedepot zu, das in einer Grube versteckt war. Zwei vollständige Bronzeschälchen waren verzinnt, um das viel wertvollere Silbergeschirr zu imitieren. Daneben fanden sich zwei Bronzekessel und Teile eines weiteren Bronzegefäßes. Dieser Fund gehört mit Sicherheit in das 3. nachchristliche Jahrhundert, als man oftmals noch einigermaßen brauchbare Wertgegenstände versteckte, um sie in Friedenszeiten wieder an sich nehmen zu können. Wie in zahlreichen anderen Glücksfällen für die Archäologie, war es auch dem Walldürner Vicusbewohner nicht mehr möglich, seinen Besitz zu retten. Das Behältnis des Depots, ein großer Bronzekessel, ist übersät mit Flickstellen. Dies beweist, welchen hohen Wert solche Gefäße damals gehabt haben müssen, sodass man sie, solange es ging, immer wieder ausbesserte.

Oberflächenfunde und Beobachtungen im Umfeld der Kastellanlage zeigen, dass auch nördlich, südlich und westlich der Garnison in römischer Zeit gesiedelt wurde.

DAS BAD

In unmittelbarer Nähe des Maasbaches erwartet der vollständige Grundriss (Bauphase 2) der → konservierten Walldürner Badeanlage den Besucher. Erste Untersuchungen fanden 1896/97 durch die Reichs-

Oben: Die Bronzeschalen aus einem Depotfund im Lagerdorf von Walldürn sind verzinnt worden, um das wertvollere Silbergeschirr zu imitieren.

Unten: Im Kastellbad von Walldürn fand man einen fast vollständig erhaltenen Altar für Fortuna, die Göttin des Bades. Der Stein ist im Jahr 232 n. Chr aufgestellt worden und erwähnt einen Numerus Brittonum, der in Walldürn stationiert gewesen sein muss.

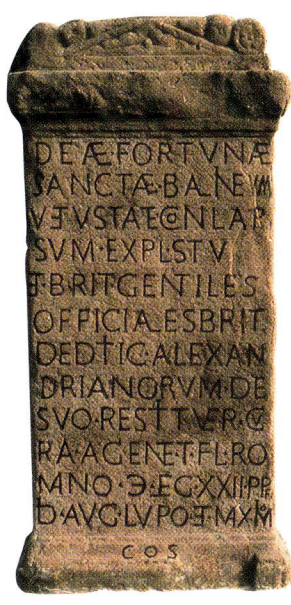

Das restaurierte Kastellbad bei Walldürn.

Limes-Lehrpfad bei Walldürn mit rekonstruierter Palisade aus halbierten Eichenstämmen.

Limeskommission statt. In den Jahren 1971/72 erfolgten im Auftrag des Landesdenkmalamtes Baden-Württemberg erneut systematische Ausgrabungen. Diese führten u. a. zur Entdeckung einer älteren Bauphase. Sowohl für den älteren wie auch den jüngeren Bau ist eine hölzerne Umkleidehalle charakteristisch, die heute im Gelände durch Holzpfosten angedeutet ist. Das ältere Bad wurde offensichtlich im Zeitraum zwischen 148 und 161 n. Chr. errichtet, gleichzeitig mit der äußeren Limeslinie.

Die Thermen gehören zum so genannten Reihentypus. Von der in Fachwerkbauweise errichteten Umkleidehalle ging der Besucher zunächst in das Kaltbad, das mit einem rechteckigen Kaltwasserbassin ausgestattet war. Im Folgenden sah der Badevorgang den Besuch des lauwarmen Baderaumes und des Warmbades mit angebautem Badebecken vor. Östlich des Kaltbaderaumes befand sich das so genannte Sudatorium, ein Schwitzbad. Zwei Heizvorrichtungen versorgten die Warmbaderäume mit der erforderlichen Heißluft. Das Heizsystem wird vor Ort anhand einer nachgebauten Mustergruppe von Hypokaustelementen erläutert.

Sensationell ist ein fast vollständig erhaltener Weihestein für Fortuna, die Göttin des Bades. Er liefert eine Menge wichtiger Informationen nicht nur für die Badeanlage selbst, sondern auch für die Besatzung und den Typ des Kastells. Einen Abguss dieses im Jahre 232 n. Chr. aufgestellten Steines kann man am ehemaligen Auffindungsort, dem Auskleideraum des Walldürner Bades, betrachten. Nach Ausweis der Inschrift war seinerzeit eine Totalrenovierung der Badeanlage erforderlich. Gleichermaßen berichtet die Inschrift, dass hier ein *Numerus Brittonum Stu…* stationiert gewesen sein muss. Weitere Truppenkontingente, wohl ebenfalls Numerussoldaten, waren offensichtlich bei den Bauarbeiten behilflich.

Die Aufteilung des Neubaus entsprach offensichtlich in weiten Zügen der Vorgängeranlage, nur dass ein zweiter Warmbaderaum hinzukam. Umfangreiche Reparaturen im Laufe des 3. Jahrhunderts konnten aus wirtschaftlichen Gründen nur noch durch eine Verkleinerung des Bades verwirklicht werden. Offensichtlich gab man das Caldarium auf und baute stattdessen das ältere Laubad als Caldarium aus. Nach Ausweis der Ausgrabungsbefunde fand dieses letzte Bad sein Ende durch eine Brandkatastrophe.

LITERATUR

D. Baatz, Saalburg-Jahrbuch 35, 1978, 61 ff. – E. Schallmayer, Archäologische Ausgrabungen in Baden-Württemberg 1983, 167 ff. – S. Weinrich-Kemkes, Zwei Metalldepots aus dem römischen Vicus von Walldürn, Neckar-Odenwald-Kreis. Fundberichte aus Baden-Württemberg 18, 1993, 253 ff.

TOURISMUS-TIPPS

Sehenswert sind der historische Stadtkern von Walldürn sowie die Wallfahrtsbasilika, das Elfenbeinmuseum, das Freilandmuseum und die Römerabteilung im Stadt- und Wallfahrtsmuseum. Nördlich des Ortes begleitet ein Limes-Lehrpfad die Grenzbefestigung auf 2,2 km Länge. Hier sind u. a. → ein konservierter Wachturm und eine rekonstruierte Holzpalisade zu besichtigen.

BUCHEN-HETTINGEN – DAS KLEINKASTELL HÖNEHAUS

Das steinerne Votivhäuschen aus dem Kleinkastell Hönehaus ist den Boni Casibus – den glücklichen Zufällen – gewidmet. Seiten- und Vorderansicht.

Von der Deutschen Limes-Straße ist zwischen Walldürn und Osterburken ca. 6 km südlich von Walldürn im Wald linker Hand ein Waldparkplatz mit Grillhütte ausgeschildert. Das Kastell Hönehaus befindet sich oberhalb dieses Parkplatzes auf einem Geländesporn (Rehberg).

Die → Umfassungsmauern des Kleinkastells sind, wie auch die Torzugänge, im Gelände für den Besucher sichtbar. Diese Garnison entstand wahrscheinlich als Nachfolger des Kleinkastells »Altheimer Straße«, das 1892 etwa 400 m nördlich ausgegraben worden ist und entweder unvollendet blieb oder nur kurzfristig belegt war, um schon bald durch das wesentlich günstiger gelegene Kleinkastell Hönehaus ersetzt zu werden. Dieses etwa 46 × 40 m (0,2 ha) messende Truppenlager besaß eine Steinmauer von etwa 1 m Breite, die durch die Neukonservierung im Jahre 1967 gut erkennbar ist. Für die Ost- und Westseite ist je eine ca. 2,5 m breite Toreinfahrt mit eingezogenen Wangen, ähnlich wie beim Osttor des Kleinkastells Haselburg, charakteristisch. Bei den Konservierungsarbeiten wurde ein bislang singuläres steinernes Votivhäuschen mit Inschrift gefunden. Ein gewisser *Quintinius Lector* hat diese Weihegabe den *Boni Casibus,* Gottheiten, die für die glücklichen Zufälle verantwortlich waren, gewidmet.

Das Kastell gehört zu den am besten erhaltenen Limesbauten dieser Strecke. Im Bereich der Tordurchgänge befanden sich massive Pfostenlöcher, die als Überdachung des Torweges gedeutet werden. Die Mannschaftsbaracken entsprachen wahrscheinlich den besser bekannten Unterkünften des Kleinkastells Haselburg, die dort vollständig ausgegraben werden konnten. Nach Ausweis des Fundmaterials bestand das Kleinkastell Hönehaus bis zum Limesfall (260/270 n. Chr.). Von diesem Platz muss in antiker Zeit eine hervorragende Sicht nach Norden und Süden bestanden haben. Daher liegt die Vermutung nahe, dass von hier aus die südlich folgende schnurgerade Limeslinie vermessen wurde.

An der Westseite der Straße nach Altheim liegt der Turm WP 7/48, dessen → Grundmauern konserviert sind. Im Bereich des Kleinkastells Hönehaus endet die Strecke 7. Der → Turm WP 8/1, nur wenig südlich des Kastells, ist ebenfalls restauriert. An der Gemarkungsgrenze Hettingen-Rinschheim liegt etwa 50 m westlich der Deutschen Limes-Straße (L 518) der → restaurierte Turm WP 8/2.

Rekonstruktion des Kleinkastells Hönehaus bei Buchen-Hettingen.

TOURISMUS-TIPPS
Buchen ist ein romantisches Städtchen am Ostrand des Odenwaldes. Historische Bauwerke, zahlreiche Fachwerkhäuser und die Reste der Stadtbefestigung laden zu einem Besuch ein. Ebenso sehenswert sind die Eberstadter Tropfsteinhöhle und das Bezirksmuseum mit einer Sonderabteilung, in der römische Funde aus dem Kleinkastell Hönehaus ausgestellt sind.

LITERATUR
R. Wiegels, Ein römisches Inschriftenhäuschen aus dem Kleinkastell Hönehaus (Odenwald), Germania 51, 1973, 543 ff.

OSTERBURKEN

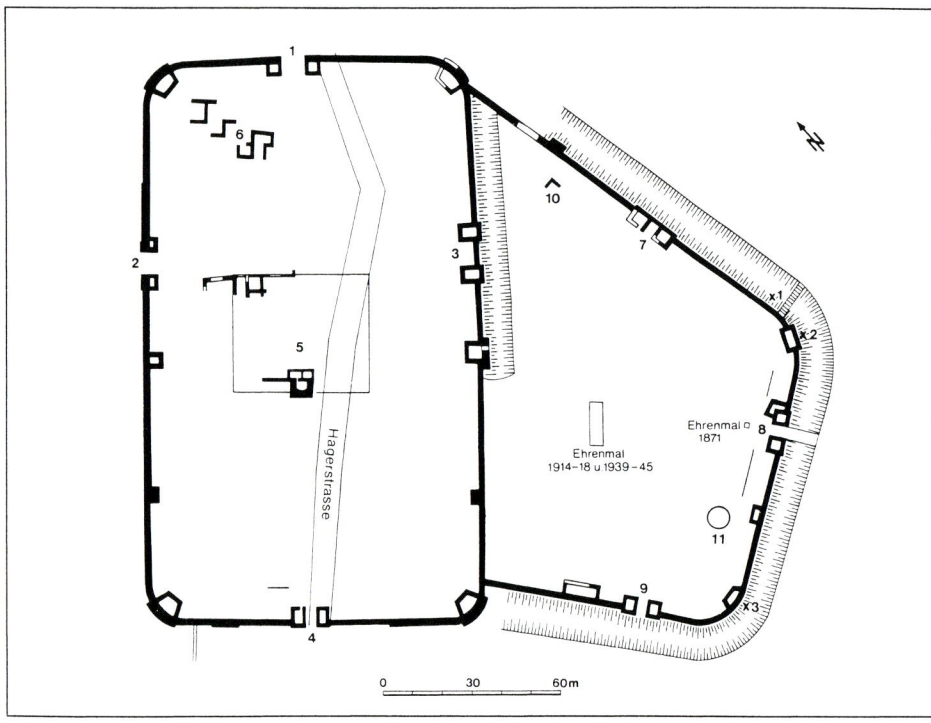

Plan des Kohortenkastells Osterburken mit dem trapezförmigen Anbau für eine weitere Truppeneinheit.

Die Deutsche Limes-Straße führt durch Osterburken. Das Kastell und das Museum Römerbad sind ausgeschildert. Die Verbindungsstraße von der Autobahnabfahrt (A 81) bis Osterburken und weiter nördlich entspricht der Deutschen Limes-Straße.

Osterburken zählt nicht nur zu den bedeutendsten Militärposten am äußeren obergermanischen Limes, sondern bietet auch heute noch eine Vielzahl von Möglichkeiten für den Besucher, sich mit der römischen Besetzungsgeschichte, den Kastellen und den Kastelldörfern auseinander zu setzen. Entsprechend seiner historischen Bedeutung und vor allen Dingen auf Grund der zahlreichen, äußerst qualitätvollen Fundstücke war bereits in der zweiten Hälfte des 18. Jahrhunderts von der antiken Vergangenheit Osterburkens die Rede. Allerdings musste bis zu einer systematischen Forschung noch eine lange Zeitspanne vergehen. Raubgrabungen an den Ruinen, vor allem um günstiges Steinmaterial auszubeuten, waren an der Tagesordnung und haben der Denkmalsubstanz empfindliche Verluste beigebracht. Die noch heute bestehende Problematik der Raubgräber ist im Bauländer Boten bereits für das Jahr 1892 bezeugt.

In dieser Epoche wurden allerdings auch wichtige Steindenkmäler, wie z. B. das berühmte Mithrasrelief, heute im Badischen Landesmuseum, entdeckt. In der zweiten Hälfte des 19. Jahrhunderts befasste sich der Mannheimer Altertumsverein intensiver mit den Osterburkener Kastellbefunden. Auch hier haben die Untersuchungen der Reichs-Limeskommission die systematische Forschung im Jahre 1892 eingeleitet. Bedauerlicherweise wurde das Areal des Kohortenkastells seit den zwanziger Jahren des 19. Jahrhunderts unbeobachtet nahezu vollständig überbaut. Erst nach dem Zweiten Weltkrieg, insbe-

Konservierte Reste der Kastellmauer in Osterburken.

sondere in den sechziger Jahren, setzen erneut systematische Untersuchungen und Kartierungen ein. Teile einer Badeanlage wurden 1973 bei Umbaumaßnahmen in den einstigen Skala-Lichtspielen entdeckt. Seit diesem Zeitpunkt gehört die Erforschung des römischen Ortes zu den Schwerpunkten der archäologischen Denkmalpflege des Landesdenkmalamtes Baden-Württemberg.

DAS KOHORTENKASTELL

Von dem Kohortenkastell ist heute nur noch die → Westmauer mit Teilen des Wehrgrabens im Gelände sichtbar. Es liegt südöstlich der Altstadt zwischen der Kirnau und einem Talhang, ca. 500 m vom Limes entfernt. Die Garnison war 186 m lang und 115 m breit, was 2,14 ha entspricht. Für die Wehrmauer fand Kalkstein Verwendung, der zum Teil noch Verputzreste mit Fugenstrich aufwies. Innerhalb der Umwehrung konnte stellenweise die Lagerringstraße (Via sagularis) festgestellt werden. Zur Umwehrung gehörten insgesamt sechzehn Türme, wobei einige mit Sicherheit mehrere Bauphasen bzw. Umbauten oder spätere Verstärkungen aufweisen. Die Anlage besaß vier Tordurchfahrten. Das rechte Lagertor (Porta principalis dextra) wurde offensichtlich zu einem späteren Zeitpunkt zugemauert. Möglicherweise besteht hier ein Zusammenhang mit dem nachträglichen Anbau des Annexkastells. Besonders prachtvoll muss das mindestens 8,3 m breite, wahrscheinlich zweitorige Ausfalltor (Porta praetoria) ausgestattet gewesen sein.

Aus dem Inneren des Kastells sind lediglich Teile des Stabsgebäudes sowie einige Mauerstücke im nordöstlichen Lagerbereich bekannt. Mauerteile in der Nordecke mögen mit einem Magazingebäude in Verbindung stehen. Jedenfalls soll dort verkohltes Getreide gefunden worden sein. Wie auch ansonsten bei Militäranlagen üblich, waren höchstwahrscheinlich die meisten Innenbauten (z. B. die Mannschaftsbaracken) in Fachwerktechnik errichtet. Diese Häuser fielen in Osterburken nachweislich einer Brandkatastrophe zum Opfer.

Verschiedene Schriftzeugnisse dokumentieren, dass die *Cohors III Aquitanorum* im Kohortenkastell stationiert war. Zuvor bildete sie die Besatzung des Westkastells von Neckarburken am Odenwaldlimes.

DER ANBAU AM KOHORTENKASTELL

Besonders interessant, da einzigartig und in seiner ganzen Ausdehnung vor Ort heute sichtbar, ist ein → trapezoider Anbau an der rechten Seite des Kohortenkastells, das so genannte Annexkastell. Diese Garnison besitzt eine Innenfläche von 1,35 ha. Auffällig ist der immense Höhenunterschied innerhalb dieses Lagers, für das mehrfach terrassierte Innenbauten rekonstruiert werden müssen. Diese zunächst eigentümlich anmutende Topografie gewährleistete einst eine ausgezeichnete Fernsicht, die in römischer Zeit den Kontakt zu den Wachposten an der vorgelagerten Limeslinie ermöglichte. Sie bietet aber auch die Erklärung für die vergleichsweise große Fläche dieses Numeruskastells.

Die Wehrmauer ist im Aufgehenden bis zu 1,6 m breit. Der ca. 1,7 m tiefe und 6 m breite Graben ist heute noch beeindruckend. Auch nach Errichtung des Annexkastells wurde der Graben zwischen Kohortenkastell und Erweiterung zunächst wohl bei-

Münzschatz mit 327 Silbermünzen aus dem Graben des Kohortenkastells in Osterburken. Die jüngsten Münzen wurden unter Kaiser Severus Alexander (222–235) geprägt.

behalten. Ausgrabungen des Jahres 1991 lieferten hierzu wichtige Erkenntnisse. Unter weit gehend modernen Einfüllungen im Grabenbereich folgte etwa 1,2 bis 1,8 m unter der heutigen Oberfläche eine fundführende Schicht. Neben Keramik und Tierknochen konnten hier Skelette von mindestens drei Erwachsenen geborgen werden. Ein Kalottenbruchstück zeigt deutliche Spuren von Gewaltanwendung. Darunter folgten Schutt von der verstürzten Kastellmauer und verbrannte Überreste der hölzernen Innenbebauung. Die modernen Untersuchungen ergaben eine maximale Breite des Grabens von 10,5 m.

Ein Jahr später eröffneten erneute Grabungen die Möglichkeit, die östliche Kastellmauer des Annexkastells entlang des älteren Grabens zu beobachten. Unmittelbar vor der im Graben sitzenden Kastellmauer fanden sich in einer Tiefe von 1,7 bis 2,2 m, von der Maueroberkante gemessen, insgesamt 327, überwiegend noch prägefrische Silbermünzen. Wahr-

Blick auf die konservierte römische Badeanlage im Museum Osterburken.

scheinlich sind sie hier absichtlich versteckt worden. Die jüngsten Münzen wurden unter Kaiser Severus Alexander (222–235) geprägt. Somit lässt sich vermuten, dass der Schatz in den frühen dreißiger Jahren des 3. Jahrhunderts vergraben wurde. Weitere Schatzfunde dieser Zeitstellung im Limesgebiet spiegeln eine akute Gefahrensituation und politische Konflikte Anfang der dreißiger Jahre des 3. Jahrhunderts n. Chr. wider. Die Befundsituation vor Ort zeigt deutlich, dass dieser Graben zu besagtem Zeitpunkt bereits verfüllt gewesen sein muss, ansonsten wäre er als Versteck absolut ungeeignet gewesen. Kastellmauer und Graben sind heute vor Ort zu besichtigen. Schautafeln in einem benachbarten Pavillon beschäftigen sich u.a. mit dem Münzschatz.

Das Annexkastell hat drei Toranlagen mit einfacher Durchfahrt. Die Steinumwehrung zeigt mehrere nachträgliche Ein- und Umbauten, die Innenbebauung ist bislang weit gehend unbekannt mit Ausnahme einer Zisterne im südöstlichen Lagerbereich. Die Fläche des Annexkastells ist denkmalrechtlich geschützt und bietet für spätere Generationen eine hervorragende Möglichkeit, effiziente archäologische Forschung zu betreiben.

Nach Ausweis von Bauinschriften wurde das Annexkastell von der *Legio VIII Augusta pia fidelis Constans Commoda* errichtet, wodurch sich die Bauzeit in die Jahre zwischen 185 und 192 datieren lässt. Wie die Truppe hieß, die hier nach der Erbauung stationiert war, ist nicht überliefert. Man darf jedoch davon ausgehen, dass die Garnison auch hier vom rückwärtigen Odenwaldlimeskastell, dem so genannten Ostkastell bei Neckarburken, nach Osterburken verlegt worden ist. In Neckarburken lagen die *Brittones Elantienses*, höchstwahrscheinlich noch bis in die frühen achtziger Jahre des 2. nachchristlichen Jahrhunderts.

DIE BÄDER

Aus Osterburken sind mindestens zwei Badeanlagen bekannt. 1976 kam unmittelbar westlich des bereits bekannten Bades I eine zweite Badeanlage (Bad II) zum Vorschein. Von Bad I kennen wir insgesamt vier Räume, zwei davon hatten eine Fußbodenheizung. Es fanden sich seinerzeit zahlreiche Ziegelstempel der 22. Legion, die in die Jahre zwischen 148 und 160 datiert werden. Das Kohortenkastell wurde ebenfalls von der 22. Legion errichtet und mag mit Bad I in Zusammenhang stehen. Von dieser Badeanlage sind heute keine Reste mehr sichtbar.

Anders liegen die Verhältnisse bei → Bad II, das fast vollständig ausgegraben und im »Museum Römerbad« erhalten werden konnte. Auch hier handelt es sich um ein Bad vom so genannten Reihentypus, d.h. die einzelnen Räume wurden hintereinander begangen. Möglicherweise diente der Raum an der Nordwestseite als Umkleideraum (Apodyterium). Er konnte allerdings nicht vollständig ausgegraben werden und ist auch heute im Museum nicht sichtbar. Weiter östlich folgt ein Raum mit Kaltbadeeinrichtung (Frigidarium) und halbrunder Kaltwasserwanne (Piscina). Die Räume an der Nordseite sind verhältnismäßig klein und waren beheizbar. Vermutlich wurde hier der Schwitzbaderaum (Sudatorium) erfasst.

Westlich des Frigidariums folgt der Laubaderaum (Tepidarium) mit Apsis. Von dort gelangte der Besucher in den Heißbaderaum (Caldarium) mit rechteckiger Heißwasserwanne. Eine große Heizvorrichtung (Präfurnium) sorgte hier für direkte Erwärmung. Den östlichen Abschluss bildete ein weiterer Heißbaderaum mit rechteckiger Warmwasser- und halbrunder Kaltwasserwanne. Wie des Öfteren im Limesgebiet wurde auch das Bad II von Osterburken im 3. Jahrhundert umgebaut und erheblich verkleinert. Nachweislich fielen dadurch insgesamt drei Räume weg. Nach gängiger Forschungsmeinung sind dafür vor allem wirtschaftliche Gründe verantwortlich.

DAS MUSEUM

Das gut erhaltene Mauerwerk des ursprünglichen Bauzustandes von Bad II wurde nach der Ausgrabung konserviert und in ein darüber errichtetes Museum integriert. Ziegelstempelfunde lassen vermuten, dass diese Badeanlage – ähnlich wie das Numeruskastell – von der 8. Legion zwischen 185 und 192 n. Chr. erbaut wurde. Die Verkleinerung des Baus erfolgte in der ersten Hälfte des 3. Jahrhunderts.

Im Museum sind neben Keramik und anderen Kleinfunden, die vor allem aus dem Gräberfeld stammen, wichtige Steindenkmäler aus der Umgebung ausgestellt, u.a. eine Replik des großen Osterburkener Mithrasreliefs. In einem Anfang der achtziger Jahre errichteten Anbau befinden sich vor allem zahlreiche Weihesteine aus dem Weihebezirk der Benefiziarier.

DER WEIHEBEZIRK DER BENEFIZIARIER

Dieser Weihebezirk wurde 1982 bei Tiefbohrungen für die Pfeilerfundamente einer Straßenbrücke entdeckt. Bei den anschließenden Ausgrabungen wurden insgesamt sieben hintereinander stehende Altarsteinreihen gefunden; die Inschriften stammen aus den Jahren 174 bis 205. Eindeutig spiegelt diese Aufstellung eine zeitliche Abfolge wider. Weitere, sicherlich von dort verschleppte Altarsteine waren in der Kirche von Osterburken verbaut. Der jüngste Stein datiert in das Jahr 238.

In einem kleinen hölzernen Heiligtum des Weihebezirks wurde die römische Gottheit *Dea Candida* verehrt. Die Altarsteinreihen flankierten einst einen Holzbohlenweg, der zu einem großen, aus Holz erbauten Tempel führte. Im feuchten Boden – in der Nähe fließt die Kirnau – ist das Holz vor dem Zerfall bewahrt worden. Deshalb sind verlässliche Rekonstruktionen der Gebäude möglich, obwohl sie nicht aus Stein waren. Zahlreiche Steine mit Weihinschriften sind vorzüglich erhalten und zeigen handwerklich gut ausgeführte Reliefs. Besonders reizvoll ist eine Giebeldarstellung mit zwei Männern beim Brettspiel, eine in römischer Zeit offensichtlich sehr beliebte Freizeitbeschäftigung.

Bei den Benefiziariern handelte es sich um Legionssoldaten, die in einer Sondermission an neuralgische Punkte der römischen Grenze abkommandiert waren oder andere diffizile Spezialaufgaben wahrnahmen. Ihre Dienstzeit betrug ein halbes Jahr. Bei Dienstantritt leisteten sie ein Gelübde und gaben eine Weihinschrift in Auftrag; sicherlich ein kostspieliges Unterfangen, das einen gewissen Wohlstand voraussetzte.

Unter den Altären ließen sich Reste weiterer, sehr gut erhaltener Holzgebäude feststellen, die den hohen Stand des römischen Zimmermannshandwerks bezeugen und fundierte Gebäuderekonstruktionen erlauben. Nach Ausweis der dendrochronologischen

Kultbild des Mithras aus Osterburken. Der Abguss steht im Römermuseum Osterburken.

Das Benefiziarierheiligtum von Osterburken. Zu dem kleinen Holztempel führt ein Bohlenweg, an dem die von den Benefiziariern gestifteten Weihealtäre stehen.

V. VOM MAIN NACH HOHENLOHE

Detail von einem Benefiziarierweihestein in Osterburken: Giebelrelief mit Darstellung eines Brettspiels.

Untersuchungen ist eines der Gebäude bereits 160 n. Chr. entstanden, also zu Beginn der römischen Präsenz in Osterburken. Höchstwahrscheinlich wurden diese ersten Häuser nicht lange genutzt, sondern ziemlich bald von Hochwässern überflutet und zugeschwemmt. Erst danach wurde hier der Weihebezirk angelegt. Vorzüglich erhaltene Drainagevorrichtungen beweisen, dass auch weiterhin ständig Hochwasserprobleme bestanden. Folglich muss dieses eher unwirtliche Areal doch große Standortvorteile geboten haben, die die Römer bewogen, über längere Zeit an diesem Bauplatz festzuhalten.

Die Lanze wurde im Weihebezirk von Osterburken gefunden. Sie war ein Hoheits- bzw. Amtsabzeichen der Benefiziarier.

LITERATUR

E. Schallmayer/C. Eibl/J. Ott u.a., Der römische Weihebezirk von Osterburken I. Corpus der griechischen und lateinischen Beneficiarier-Inschriften des Römischen Reiches. Forschungen und Berichte zur Vor- und Frühgeschichte in Baden-Württemberg 40 (Stuttgart 1990). – Der römische Weihebezirk von Osterburken II. Kolloquium 1990 und paläobotanische-osteologische Untersuchungen. Forschungen und Berichte zur Vor- und Frühgeschichte in Baden-Württemberg 49 (Stuttgart 1994).

TOURISMUS-TIPPS

In der modernen katholischen Pfarrkirche St. Kilian findet man Betonplastiken von Emil Wachter. Das Ganztagsgymnasium birgt ein geologisch-paläontologisches Museum. Die romanische Kirche St. Mauritius im Ortsteil Hemsbach ist mit bemerkenswerten Fresken ausgemalt. Sehenswert ist auch das ehemalige Zisterzienserinnenkloster Seligental im Ortsteil Schlierstadt.

V. VOM MAIN NACH HOHENLOHE

JAGSTHAUSEN

Die Anfahrt erfolgt über die Deutsche Limes-Straße, etwa auf halber Strecke zwischen Osterburken und Öhringen, oder von der A 81 Richtung Würzburg, Abfahrt Jagsthausen. Die Deutsche Limes-Straße führt durch den Ort. Nach dem Überqueren der Jagst fährt man Richtung Ortsmitte. Von der Hauptstraße biegt man rechts ab in die Friedrich-Krapf-Straße zum Freilichtmuseum Römerbad.

Ähnlich wie Osterburken blickt auch Jagsthausen auf eine lange Forschungsgeschichte zurück. Die älteste Fundmeldung stammt aus dem Jahre 1766. Es ist die Rede von einem »römischen Laconicum«. Vermutlich handelt es sich dabei um die Reste des kleineren Kohortenbades südlich der heutigen Gartenstraße. Nach vielen eher planlosen Schürfungen und Entdeckungen setzte die wissenschaftliche Forschung erst in den achtziger Jahren des 19. Jahrhunderts ein. Damals gelang es, das Kohortenkastell im Bereich der Parkanlagen zwischen dem Weißen und dem Roten Schloss zu lokalisieren. Zur gleichen Zeit wurde das kleinere Kohortenbad ausgegraben. Wiederum war es die Reichs-Limeskommission, die um die Jahrhundertwende verschiedene Ausgrabungen im Ortsbereich durchführte. Es folgten kleinere Ausgrabungen in Eigeninitiative in den zwanziger, dreißiger und sechziger Jahren. Seit 1984 schließlich wurden im Bedarfsfall planmäßige Ausgrabungen durch das Landesdenkmalamt Baden-Württemberg durchgeführt.

DAS KASTELL

Das Kohortenkastell in Jagsthausen überwachte den wichtigen Grenzabschnitt zwischen Jagst und Kocher am äußeren obergermanischen Limes. Die beiden Flüsse bildeten natürliche Einfallswege in ost-westlicher Richtung, die von dem Kastell aus kontrolliert werden konnten. In dem etwa 2,5 ha großen Standlager war die *Cohors I Germanorum* stationiert. Von dieser Militäranlage sind keine Reste mehr sichtbar. Offensichtlich wurde ein großer Teil des Steinmaterials beim Bau der Götzenburg wieder verwendet. Durch die heutige Lage im Park zwischen Götzenburg und Rotem bzw. Weißem Schloss sind die Überreste der Militäranlage auf Dauer vor modernen Baumaßnahmen und anderen Zerstörungen geschützt.

Umwehrung und Innenbebauung konnten erst an wenigen Stellen ausgegraben werden. Von der Innenbebauung ist der südöstliche Flügel des Stabsgebäudes, direkt benachbart zum Roten Schloss, bekannt. Vereinzelte Mauerzüge südlich davon mögen

Kellerraum mit Wandnische, freigelegt bei den Ausgrabungen im Kastellvicus von Jagsthausen.

mit der Kommandantenwohnung (Prätorium) in Verbindung stehen.

In Jagsthausen hat man die älteste und die jüngste Inschrift vom äußeren Limes gefunden. Die älteste Inschrift wurde im Kastell geborgen. Sie nennt den Kaiser Antoninus Pius (138–160), ist also vor 161 n. Chr. in Auftrag gegeben worden. Aus dem etwa 200 m südlich des Lagers liegenden Kastellbad, südlich der Gartenstraße, stammt die jüngste römische Inschrift. Die bereits 1790 entdeckte Bauinschrift berichtet von Renovierungsmaßnahmen. Allem Anschein nach gehört sie in die Jahre 247 bis 249.

VICUS UND FRIEDHÖFE

Großflächige Ausgrabungen 1987 bis 1989 an der Hauptstraße erlauben wichtige Rückschlüsse auf Topografie und Infrastruktur des Kastellvicus. Darüber hinaus ist ein Töpfereibetrieb »Im langen Garten«, am nordwestlichen Rand des römischen Ortes bekannt.

Mehrere Brandgräber an der Ausfallstraße in Richtung Westen bezeugen ein sicherlich einstmals weitaus größeres Gräberfeld. Ein zweiter Friedhof an der Sennenfelder Straße befand sich offensichtlich innerhalb des Kastellvicus.

Die erforschten Ausschnitte des Kastelldorfes zeigen, dass es sich bei dieser Siedlung nicht um den gängigen Typ des Straßendorfes mit so genannten Streifenhäusern, die giebelseitig zur Straße ausgerichtet waren, handelt. Stattdessen ließen sich hier große Steinbauten mit vergleichsweise aufwendigem Grundriss nachweisen, die eher in einem städtischen Umfeld zu erwarten wären.

Oben: Blick auf die konservierten Befunde im Freilichtmuseum Römerbad von Jagsthausen.

Oben: Fortuna mit dem Füllhorn. Das Relief aus dem 1887 freigelegten Kastellbad in Jagsthausen (Gartenstraße) steht heute im Museum der Götzenburg.

Rechts: Ziegelstempel der 22. Legion aus Mainz, gefunden im Bad von Jagsthausen (Friedrich-Krapf-Straße). Insgesamt wurden mehr als siebzig Ziegel mit über fünfzehn verschiedenen Stempelformen nachgewiesen, die um 160 n. Chr. in Frankfurt-Nied hergestellt worden sind.

DIE BEIDEN BÄDER

Südlich des Kastells standen zwei Badegebäude, die durch ihre aufwendigen Renovierungsinschriften als Militärbäder gedeutet werden dürfen. Beide Bäder gehören zum so genannten Reihentypus.

Bereits Ende des 19. Jahrhundertes wurde das Badegebäude südlich der heutigen Gartenstraße vollständig ausgegraben. Nach Ausweis der dort gefundenen Inschriften bestand es bis zum Limesfall (260/270 n. Chr.). Die seinerzeit aufgedeckten Mauerzüge wurden nicht konserviert.

Ganz anders stehen die Dinge um das Bad an der Friedrich-Krapf-Straße. Erst 1992 wurde es als Badeanlage erkannt. Grundriss und Ausrichtung erinnern sehr an die kleinere, weiter südlich gelegene Therme. Mehrere Ziegelstempelfunde verweisen darauf, dass das Bad gleich zu Beginn der römischen Präsenz in Jagsthausen errichtet wurde. Eine 1995 gefundene Bauinschrift nennt ein »Balneum« der *Cohors I Germanorum*. Die hier angeführten Baumaßnahmen werden um die Wende des 2. zum 3. Jahrhundert stattgefunden haben. Die Ausgräber rechnen mit einer Nutzung zumindest bis in die erste Hälfte des 3. Jahrhunderts.

FREILICHTMUSEUM UND ARCHÄOLOGISCHES RESERVAT

Im Jahr 1992 sollte das Grundstück mit der bis zu diesem Zeitpunkt nicht bekannten Badeanlage überbaut werden. Ausgrabungen zeigten jedoch, dass hier ein Kulturdenkmal erster Ordnung zerstört werden würde, das es auf jeden Fall zu erhalten galt. Aus diesem Grund verzichtete man auch auf eine vollständige Freilegung des Grundrisses. 1995 ist in Jagsthausen auf dem Gelände dieses großen römischen Badegebäudes ein → Freilichtmuseum eröffnet worden. Heute ist der gesamte Komplex als archäologisches Reservat für Untersuchungen zukünftiger Generationen auf Dauer gesichert. Der sichtbare Grundriss folgt den originalen römischen Mauern, die im Erdreich unterhalb der heutigen Anlage optimal konserviert sind.

Der mittlere und rückwärtige Bereich wurden 1992 freigelegt. Die Befunde erstrecken sich auf ca. 40 m Länge. Die nicht freigelegten Eingangsräume werden unmittelbar neben der heutigen Hauptstraße lokalisiert. Es handelt sich um das Apodyterium und den Kaltbadetrakt (Frigidarium). Im Gelände nachvollziehbar sind hingegen der Laubaderaum (Tepidarium), der umfangreiche Heißbadetrakt (Caldarium) und das Schwitzbad (Sudatorium).

Gewissermaßen als Ergänzung zum Museum in der Götzenburg erläutert das Freilichtmuseum mittels Schautafeln und Kunststeinabgüssen der wichtigsten römischen Inschriften und Bildsteine aus dem Ortsbereich die römische Vergangenheit von Jagsthausen. Zusätzliche Tafeln an einem Rundweg informieren über die wichtigsten Bauten des römischen Truppenstandortes Jagsthausen, dessen antike Bezeichnung uns leider nicht überliefert ist.

TOURISMUS-TIPPS

Im idyllischen Jagsttal liegen die Götzenburg sowie das Rote und das Weiße Schloss. Sehenswert sind das Burgmuseum und die Galerie im alten Rathaus. Weiterhin seien die Burgfestspiele mit Götz von Berlichingen erwähnt.

LITERATUR

R. Krause/A. Thiel, Römerbad Jagsthausen. Geschichte zum Anfassen. Faltblatt der Gesellschaft für Vor- und Frühgeschichte in Württemberg und Hohenzollern (Stuttgart nach 1995) mit weiterer neuerer Literatur.

V. VOM MAIN NACH HOHENLOHE

ÖHRINGEN

Öhringen ist über die A 6 von Heilbronn-Nürnberg erreichbar. Die Deutsche Limes-Straße führt in nord-südlicher Richtung durch den Ort.

Mit seinen zwei Kohortenkastellen und einer großen Zivilsiedlung gehörte Öhringen zu den wichtigsten Truppenstandorten am äußeren Limes. Vor Ort sind leider kaum archäologische Überreste zu sehen, da alles weit gehend modern überbaut wurde.

DAS BÜRGKASTELL

Das Bürgkastell im Westen der Stadt wurde bereits im 18. Jahrhundert entdeckt. Es liegt auf einer Hochterrasse östlich bzw. nördlich der Ohrn. Das knapp 2,2 ha große Truppenlager hatte drei Bauphasen. Das älteste Kastell besaß eine mächtige, bis zu 3 m starke Umwehrung, der drei Verteidigungsgräben vorgelagert waren. Möglicherweise handelte es sich um einen vorgeschobenen Posten der älteren Limeslinie am Neckar, die dann vor der Mitte des 2. Jahrhunderts eingerichtet worden sein muss. Für die beiden jüngeren Bauphasen ist eine steinerne Wehrmauer charakteristisch.

Von der Innenbauung des Kastells ist bislang nur wenig bekannt. Auffälligerweise war das Stabsgebäude in wesentlichen Teilen aus Holz errichtet, lediglich das Fahnenheiligtum und wenige Räume der Westseite waren gemauert. Südlich des Stabsgebäudes stand ein Heiligtum für die Nymphen, das über eine mehrfach erneuerte Wasserleitung gespeist wurde. Die Wasserleitung entstand im Jahre 187 n. Chr. Dies geht aus fünf Inschriften hervor, die aus einem Brunnen in der Nähe geborgen wurden.

Ziegelstempelfunden zufolge war die *Cohors I Helvetiorum* die erste Auxilliareinheit in Öhringen. Zuvor war sie am älteren Neckarlimes in Heilbronn-Böckingen stationiert. Weitere Truppeneinheiten, insbesondere drei Numeri, werden auf Inschriften für Öhringen bezeugt. Etwa 230 n. Chr. kam gewissermaßen als Verstärkung die *Cohors I Septimia Belgarum* hinzu. Vermutlich nahm diese Truppe massive Umbaumaßnahmen vor, jedenfalls gehören die Erneuerungsarbeiten an der Wasserleitung in diesen Zeitraum.

DAS RENDELKASTELL

Das so genannte Rendelkastell beim Rendelstein liegt direkt an der Deutschen Limes-Straße ca. 230 m westlich der Limeslinie. Der Rendelstein an der Haller Straße ist ein Bildstock, der auf einem römischen

Quellnymphenrelief im Skulpturenpark von Öhringen. Im Bürgkastell befand sich südlich des Stabsgebäudes ein Heiligtum für die Nymphen. Das Original steht im Württembergischen Landesmuseum in Stuttgart.

Säulenschaft aufgestellt wurde. Das knapp 2,2 ha große Rendelkastell wurde nur einmal umgebaut. Bereits in der ersten Bauphase besaß es eine Steinmauer, wohingegen die Tore aus Holz errichtet waren, ebenso die Ecktürme. Warum man diese doch eher außergewöhnliche Konstruktionsweise wählte, muss offen bleiben. In der jüngeren Bauphase schließlich erhielten die Tore und Ecken steinerne Türme. Vor der Mauer verliefen mindestens zwei Spitzgräben, 1990 wurde vor der Südseite darüber hinaus ein dritter Spitzgraben festgestellt.

In der zweiten Bauperiode wurden die Wehranlagen verstärkt, offensichtlich bestand zu dieser Zeit nur noch ein einzelner, allerdings sehr tiefer, Spitzgraben. Das Kastell war während beider Bauphasen nach Osten in Richtung Limes orientiert, deutlich erkennbar an der Porta praetoria (Ausfalltor), die zwei Durchfahrten besaß. Von der Innenbebauung dieses Kastells ist nur äußerst wenig bekannt. Eine Badeanlage wird gerne mit der Wohnung des Kommandanten (Prätorium) in Verbindung gebracht. Es ist allerdings nicht auszuschließen, dass hier eine jüngere, nicht militärische Nutzung des Kastellareals vorliegt, ähnlich wie wir es auch für das Welzheimer Ostkastell vermuten.

V. VOM MAIN NACH HOHENLOHE

DER VICUS AURELIANUS

Der Vicus Aurelianus liegt günstig an der schnurgeraden Strecke des obergermanischen, äußeren Limes auf halbem Weg zwischen Walldürn und Welzheim. Hier müssen wir mit einem wichtigen Durchgang in das freie Germanien rechnen. Dies ist Grund genug, dass vor Ort eine rasch aufblühende Zivilsiedlung entstand. Entweder hier oder in Neuenstadt am Kocher befand sich der Verwaltungsmittelpunkt der »Siedlung des Aurelius« (Civitas Aurelia G.S.).

Charakteristisch für Öhringen sind die zahlreichen Altäre und Inschriften sowie Skulpturen, die den wirtschaftlichen Wohlstand der ansässigen Bevölkerung bezeugen. Der Wohlstand gründet möglicherweise auf intensiven Handelstätigkeiten, insbesondere ist hier an den Salzhandel mit dem nahen Schwäbisch Hall zu denken. Inschriftlich überliefert ist ein *Collegium Convenarium*, wohl eine Berufsvereinigung und Kultgenossenschaft von Händlern.

Im → Skulpturenpark vor dem Eingang des Kreiskrankenhauses sind Nachbildungen der wichtigsten römischen Fundstücke aus Öhringen zu sehen, gleichermaßen im Eingangsbereich des Krankenhauses, das auf dem Areal des einstigen Bürgkastells steht. Weitere Fundstücke und Erläuterungen befinden sich im Weygang-Museum.

TOURISMUS-TIPPS
Konservierte Ruine von WP 9/33 am Nordrand der Stadt. Historische Innenstadt von Öhringen mit Stiftskirche und hohenlohischem Residenzschloss. – Weygang-Museum Öhringen, Karlsvorstadt 30, 74613 Öhringen; Tel. (0 79 41) 3 53 94.

Ganz oben: Minerva mit Merkur und Apollo. Im Vicus Aurelianus, dem Kastelldorf von Öhringen, fanden sich zahlreiche Reliefs und Inschriften, was für eine größere Bedeutung des Ortes spricht.

Oben: Der Schmiedegott Vulkan. Das Originalrelief aus dem Kastelldorf von Öhringen steht im Badischen Landesmuseum Karlsruhe.

Rechts: Reibschüssel mit Tierfries aus dem Kastelldorf von Öhringen.

V. VOM MAIN NACH HOHENLOHE

WANDERUNG: SECHSECKTURM UND LIMES BEI GLEICHEN

Die Deutsche Limes-Straße führt von Öhringen über Pfedelbach weiter nach Mainhardt. Kurz vor Untergleichen zweigt ein Weg linker Hand zu einem Parkplatz ab. Von dort aus kann der Turm WP 9/51 zu Fuß erreicht werden. Oder man hält sich zunächst in Richtung Süden, um dort auf den Limeswanderweg zu treffen und in Höhe des markanten Limesknicks in Richtung Norden bis zum Sechseckturm zu laufen.

Der Sechseckturm von Gleichen (WP 9/51) stand fast exakt in der Mitte des Limesabschnittes zwischen Öhringen und Mainhardt auf der Hohenloher Ebene. Etwa 60 m nördlich dieses Wachpostens ist der → Limes mit Wall und Graben hervorragend erhalten. Auch südlich dieses Turms ist er streckenweise gut zu erkennen, allerdings oftmals nur schwer zugänglich. Daher wurde der Limeswanderweg auf den nach Südwesten führenden Waldweg verlegt.

Der sechseckige Limesturm bei Gleichen fällt nicht nur durch seinen ungewöhnlichen Grundriss auf, sondern auch durch seine Lage an einem markanten Knick in dem ansonsten von Jagsthausen bis zum Haghof schnurgerade verlaufenden Limes. Bereits im Jahre 1893 fanden hier Ausgrabungen statt, zu diesem Zeitpunkt soll die Turmruine noch bis zu 1,4 m hoch erhalten gewesen sein. Neben dem Grundriss ist auch die überdimensionale Breite der Mauern dieses Wachpostens außergewöhnlich. So sind die Fundamente bis zu 1 m breit und zusätzlich verstärkt durch einen strebepfeilerartig vorspringenden Sockel. Die Seitenlänge der Mauern beträgt 2,8 m. Im Abstand von ca. 2 m umgab einst ein Graben den Wachposten. Die Mauerreste wurden durch den Schwäbischen Albverein, die Stadt Öhringen und das Landesdenkmalamt neu aufgesetzt und konserviert. Bei den Untersuchungen des Jahres 1891 wurde ein steinerner Herd ausgegraben, der große Teile des Innenraumes einnahm. Seine Zeitstellung ist jedoch ungewiss.

Die Sechseckform ist wohl aus statischen Gründen gewählt worden und spricht, ähnlich wie die massiven Grundmauern, dafür, dass der Turm besonders hoch war. Möglicherweise reichte der Blick nach Norden bis zum knapp 50 km entfernten Kastell Hönehaus, also weit über die Hohenloher Ebene hinaus. Auch in Richtung Mainhardt hat man wohl einen großen Bereich der Hochfläche überblicken können. Die Gestaltung des Turmes und sein Standort sprechen dafür, dass er eine wichtige Rolle bei der Vermessung der genannten, über 80 km langen, schnurgeraden Limeslinie einnahm. Nur in einem Fall, wenig südlich des WP 9/51, knickt der Limes aus der beschriebenen geraden Richtung ab, wohl um den steilen Einschnitt der Gießklinge zu umgehen.

Ganz unten: Das Geländerelief zwischen Walldürn und Mainhardt zeigt, wie außerordentlich gut die Fernsicht vom Sechseckturm von Gleichen aus gewesen sein muss.

Unten: Der Limeswanderweg beim Sechseckturm von Gleichen (nach: Landesdenkmalamt Baden-Württemberg).

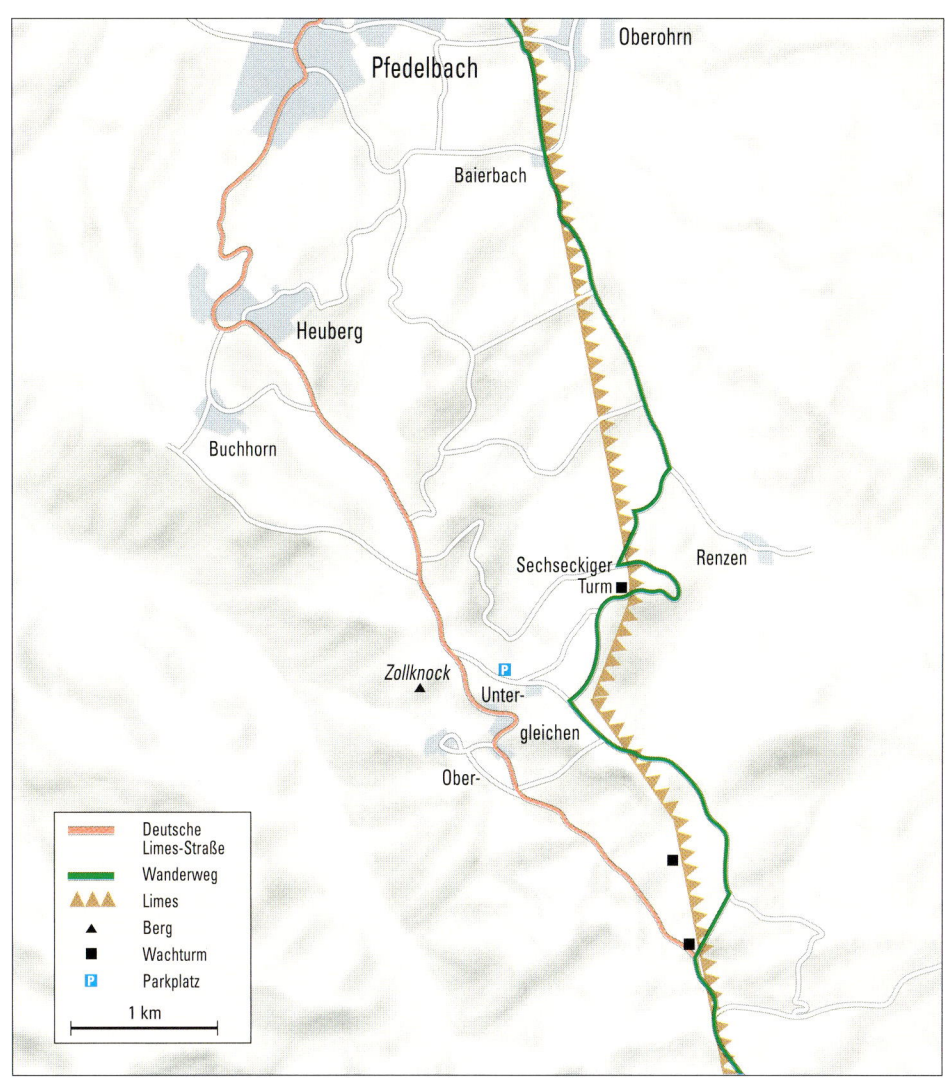

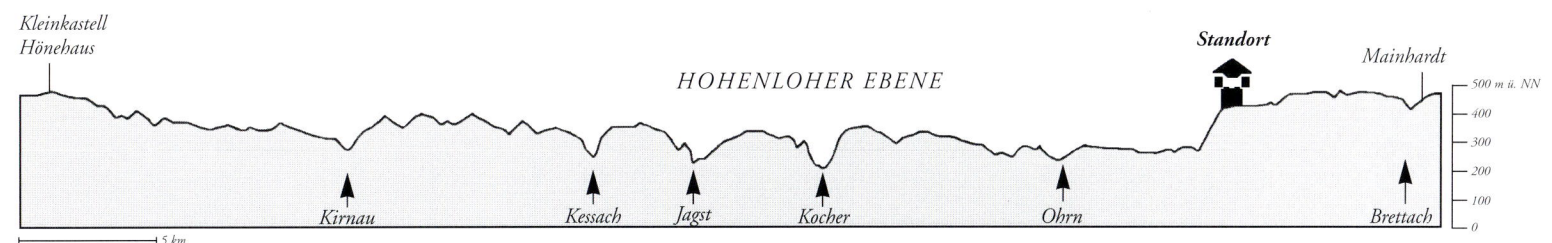

VI. DURCH DEN WELZHEIMER WALD INS REMSTAL

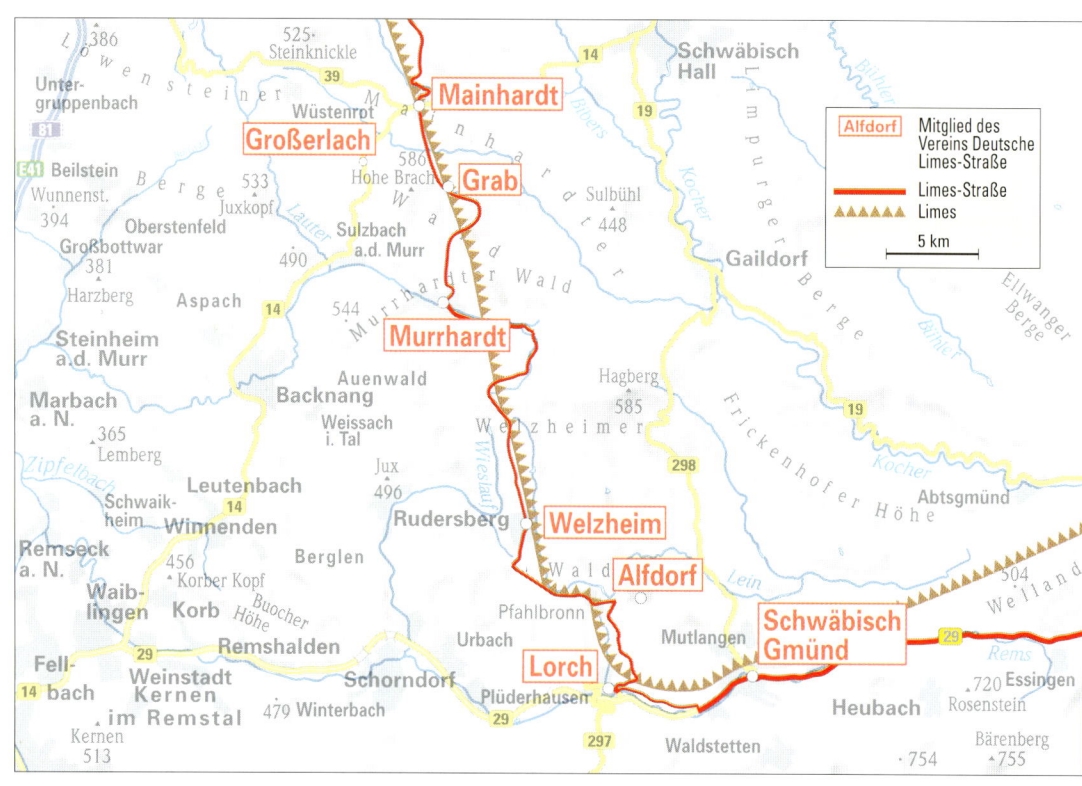

MAINHARDT

Mainhardt erreicht man über die B 14 von Backnang in Richtung Schwäbisch Hall. Die Deutsche Limes-Straße führt durch den Ort. In der Ortsmitte biegt man links zum Kastell ab (Beschilderung).

Im Jahr 1990 wurden im Kastell Mainhardt Backöfen freigelegt. Die Öfen dienten den Soldaten zum Brotbacken. Wegen der Feuergefahr lagen sie abseits der Gebäude zwischen der Lagerrandstraße (Via sagularis), die entlang der Innenseite der Umwehrung führte, und der Kastellmauer.

Das Kohortenkastell befindet sich im westlichen Teil des alten Ortskernes. Die 2,4 ha große Garnison ist nach Osten orientiert. Von der → westlichen Umwehrung sind heute noch Teile im Gelände sichtbar, ebenso kleinere Abschnitte der Nordseite. Restauriert wurde der südwestliche Eckbereich der Umwehrung mit einem Turm.

Das Kastell liegt auf einem nach Norden geneigten Plateau, das vom Brettach- und Badbachtal begrenzt wird. Die Umwehrung besitzt ein 1,7 m breites Fundament, die aufgehende zweischalige Mauer ist 1,2 m breit und aus Stubensandsteinquadern aufgeführt. Teilweise wechselt Lagenmauerwerk mit fischgrätartigem Mauerwerk ab, was sich besonders gut am Turm beobachten lässt. Dieser 5 × 4,6 m messende südwestliche Eckturm ist gekennzeichnet durch zwei Mauervorsprünge an seiner Außenseite, was fast den Eindruck vermittelt, als sei er nachträglich eingebaut worden. Ebenso wie der südwestliche Umwehrungsbereich konnte bei den archäologischen Untersuchungen im Jahr 1978 die hinter der Wehrmauer angeschüttete Böschung auf einer Breite von 5,5 m nachgewiesen werden. Wohl aus statischen Gründen hatte man darunter einen Holzrost verlegt.

Bereits im Jahre 1768 ist die Rede von einer römischen Militärsiedlung in Mainhardt. Ein halbes Jahrhundert später – 1837 – müssen die Kastellmauern immer noch über 1 m hoch gewesen sein und als Steinbruch gedient haben. Ausgrabungen der Reichs-Limeskommission um die Jahrhundertwende galten vor allem der Umwehrung mit den Toren und den verschiedenen Türmen. Mit Ausnahme des westlichen Teils des Stabsgebäudes wurden damals keine Innenbauten freigelegt.

Eine Flächengrabung des Jahres 1990 erbrachte hierzu und zur Umwehrung des nordwestlichen Kastellareals weitere Erkenntnisse. Im Abstand von etwa 8 m von der Innenseite der Kastellmauer konnten Reste verschieden konstruierter Holzgebäude nachgewiesen werden. Dort fand man auch Teile großer, runder Backöfen. In einer runden Steineinfassung dienten flache Sandsteine als Herdplatte. Offensichtlich waren immer jeweils zwei Herdstellen gleichzeitig in Benutzung. Hier buken die Soldaten ihr Brot. Im Bereich der Mainhardter Waldhalle, etwa 30 m südöstlich des rückwärtigen Lagertores (Porta decumana), kamen 1995 weitere Teile der hölzernen Mannschaftsbaracken zum Vorschein.

Die Besatzung des Mainhardter Kastells ist gleich mehrfach inschriftlich belegt. Es handelt sich um die *Cohors I Asturum equitata*, also eine teilberittene Einheit, die zuvor am Neckar im Kastell Walheim lag. Wiederum nach Ausweis römischer Inschriften wissen wir, dass diese Truppe bereits um die Mitte des 3. Jahrhunderts in Britannien stand, vermutlich wurde sie um die Wende vom 2. zum 3. Jahrhundert dorthin verlegt. Welche Besatzung dann in Mainhardt lag, ist allerdings nicht überliefert. Hauptaufgabe der Mainhardter Garnison war es wohl, einen bereits in vorgeschichtlicher Zeit bestehenden Handelsweg von Heilbronn zu den Schwäbisch Haller Salzquellen zu sichern.

Etwa 300 m östlich des Kohortenkastells wurde 1975, nur knapp 30 m vom Limesgraben entfernt, ein bisher unbekanntes Kleinkastell entdeckt. Von der ca. 540 m² messenden Anlage ist heute nichts mehr im Gelände zu sehen. Die vorhandenen Befunde lassen sich sehr gut mit dem Kleinkastell Rötelsee bei Welzheim vergleichen, das vollständig erhalten ist und besichtigt werden kann (S. 95).

Die konservierte Südwestecke des Kastells Mainhardt.

TOURISMUS-TIPPS

In der ehemaligen katholischen Kirche gegenüber dem Rathaus sind die wichtigsten Funde aus Kastell und Vicus von Mainhardt ausgestellt. Besondere Bedeutung kommt den Steinen mit Weihungen an Jupiter und Reliefdarstellungen von Muttergottheiten mit Kindern zu. Sie alle wurden 1944 beim Bau des Hauses Stangenweg 3 im Kastellvicus gefunden. Möglicherweise bestand hier eine dem Jupiter geweihte Kultstätte. – Weitere Sehenswürdigkeiten findet man in Bubenorbis (Evangelische Pfarrkirche mit Schnitzaltar aus dem frühen 15. Jahrhundert) und Schwäbisch Hall (Stadtbefestigung und zahlreiche Baudenkmäler).

LITERATUR

U. Körber-Grohne/M. Rösch, Römerzeitliche Brunnenfüllung im Vicus von Mainhardt, Kreis Schwäbisch Hall. Fundberichte aus Baden-Württemberg 13, 1988, 307 ff. – D. Planck, Archäologische Untersuchungen im Limeskastell Mainhardt, Kreis Schwäbisch Hall. Archäologische Ausgrabungen 1990, 101 ff.

GROSSERLACH-GRAB

Bei Großerlach-Grab steht ein wieder aufgebauter Steinturm mit Wall, Graben und Palisade.

Am südlichen Ortsbeginn von Grab führt ein asphaltierter Feldweg in südlicher Richtung zum Limesturm. Der Weg ist ausgeschildert. Im Wald »Vogelhau« auf dem »Heidenbuckel« liegt der Wachposten 9/83. Der »Heidenbuckel« bildet den zweithöchsten Geländepunkt am obergermanischen Limes (knapp 536 m ü.NN).

Schon die Reichs-Limeskommission hatte 1892 diesen Turm aufgedeckt. Er besitzt eine Seitenlänge von knapp 4 m. In den zeitgenössischen Berichten ist die Rede von Pfostengruben, die mit einem hölzernen Messgerät in Verbindung gebracht werden. Auf Grund der topografisch exponierten Lage besteht kein Zweifel, dass hier einer der Hauptvermessungspunkte am vorderen Limes zu suchen ist. Das Gelände kann nach Norden über Mainhardt hinaus überschaut werden, nach Süden reicht der Blick bis zum so genannten Spatzenhof (WP 9/116) in der Höhe von Kaisersbach.

Nach weiteren Ausgrabungen im Jahre 1980 wurde eine anschauliche →Limesrekonstruktion mit Steinturm, Wall und Graben sowie vorgelagerter Holzpalisade errichtet. Der Besucher erhält so ein eindruckvolles Bild, wie man sich den äußeren obergermanischen Limes vorstellen muss, auch wenn einige Details den modernen Bedürfnissen angepasst sind. So gelangten die römischen Soldaten mit Sicherheit nicht über eine Holztreppe, sondern über eine Leiter in den Turm.

Bei der Rekonstruktion stand die stadtrömische Trajanssäule Pate, die auf ihren Reliefbändern wie ein Bilderbuch unter anderem über die Gestaltung römischer Militäranlagen berichtet. Der steinerne Limesturm bei Grab gehört mit seiner Befestigung zum jüngsten Ausbauzustand des obergermanischen Limes. Der vorgelagerte Limesgraben wurde nach antikem Vorbild ausgehoben und an seiner Innenseite ein Wall aufgeschüttet. Die Palisade besteht aus längs gespaltenen, unten angespitzten Baumstämmen, wie sie in Resten verschiedentlich aufgefunden wurden.

MURRHARDT

Die Deutsche Limes-Straße führt durch Murrhardt und in der Ortsmitte direkt am Museum vorbei. Wenig südlich befand sich das Kohortenkastell. Von den römischen Denkmälern ist heute nichts mehr zu sehen.

Bereits im 16. Jahrhundert entdeckte man in Murrhardt römische Inschriften und schloss auf eine Siedlung gleicher Zeitstellung. 200 Jahre später widmeten sich der Altertumsverein für den Murrgau und die Reichs-Limeskommission dem Kohortenkastell. Ausgrabungen in den Jahren 1973 bis 1980, vor allen Dingen im rückwärtigen Lagerbereich, hatten u. a. unterschiedliche Bauphasen der Militäranlage zum Ergebnis. Ebenso konnte das rückwärtige Lagertor (Porta decumana) untersucht werden. Für die erste Bauphase ist Holzbauweise charakteristisch, dies gilt auch für die Umwehrung mit den Toranlagen. Der Ausbau in Stein wird allerdings nicht sehr viel später erfolgt sein. Ausgrabungen und Sondagen durch die Reichs-Limeskommission erlauben die vollständige Rekonstruktion des Grundrisses des Stabsgebäudes. In jüngerer Zeit freigelegte Holzgebäude werden als Magazine (Horrea), Lazarett (Valetudinarium) und als Pferdestall gedeutet.

Die Besatzung des Kohortenkastells wird mehrfach auf Inschriften genannt. Es handelt sich um die *Cohors XXI Voluntariorum Civium Romanorum* – eine Kohorte freiwilliger römischer Bürger. Sie war zuvor in Benningen am Neckar stationiert. Gleichfalls inschriftlich überliefert sind die *Exploratores Triboci et Boi*, die möglicherweise in einem zweiten, bislang allerdings nicht bekannten Kastell untergebracht waren.

Nordwestlich und südwestlich des Kastells erstreckte sich in der Talniederung im Bereich der heutigen Altstadt der Vicus. Von dort stammen sehr schöne Funde, so z. B. ein Bronzeschwert mit Adlerkopf, das Teil einer etwa lebensgroßen Kaiserstatue gewesen sein muss, und Teile eines Horns, verziert mit den Büsten der beiden Gottheiten Mars und Minerva. Bei Grabungen an der Walteriskapelle im Jahr 1963 wurden römische Brandgräber entdeckt, darunter auch die Reste eines großen Denkmals von einer römischen Grabanlage, die als Spolien in frühmittelalterlichen Plattengräbern verbaut waren.

Bei Ausgrabungen des Jahres 1988 am südlichen Rand der Altstadt kamen zwischen mittelalterlicher Stadtmauer und Stadtgraben Hölzer von Brunnenverschalungen ans Tageslicht. Später konnten hier ein Brunnen und eine Zisterne freigelegt werden. Bei der Zisterne hatte sich die Verschalung aus Eichenspalthölzern hervorragend erhalten. Von den überaus zahlreichen Fundstücken aus der Brunnenverfüllung sollen Lederreste und Teile von kleinen Holzgefäßen sowie ein kleiner Korb angeführt werden, die auf Grund der Feuchtigkeit die Zeiten überdauert haben. Nach Ausweis dendrochronologischer Untersuchungen wurden die Eichen für die Verschalung der Zisterne im Sommer 162 n. Chr. gefällt. Der Brunnen datiert in die gleiche Zeit. Dies sind deutliche Indizien dafür, dass in den frühen sechziger Jahren des 2. Jahrhunderts in Murrhardt viel gebaut wurde.

Oben: Das Relief aus Murrhardt mit der kapitolinischen Wölfin, die Romulus und Remus säugt, stammt vermutlich von einem monumentalen römischen Grabmal. Nach der Zerstörung des römischen Grabmals sind die Steine im frühen Mittelalter zum Bau von Plattengräbern verwendet worden.

Oben: Bronzeschwert mit Griff in Form eines Adlerkopfes, gefunden im Lagerdorf von Murrhardt. Das Schwert gehörte zu einer überlebensgroßen Kaiserstatue.

TOURISMUS-TIPPS

Die neu konzipierte und 1999 wieder eröffnete römische Abteilung des Carl-Schweizer-Museums zeigt insbesondere Funde aus dem Kastellvicus, ebenso aus Turmstellen am Limes in der Nähe von Murrhardt. Besonders wertvoll ist die Kopie einer Inschrift aus dem Kohortenkastell, die in das Jahr 211 bis 217 n. Chr. datiert. Das Original wurde am Ende des Zweiten Weltkrieges zerstört, und das Museum besitzt die einzige erhaltene Kopie. Neben weiteren Inschriften sollen Götterdarstellungen auf Schilfsandsteinplatten genannt werden, die 1963 im Areal des Gräberfeldes, sekundär verwendet, geborgen worden sind. Möglicherweise stammen sie von einem römischen Grabpfeiler.
Zahlreiche Baudenkmäler in Murrhardt laden zum Verweilen ein, darunter das ehemalige Benediktinerkloster, die evangelische Stadtkirche, die Walteriskapelle und vor allem das Klostergebäude.

LITERATUR

R. Krause, Römische Brunnen im Kastellvicus von Murrhardt, Rems-Murr-Kreis. Archäologische Ausgrabungen 1988, 111 ff. – M. Rösch, Botanische Funde aus einem römischen Brunnen in Murrhardt, Rems-Murr-Kreis. Archäologische Ausgrabungen in Baden-Württemberg 1988, 114 ff.

WELZHEIM

Der archäologische Park mit dem Ostkastell von Welzheim aus der Luft.

Die Deutsche Limes-Straße durchquert den Ort von Süden nach Norden und verläuft dabei über das Areal des heute nicht mehr sichtbaren Westkastells. In der Stadtmitte ist der Weg zum so genannten Ostkastell ausgeschildert.

Welzheim liegt am Ende eines ungefähr 80 km langen, geradlinigen Limesabschnitts und gehört zu den wenigen Orten am obergermanisch-rätischen Limes mit zwei Kastellen. Beide Militäranlagen wurden bereits im 19. Jahrhundert lokalisiert und in Teilen ausgegraben. Das so genannte Westkastell, im Bereich der heutigen Schorndorfer Straße, ist weit gehend modern überbaut.

Auch in Welzheim reicht die Forschungsgeschichte bis ins 18. Jahrhundert zurück. Ende des 19. Jahrhunderts widmeten sich verschiedene Grabungen dem Ostkastell in der Flur »Bürg«, nur wenig später erfolgte der endgültige Nachweis des Westkastells. Es liegt im südlichen Teil der Stadt auf einem nach Osten geneigten Hang. Mit insgesamt 4,3 ha Innenfläche gehört es zu den größten Lagern am obergermanischen Limes. Drei Toranlagen konnten freigelegt werden, die alle zwei Durchfahrten besaßen. Die Anlage war von einem Wehrgraben umgeben. Wie so oft, wurde auch im Fall des Welzheimer Westkastells seinerzeit nur das Stabsgebäude in Teilen untersucht. Erst 1983 zeigten sich an der Südostecke Spuren hölzerner Innenbauten.

Im Westkastell war die *Ala I Scubulorum* stationiert, die zuvor im Kastell Cannstatt lag. Knapp 100 m östlich dieser Militäranlage liegt das offenbar gut erhaltene Badegebäude. 1896 fanden hier großflächige Ausgrabungen statt.

DAS OSTKASTELL

Das Gelände des Ostkastells sollte Ende der fünfziger Jahre als Bauplatz für Wohnhäuser ausgewiesen werden. Dennoch gelang es, dieses ca. 1,6 ha umfassende Areal auf Dauer in Gestalt eines archäologischen Parks zu sichern. Gezielte Sondagen im Vorfeld klärten dazu notwendige Fragestellungen und ermöglichten die Konservierung charakteristischer Grabungsbefunde sowie die Rekonstruktion ausgewählter anschaulicher Bereiche in Originalgröße.

Kastellmauer, Tore und Türme weisen konstruktive Besonderheiten auf, ebenso fallen der nicht rechtwinklige Grundriss und die Platzierung der Türme ins Auge. Sie bezeugen mehrfache Umbauten oder Instandsetzungsmaßnahmen, die mit der Geologie des Baugrundes zusammenhängen. Hinzu kommt, dass im Kastell fast 10 % Gefälle besteht, wodurch Abrutschungen von ganzen Mauerteilen erklärbar sind. Das Kastell besaß vier Tore, der westliche Zugang mit seinen beiden Türmen ist heute eindrucksvoll in einstiger Größe rekonstruiert. Für das gegenüberliegende Osttor ist bislang nur ein Turm überliefert. Die beiden kleineren Seitentore sind mit je zwei einspringenden Mauern versehen. Die Zugänge waren durch Straßen miteinander verbunden, von denen Pflasterreste beobachtet werden konnten. Die bis zu 1,4 m breite Kastellmauer war von zwei Spitzgräben umgeben. Innen befand sich nach Ausweis einer Pfostenreihe ein hölzerner Wehrgang. Große Pfostengruben an der Mauer außenseite stehen vermutlich mit einem Baugerüst für Reparaturen eingestürzter Mauerteile in Verbindung. An den vier Ecken des Kastells standen Türme. An der Westseite ließen sich zusätzlich zwei Zwischentürme und im nördlichen Teil der Umwehrung ein weiterer nachweisen. Ansonsten konnten, merkwürdigerweise, keine Zwischentürme beobachtet werden. Alle Türme gehören nicht zum ursprünglichen Bau, sondern wurden nachträglich, vermutlich Ende der siebziger Jahre des 2. Jahrhunderts, angefügt. Im südwestlichen Kastellmauerfundament fanden sich sechs kleine Abwässerkanäle, die als Drainage dienten.

Im Bereich der einstigen Lagerringstraße (Via sagularis) lagen vier holzverschalte Brunnen. Im feuchten Boden hatten sich die Einbauten und die Brunnenverfüllungen außergewöhnlich gut erhalten.

VI. DURCH DEN WELZHEIMER WALD INS REMSTAL

Das in Originalgröße rekonstruierte Westtor des Welzheimer Ostkastells.

Brunnen 1 (Ende des 2. Jahrhunderts angelegt) enthielt neben Gerätschaften aus Holz etwa 100 Lederschuhe, die das breite Spektrum der damals geläufigen Schuhformen widerspiegeln und zu den bisher wichtigsten römerzeitlichen Schuhfunden zählen. Darüber hinaus ließen sich botanische Großreste wie Samen und Früchte aussondern. Dazu gehören z. B. Weintrauben, Zwetschgen, Äpfel, Brombeeren, Hagebutten, Gemüse, verschiedene Salate und Nüsse. Als Importgut konnten Feigen nachgewiesen werden. Die wissenschaftliche Auswertung all dieser Brunnenfunde erlaubt wichtige Aussagen über Handelsbeziehungen, Speisezettel und Umwelt der hier ansässigen Bevölkerung.

Auch die Verschalung von Brunnen 2 war vorzüglich erhalten. Die Verfüllung enthielt bearbeitete Hölzer (z. B. Joch und Schaufel) sowie mehrere, fast 2 m lange, mittig eingekerbte Stangen mit spitz auslaufenden Enden. Letztere gehörten zu Annäherungshindernissen, die sich am besten mit den so genannten spanischen Reitern vergleichen lassen. Teile eines Gesichtshelmes aus Eisen lagen auf der Sohle. Solche kunstvoll gearbeiteten Ausrüstungsgegenstände wurden bei Reiterspielen getragen, für kriegerische Auseinandersetzungen waren sie ungeeignet.

Die Innenbebauung des Welzheimer Ostkastells ruht noch weit gehend unversehrt im Boden. Das Stabsgebäude im Zentrum des Lagers ist archäologisch bislang nicht nachgewiesen, daher lässt sich auch die Ausrichtung der Gesamtanlage nicht exakt festlegen. Geophysikalischen Messungen zufolge gab es jedoch höchstwahrscheinlich eine Kommandantur. Die Reichs-Limeskommission legte 1894 einen ca. 14 m langen Rechteckbau frei. Darin aufgefundene, verkohlte Getreidekörner führten zu einer Deutung als Getreidespeicher. Ein zweiter Steinbau liegt im südöstlichen Kastellbereich. Grundriss und Raumausstattung sprechen hier für eine Badeanlage.

Im Brunnen 1 des Ostkastells in Welzheim wurden 36 mehr oder weniger vollständig erhaltene Schuhe, Pantoffeln und Sandalen sowie größere Lederfragmente und Abfallstücke von über 100 weiteren Schuhen gefunden.

93

Der schnurgerade Limes beim Haghof auf der Höhe von Alfdorf.

LITERATUR

C. van Driel-Murray/H. Hartmann, Das Ostkastell von Welzheim, Rems-Murr-Kreis. Forschungen und Berichte zur Vor- und Frühgeschichte in Baden-Württemberg 42 (Stuttgart 1999). – H. von der Osten, Elektro- und geomagnetische Prospektion des Welzheimer Ostkastells, Rems-Murr-Kreis. Archäologische Ausgrabungen in Baden-Württemberg 1993, 135 ff. – B. Rabold, Der Archäologische Park im Ostkastell von Welzheim (Rems-Murr-Kreis). Faltblatt der Gesellschaft für Vor- und Frühgeschichte (Stuttgart 1993).

TOURISMUS-TIPPS

In der evangelischen Pfarrkirche St. Gallus in Welzheim findet man spätgotische Sandsteinplastiken. Im Städtischen Museum sind Originalfundstücke aus dem Ostkastell und der Zivilsiedlung zu besichtigen, unter anderem Holz- und Lederfunde. Bei einem Abstecher nach Schorndorf kann man die spätmittelalterliche evangelische Stadtkirche, die Stadtbefestigung, das Schloss, das Rathaus und andere historische Baudenkmäler besichtigen.

Höchstwahrscheinlich bestand das Welzheimer Numeruskastell im fortgeschrittenen 3. Jahrhundert nicht mehr, und es ist zu vermuten, dass die beiden genannten Steingebäude oder zumindest das Bad jüngere Einbauten sind. Vielleicht wurde damals eine Villa rustica auf dem Gelände des aufgegebenen Kastells errichtet.

Ein Votivstein aus dem Bauschutt des Bades wurde laut Inschrift von *Marcus Octavius Severus*, dem Befehlshaber über die Britonen und Kundschafter geweiht. Möglicherweise verbirgt sich dahinter die Kastellbesatzung. Holzbauten in der Nähe des Westtores dienten wahrscheinlich als Mannschaftsbaracken. Die Sondagen der Reichs-Limeskommission führten zusammen mit den jüngeren Ausgrabungen zu profunden Kenntnissen über die Kastellumwehrung. Weitere Teile ruhen noch nahezu unversehrt im Boden und stehen für künftige Forschungen mit fortentwickelten Grabungs- und Auswertungsmethoden sowie neuen wissenschaftlichen Fragestellungen zur Verfügung. Insbesondere gilt dies für die Innenbebauung, die wohl hauptsächlich aus Holzfachwerk bestand.

DER ARCHÄOLOGISCHE PARK

Der → »Archäologische Park« im Welzheimer Ostkastell bietet dem Besucher wichtige Informationen über die römische Besetzung des Gebietes, seine Verwaltung, das Leben der Soldaten und zivilen Ansiedler und ihre religiösen Vorstellungen. Die Rekonstruktionen ausgewählter Befunde in Originalgröße vermitteln ein lebhaftes Bild davon, wie das Ostkastell einst ausgesehen haben mag. Das Westtor wurde nach bildlichen Darstellungen aus römischer Zeit und mit Hilfe von Funden aus anderen Militäranlagen wieder aufgebaut. Neben dem Durchgang mit den flankierenden Türmen ist der innere Spitzgraben im Gelände sichtbar. Nördlich schließt sich ein Teil des Wehrganges an. Der Treppenaufgang ist eine moderne Hilfskonstruktion, die nicht den römischen Gegebenheiten entspricht. Beide Türme sind begehbar, Schautafeln im nördlichen Turm erläutern die Rekonstruktion des Tores. Ausführungen im südlichen Turm, beschäftigen sich mit Brunnen 2 und seiner Rekonstruktion. Türen und Fenster sind nach antiken Vorbildern ausgeführt. Weitere Umwehrungsteile südlich des Tores wurden konserviert und zeigen den Verlauf mit Zwischen- und Eckturm.

Den Umfang des gesamten Kastells markieren modern aufgeschüttete Wälle und angepflanzte Hecken. Die Raumaufteilung der beiden Steingebäude wird durch Platten angezeigt. Besonderen Reiz besitzt die Rekonstruktion von Brunnen 2 in der Südwestecke des Kastells. Er wurde aufgegeben, als man einen Turm in diese Ecke setzte. Daher steht die Rekonstruktion des Brunnens nicht am ursprünglichen Platz, sondern um knapp 10 m versetzt. Holzverschalung und einige Hölzer des Brunnenhauses, die in der Verfüllung lagen, waren so gut erhalten, dass eine gesicherte Nachbildung bis hin zu den Sprossen für den Brunnenputzer möglich war. Demnach wurde das Dach von sorgfältig geschnitzten, achteckigen Säulen getragen und das Trinkwasser über eine Seilwinde zu Tage gefördert.

Schautafeln nordwestlich des Kastells und im Kastellgelände veranschaulichen zusammen mit Kunststeinabgüssen römischer Inschriften und Bildwerke aus Württemberg die Besetzung der Region, die römische Topografie Welzheims, Fragen der Verwaltung und religiöse Aspekte.

DAS KLEINKASTELL RÖTELSEE

Am nördlichen Ortsausgang von Welzheim liegt direkt östlich der Deutschen Limes-Straße das Kleinkastell Rötelsee auf einer leichten Anhöhe. Die vollständig ausgegrabene Anlage hat eine Innenfläche von 324 m².

Erste Untersuchungen initiierte 1895 die Reichs-Limeskommission, sie betrafen die Umfassungsmauer und das nach Osten ausgerichtete Tor der Militäranlage. 1974 waren weitere Untersuchungen im Rahmen der Flurbereinigung erforderlich, deren Ergebnisse im Gelände sichtbar gemacht werden konnten. Die → Wehrmauern sind konserviert, die hölzernen Innenbauten durch Betonplatten im Grundriss kenntlich gemacht.

Der bis zu 2 m breite Kastellgraben ist vor dem Tor unterbrochen. Die Kastellmauer besitzt eine Breite von ca. 1 m. Die Mauerinnenseite wird von einer durchgehenden Pfostenreihe begleitet, die von einem hölzernen Wehrgang stammt.

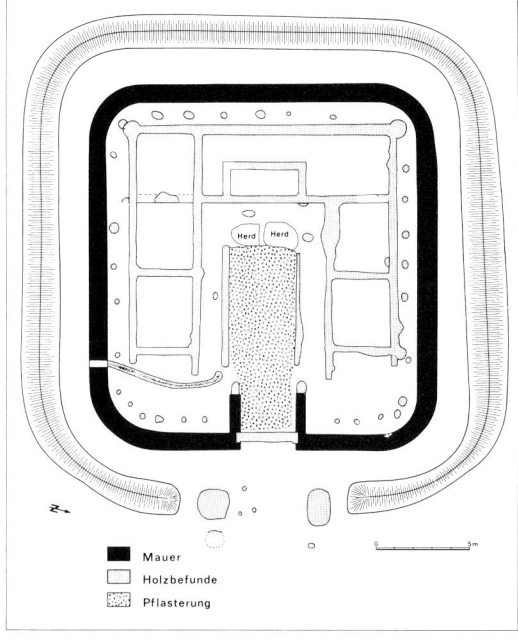

Plan des Kleinkastells Rötelsee (nach D. Planck/W. Beck): im Inneren ein U-förmiges Gebäude, dessen Hof sich zum einzigen Zugang öffnet.

Die Innenbebauung ist hufeisenförmig angeordnet. Jeder Gebäudetrakt enthielt drei Räume mit vorgelagertem, überdachtem Gang. Hier waren einst die Soldaten untergebracht.

Es wird vermutet, dass nicht nur die Innengebäude sondern auch Teile der Befestigung selbst in Holzbauweise errichtet wurden. Die Auswertung des Kleinfundmaterials ergab, dass die kleine Kastellanlage möglicherweise erst im späten 2. Jahrhundert entstanden ist und bis zum Ende der römischen Besetzung 260/270 n. Chr. in Benutzung war.

Welche Aufgabe die dort vermuteten zehn bis zwanzig Soldaten zu bewältigen hatten, ist derzeit noch weit gehend ungeklärt. Bemerkenswert ist die räumliche Nähe zu den beiden größeren Kastellanlagen in Welzheim. Auch der Verlauf des Limes im Nahbereich der Welzheimer Militäranlagen ist bis heute nicht abschließend geklärt worden.

VI. DURCH DEN WELZHEIMER WALD INS REMSTAL

WANDERUNG: VON PFAHLBRONN ZUM KLOSTER LORCH

Rekonstruktion eines hölzernen Wachturmes unweit des Klosters Lorch.

Über die Deutsche Limes-Straße erreicht man Pfahlbronn, am südlichen Ortsausgang biegt man ab in Richtung Brech, von dort geht es weiter zum beschilderten Wanderparkplatz.

Nahe beim Parkplatz ist etwa 50 m nördlich des Waldrandes der → Schutthügel des Turmes WP 12/7 zu erkennen. Der Limesgraben setzt zunächst als flache Bodenwelle ein und ist dann im Wald wieder besser sichtbar. Im Wald »Kreuzbühl« liegt auf dem Kamm eines Bergrückens der Turm WP 12/8. Diese Stelle war bereits Anfang des letzten Jahrhunderts bekannt. Nach Untersuchungen des Jahres 1892 folgten schließlich im Jahre 1972 weitere Ausgrabungen im Bereich des 5 × 5 m messenden Turms, der nach Abschluss der Arbeiten restauriert wurde. Das Gebäude ist aus Angulaten- und Stubensandsteinquadern errichtet worden. Hinweise auf einen umlaufenden Graben fehlen bislang.

Etwa 300 m südlich dieses Wachturmes befinden sich am Hang in dem stufenförmig abfallenden Felsen mehrere bis zu 10 cm tiefe → Rinnen, die schon zur Zeit der Reichs-Limeskommission beobachtet worden waren. Höchstwahrscheinlich handelt es sich um Reste einer so genannten Geleisestraße. Die in den Fels eingearbeiteten Rinnen sollten für die Reisewagen einen sicheren Weg gewährleisten. Möglicherweise können wir hier die Reste einer parallel zum Limes verlaufenden Straße erfassen. Genauso gut wäre aber auch eine jüngere Zeitstellung möglich, zumal die Spurbreite von 1,1 m für römische Verhältnisse außerordentlich schmal ist.

Auf dem weiteren Weg tritt die Schwäbische Alb in das Blickfeld. Schließlich führt der Wanderweg steil hinauf zum Limesturm WP 12/9, der im Volksmund »Bemberlesstein« genannt wird. Auch dieser Wachposten wurde bereits 1877 ausgegraben, seine Seitenlänge beträgt 4,4 m. 1971 fanden Nachgrabungen und Restaurierungsarbeiten statt. Dabei wurden römische Keramik und mehrere Bruchstücke eines Schilfsandsteinreliefs geborgen, das höchstwahrscheinlich die römische Schicksalsgöttin Fortuna darstellte. Im Inneren des Turms lag ein Skelett, das aber wohl in nachrömische Zusammenhänge gehört.

Bis zum WP 12/11 ist der → Limes zum Teil noch eindrucksvoll erhalten. Auch die → Fundamente des Turms WP 12/11 wurden bereits Ende des 19. Jahrhunderts freigelegt. Er stand auf der höchsten Erhebung des »Eberrainwasens«. Vermutlich bestand von hier in römischer Zeit eine ausgezeichnete Fernsicht. Bei den Grabungen stellte man im Inneren des Turmes starke Brandschichten fest. Offenbar wurde er bei einer Brandkatastrophe zerstört.

Bergab führt der Weg zunächst in das Götzenbachtal und schließlich wieder hangaufwärts bis an eine Waldecke nordwestlich des Sportgeländes von Lorch. Auf dieser Hochfläche, im so genannten »Klosterfeld«, liegt WP 12/13. Es handelt es sich nicht um einen Turm im eigentlichen Sinne, sondern ein größeres Gebäude. Die Ruine wurde 1931 entdeckt und archäologisch untersucht. Der quadratische Bau mit 10,5 m Seitenlänge besaß damals zum Teil noch aufgehendes Mauerwerk. Nach Ausweis des Fundmaterials war das Gebäude ziegelgedeckt. Seine Funktion kann bis heute noch nicht genau umrissen werden. Vielleicht handelt es sich um eine so genannte Feldwache. Im Gelände sind heute nur noch → Schuttwälle zu erkennen.

Im Umfeld des Klosters Lorch, höchstwahrscheinlich am Schnittpunkt des Limes mit der Straße Lorch-Pfahlbronn, muss WP 12/14 gestanden haben, der allerdings niemals im Gelände gefunden werden konnte. Vielleicht wurden die Steine beim Bau des Klosters Lorch verwendet, sodass nichts von dem Turm übrig blieb. An dieser Stelle, wo der Limes unvermittelt nach Osten abknickt, wurde auf Initiative der Stadt Lorch die → Rekonstruktion eines hölzernen Limeswachtturmes errichtet. Diese Rekonstruktion gibt wohl einen Eindruck vom Aussehen hölzerner Türme, einige Details allerdings sind nicht authentisch. So hat es an diesem Limesabschnitt niemals Holztürme gegeben. Die Wachtürme konnten ursprünglich nicht vom Erdgeschoss aus betreten werden, sondern waren nur über eine Leiter durch das erste Obergeschoss zugänglich. Dort wohnte die vier bis fünf Mann starke Besatzung. Das zweite Obergeschoss mit Umgang und großen Fensteröffnungen war für den eigentlichen Wachdienst bestimmt. Einerseits war das Gelände jenseits des Limes einsehbar, andererseits bestand aber auch die Möglichkeit der Kontaktaufnahme zu den benachbarten Limestürmen.

Von hier lohnt sich noch ein Abstecher zu dem unmittelbar neben dem Turm liegenden Kloster. Über dem Westportal der Lorcher Klosterkirche sind zwei → Architravbruchstücke aus Kalkstein mit Resten von Inschriften vermauert. Auf dem linken Stein ist noch schwach zu lesen: IMP CAE (Imperator Caesar). Es handelt sich um Reste einer Kaisertitulatur. Vermutlich hat man beim Bau des Klosters Steine von der Ruine des römischen Kastells in Lorch (s. Tipps.) hierher verschleppt. Denkbar wäre es, dass es sich um die Reste einer Bauinschrift handelt, die über einem der Lagertore des Kastells angebracht war.

Oben: Blick vom Limeswanderweg auf die Schwäbische Alb im Süden.

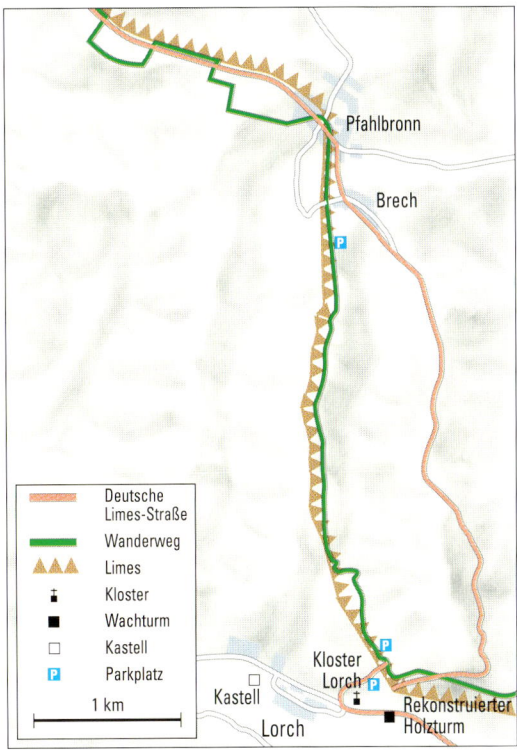

Links: Wanderung am Limes von Pfahlbronn bis zum Kloster Lorch.

TOURISMUS-TIPPS

Das ehemalige Benediktinerkloster St. Petrus und Paulus unmittelbar bei Lorch wurde im Jahr 1102 als Grablege des staufischen Kaisergeschlechts gegründet. Heute ist in den gut restaurierten historischen Gebäuden ein Altersheim untergebracht. Gegen ein geringes Entgelt kann man den Klosterhof mit seinem schönen Garten besichtigen. Sehenswert ist die romanische Pfeilerbasilika des Klosters. In einem kleinen Museum ist römisches Fundmaterial aus dem Vicus und dem Gräberfeld von Lorch ausgestellt.

VI. DURCH DEN WELZHEIMER WALD INS REMSTAL

LORCH

Oben: 1987 wurden im Kastell Lorch die Grundrisse von Militärbaracken aufgedeckt.

Oben: Bronzeanhänger in Form eines Votivbleches. Die eingepunzte Inschrift nennt eine Cohors equitata, eine teilberittene Einheit, die in Lorch stationiert war.

Von Osten kommend erreicht die Deutsche Limes-Straße (B 29) den Stadtrand und führt vorbei am Kloster Lorch in Richtung Westen entlang der Eisenbahnlinie. Schließlich muss man links zum Friedhof abbiegen. Beim evangelischen Gemeindezentrum in der Kirchstraße 30 ist ein Fundamentrest des Kastells von Lorch sichtbar. Es handelt sich um den nördlichen Turm des nach Westen führenden Tores.

Das Kastell (2,5 ha) liegt inmitten der Stadt und ist weit gehend modern überbaut. Stadtkirche und Friedhof befinden sich im Zentrum des römischen Lagers. Bei der Lorcher Garnison handelt es sich um den südlichsten Stützpunkt am obergermanischen Limes an der Hauptverbindung von Cannstatt durch das Remstal nach Rätien.

Es wird vermutet, dass eine namentlich bislang nicht bekannte teilberittene Einheit (Cohors equitata) vom Kastell Köngen am Neckar um 150 n. Chr. nach Lorch verlegt wurde. Bereits seit der Mitte des 19. Jahrhunderts wird eine römische Siedlung in Lorch vermutet. Die Kenntnis der Umfassungsmauer des Lorcher Kastells geht auf die Ausgrabungen der Reichs-Limeskommission zurück. Die bis zu 1,3 m breite Lagermauer umschließt ein fast quadratisches Areal. Die Mauerschalen waren aus großen, sorgfältig behauenen Stubensandsteinquadern (bis zu 0,3 m breit) aufgeführt. Das Kastell war nach Westen in Richtung Bad Cannstatt ausgerichtet, das Ausfalltor (Porta praetoria) mit zwei Durchfahrten ausgestattet. Wenn die Vermutung stimmt, dass das Nordtor nicht in der Mitte der nördlichen Kastellmauer lag, sondern nach Osten verschoben war, wäre es auch möglich, dass die Militäranlage nach Osten ausgerichtet war. Die Entfernung zum Limes betrug 1 km.

Archäologische Ausgrabungen der Jahre 1986 und 1987 zwischen Rathaus und Kirchstraße im südöstlichen Lagerviertel erbrachten Teile der Mannschaftsunterkünfte. In der Fläche konnten Reste mindestens zweier Mannschaftsbaracken in Holzbauweise erfasst werden. Weitere Bauten westlich und östlich werden die gleiche Funktion besessen haben.

Das Lagerdorf von Lorch ist überbaut; vereinzelte Spuren konnten noch westlich des Kastells nachgewiesen werden. 500 m südwestlich des Kastells ließen sich Reste eines Gräberfeldes nachweisen.

Zu den zahlreichen qualitätvollen Funden aus dem Lorcher Stadtgebiet zählen ein römisches Siegeszeichen und ein Bronzebeschlag mit Gorgonenhaupt, der 1986 im Kastellareal geborgen werden konnte. Einige Funde aus Vicus und Gräberfeld kann man in einem Museum im Kloster Lorch anschauen.

LITERATUR

St. Pfahl, Das römische Bronzetropaeum von Lorch und verwandte Stücke. Fundberichte aus Baden-Württemberg 18, 1993, 117 ff. – I. Stork, Neue Ergebnisse zum römischen Kastell Lorch, Ostalbkreis. Archäologische Ausgrabungen in Baden-Württemberg 1987, 92 ff.

VII. VOM REMSTAL IN DIE OSTALB

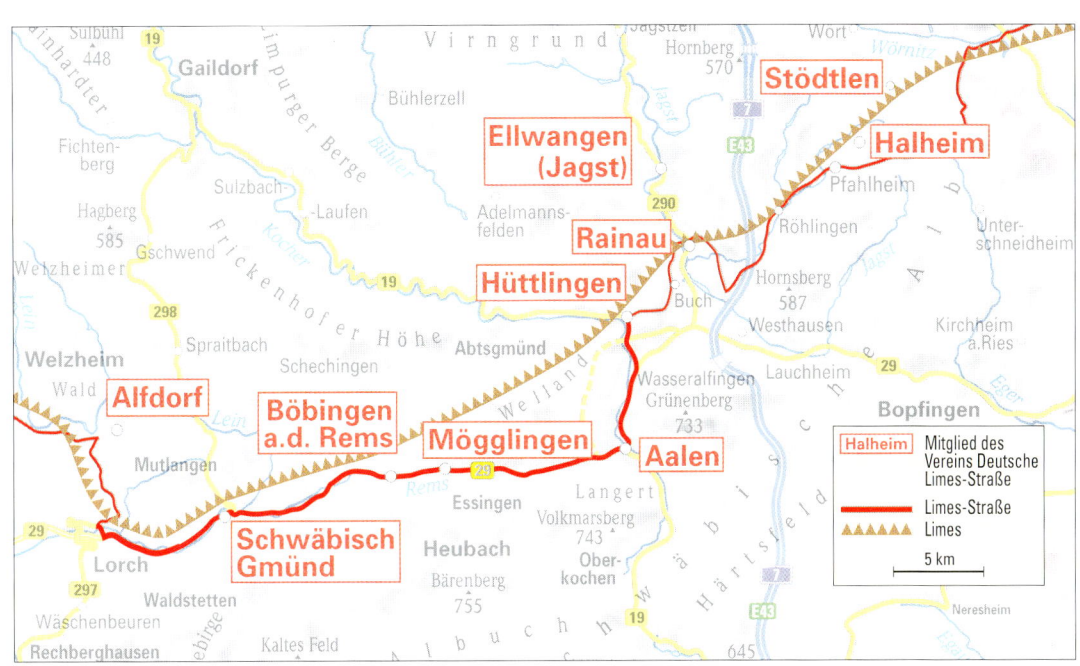

SCHWÄBISCH GMÜND

DER BEGINN DER RÄTISCHEN MAUER BEI KLEINDEINBACH

Am westlichen Stadtrand von Schwäbisch Gmünd liegt ein Wanderparkplatz am Eingang in das Rotenbachtal. Von dort ist der Limes über einen beschilderten Wanderweg erreichbar.

Im Rotenbachtal verlief die Grenze zwischen den Provinzen Obergermanien und Rätien. Dies ist auch noch heute für den Besucher erkennbar. Diese Station zählt zu den wichtigsten Punkten. Hier stößt der obergermanische Limes aus Wall, Graben und Palisade auf die rätische Grenzbefestigung, die aus einer Steinmauer bestand. Der Beginn der rätischen Mauer im Rotenbachtal ist konserviert und, zumindest bei trockenem Wetter, recht gut erreichbar.

Knapp 100 m westlich des Rotenbaches, am unteren Talhang, steht der → konservierte Beginn der rätischen Mauer. Eine kleinere archäologische Untersuchung zeigte, dass das knapp 1 m breite Mauerwerk in den anstehenden Keuper eingetieft wurde. Die Mauer ist aus Angulatensandstein aufgeführt. Bei den archäologischen Untersuchungen durch die Reichs-Limeskommission fand sich das Oberteil eines Altars aus Stubensandstein. Seine wohl einst aufgemalte Inschrift ist nicht erhalten. Es wird vermutet, dass dieser Altarstein den Fines (Grenzgottheiten) geweiht war. Eindeutige, derartige Weihungen sind am Pfingstbach in Rheinland-Pfalz an der Grenze zwischen den römischen Provinzen Obergermanien und Niedergermanien bekannt geworden.

Ca. 300 m weiter westlich liegt hangaufwärts im Wald das Kleinkastell Kleindeinbach, dessen Grundriss als leichte → Erdschanze im Gelände für das geübte Auge erkennbar ist. Die Befestigung wird ähnlich wie das besser bekannte Kleinkastell Rötelsee bei Welzheim gestaltet gewesen sein. Sicherlich diente sie der Überwachung der Grenze zwischen den beiden römischen Provinzen.

Der Beginn der rätischen Mauer im Rotenbachtal bei Schwäbisch Gmünd. Dort stand in römischer Zeit ein Altar, der den Fines, den Grenzgottheiten, geweiht war.

Oben: *Blick in die Hypokaustanlage des Kastellbades beim Schirenhof in Schwäbisch Gmünd.*

DAS KASTELL BEIM SCHIRENHOF

Die Deutsche Limes-Straße ist im westlichen Bereich der Stadt mit der Eutighoferstraße identisch. An der St.-Michael-Kirche biegt man nach Süden Richtung Schirenhof ab. Nach wenigen hundert Metern liegt das restaurierte Bad des Kastells auf der linken Seite. Das Kastellareal befindet sich östlich der Badeanlage. Hier ist nichts mehr zu sehen.

Das Schirenhofer Kohortenkastell liegt am südlichen Talrand der Rems, auf einer Bergzunge, die von zwei kleinen Wasserläufen begrenzt wird. Erste Untersuchungen an der ca. 2 ha großen Militäranlage fanden 1886 bis 1888 durch die Reichs-Limeskommission statt. 1972 und 1973 wurde das Kastellbad ausgegraben und konserviert.

Zumindest im südwestlichen Bereich der Umwehrung ließen sich drei Spitzgräben fassen. Von den Kastelltoren sind nur das rechte und das rückwärtige bekannt. Von der Innenbebauung des Kastells wurden die rückwärtigen Teile des Stabsgebäudes freigelegt. Ähnlichkeiten zur Kommandantur von Böbingen sind auffällig, möglicherweise war hier die gleiche planende Hand tätig. Es wird vermutet, dass in Schwäbisch Gmünd die *Cohors I Raetorum*, eine in Rätien rekrutierte Infanterieeinheit, stationiert war. Ziegelstempel und das Bruchstück einer Geniusstatue mit Inschriftenrest legen diese Annahme nahe.

Ende der siebziger Jahre wurde etwa 500 m südöstlich des Kastells ein großes Gräberfeld mit insgesamt 310 Bestattungen ausgegraben. Wahrscheinlich ist damals nicht der gesamte römische Friedhof erfasst worden. In den meisten Fällen handelt es sich um Brandbestattungen. Auffällig häufig wurden Tonlämpchen beigegeben. Eine Grablege befand sich in einer Kammer mit pfeilerartigem Grabbau. Ein Relieffund, der heute im Aalener Limesmuseum zu sehen ist, zeigt den Toten auf seiner Kline und einen gedeckten Tisch. Ähnliche, so genannte Totenmahlreliefs sind aus den Rheinlanden bekannt geworden.

Etwa 120 m vom Kohortenkastell entfernt liegt die → konservierte 48 × 25 m große Schirenhofer Badeanlage an der unteren Hangkante. Es handelt sich um ein Kastellbad vom so genannten Reihentypus, das mehrfach umgebaut worden ist. Wie beispielsweise die Walldürner Thermen oder die Badeanlage in Rainau-Buch besaß auch das Schirenhofer Bad eine hölzerne Vorhalle. Das älteste Bad war darüber hinaus mit einem Versammlungsraum (Basilika) und den üblichen Kalt-, Lau- und Warmbaderäumen ausgestattet. Während die zweite Bauphase durch diverse Erweiterungsmaßnahmen gekennzeichnet ist, fallen für die letzte Nutzungsphase Reduzierungen ins Auge. Die Vorhalle entfällt, der Auskleideraum wird verkleinert, das ehemalige Kaltbad diente als Latrine, Schwitz- und Laubäder entfielen ganz. Als einziges konnte noch das Warmbad beheizt werden.

Die Bausubstanz der Schirenhofer Badeanlage hat während der letzten 25 Jahre erheblich gelitten und musste bereits wiederholt renoviert werden. Zukünftig wird diese Besucherattraktion fast nur noch in Form modern aufgeführter Mauerteile zu sehen sein, die dem antiken Grundriss natürlich exakt entsprechen. Die Schirenhofer Badeanlage zeigt die Problematik der Erhaltung eines archäologischen Denkmals, das ohne Schutzbau Wind und Wetter sowie starken Klimaschwankungen ausgesetzt ist.

> ### TOURISMUS-TIPPS
>
> Schwäbisch Gmünd ist die älteste staufische Gründung im Remstal zwischen Schwäbischem Wald und Schwäbischer Alb. Bei der Stadt erheben sich die drei Kaiserberge Stuifen, Hohenrechberg und Hohenstaufen, Letzteres die Stammburg des Kaisergeschlechts. Schwäbisch Gmünd hat sich stellenweise ein intaktes Stadtbild bewahren können. Sehenswert ist die teilweise gut erhaltene Stadtmauer mit ihren Türmen und Toren. Die durch große Plätze aufgelockerte Altstadt wird von Kirchenbauten beherrscht: Die spätromanische Johanniskirche, das spätgotische Heilig-Kreuz-Münster – erbaut von einem Spross der berühmten Gmünder Steinmetzfamilie Parler, die auch am Prager Dom und am Ulmer Münster mitwirkten – sowie die Augustinus- und die Franziskanerkirche. In der Stadt findet man ein Museum für Natur- und Stadtkultur. Von der Tradition als »Gold- und Silberstadt« zeugt die als Museum eingerichtete Ott-Paussersche Silberwarenfabrik.

VII. VOM REMSTAL IN DIE OSTALB

BÖBINGEN

Von Schwäbisch Gmünd folgt man der Deutschen Limes-Straße (B29) Richtung Aalen und biegt in Unterböbingen nach Heubach ab. Das Römerkastell ist ausgeschildert.

Vom Böbinger Kastell sind die → Fundamente des südlichen Tores mit den Tortürmen, die südöstliche Ecke mit Turm und Teile der Ostmauer mit Turm sichtbar. Der Innenraum ist heutzutage zum großen Teil überbaut, die konservierten Teile sind in eine Grünanlage einbezogen.

Das Kohortenkastell liegt auf einem Bergvorsprung zwischen Rems und Klotzbach am östlichen Ende von Böbingen. Durch diese herausragende topografische Lage bestand von hier aus einst Sichtverbindung mit bis zu zwanzig Limestürmen. Auch das Kastell Böbingen wurde Ende des 19. Jahrhunderts im Auftrag der Reichs-Limeskommission systematisch untersucht. In den dreißiger Jahren fiel die gesamte Prätentura (vorderer Kastellbereich) einem Steinbruch zum Opfer. Anfang der siebziger Jahre entschloss man sich, den noch erhaltenen Lagerbereich auszugraben.

Die Garnison war 2 ha groß und von drei in den anstehenden Fels eingehauenen Spitzgräben umgeben. In die 1,2 m breite Umwehrung waren rechteckige Ecktürme integriert. Für die Ost- und Westseite konnte jeweils ein Zwischenturm nachgewiesen werden, ob weitere Zwischentürme vorhanden waren, wissen wir nicht. Alle vier Kastelltore ließen sich lokalisieren. Das linke Seitentor (Porta principalis sinistra) war unmittelbar auf dem anstehenden Fels errichtet. Von den Innenbauten ist nahezu das gesamte Stabsgebäude bekannt. Direkt neben dem Stabsgebäude stand ein Getreidespeicher (Horreum). Räumlichkeiten im östlichen Kastellbereich sind wohl am ehesten als Wohnhaus des Lagerkommandanten (Prätorium) anzusprechen.

Knapp 100 m östlich des Kastells wurden im Bereich des heutigen Sportplatzes umfangreiche Wohnbauten untersucht. Möglicherweise handelt es sich um eine Art antikes Rasthaus, eine so genannte Straßenstation (Mansio) südlich der römischen Straßenverbindung nach Aalen.

Nördlich des Kastells, auf einer Hochterrasse, befand sich das Badegebäude für die Soldaten und die Vicusbewohner. Ein recht kleines, rechteckiges Gebäude mit rechteckiger Apsis und Anbau nach Westen südöstlich der Militäranlage wird als Heiligtum oder Versammlungsraum für Kultgemeinschaften interpretiert. Zu den wichtigsten Fundstücken aus dem Bereich der Zivilsiedlung gehört eine Bronzestatuette des jugendlichen Mars, die bereits 1962 gefunden wurde. Gewissermaßen als Wahrzeichen ist dieses Kleinod auf einer Hinweistafel vor Ort abgebildet.

Oben: Die konservierte Umwehrung des Kastells Böbingen.

Links: Bronzestatuette des jugendlichen Mars aus dem Lagerdorf von Böbingen. Der in heroischer Nacktheit dargestellte Kriegsgott wird besonders durch den Helm charakterisiert.

TOURISMUS-TIPPS
Sehenswert ist die evangelische Pfarrkirche in Oberböbingen. Spätgotischer Chor mit Grabdenkmal des Hans Wolf von Woellwarth.

VII. VOM REMSTAL IN DIE OSTALB

AALEN

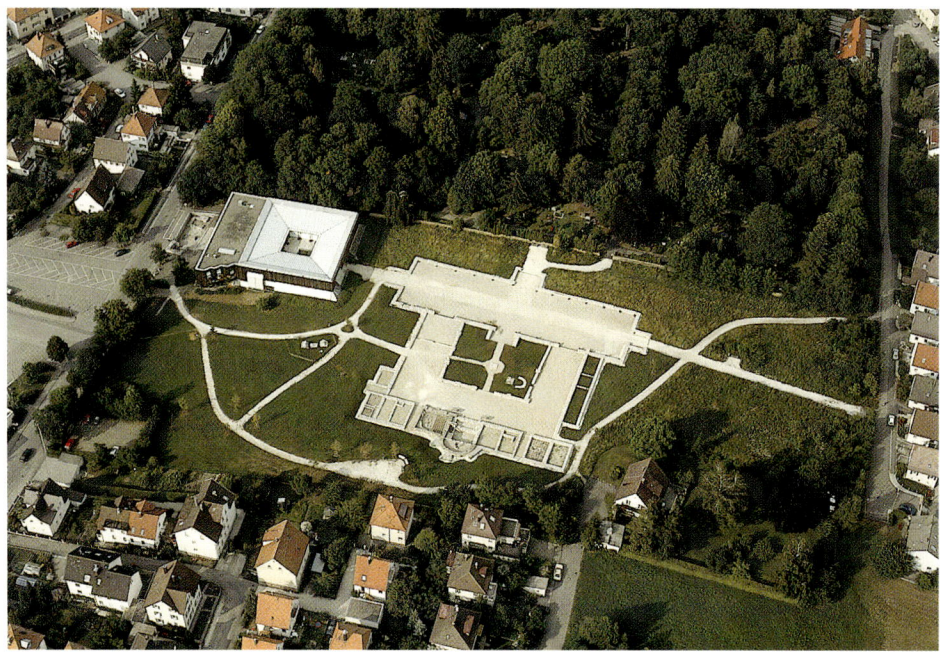

Luftbild mit dem konservierten Stabsgebäude des Kastells im Zentrum, links das Limesmuseum. Unmittelbar vor dem Eingang des Limesmuseums liegt das linke Seitentor des Kastells (Porta principalis sinistra).

Kleiner Bronzeadler, gefunden im Stabsgebäude des Kastells Aalen. Wahrscheinlich saß der Adler auf einem Feldzeichen.

Von Böbingen führt die Deutsche Limes-Straße weiter in östlicher Richtung nach Aalen. Dort ist am Ortseingang das Limesmuseum ausgeschildert, das sich im Bereich des einstigen Reiterkastells befindet.

Das Kastell liegt im westlichen Teil der modernen Stadt, im Gewann »Maueräcker«, auf einem nach Nordosten geneigten Hang. Es bietet einen hervorragenden Blick in die Täler von Aal, Kocher und Rems. Von hier aus konnten auch die wichtigsten Verkehrswege eingesehen werden, so die Straßen in nordsüdlicher Richtung vom Limes ins Reichsinnere und die westöstliche Verbindung entlang der Grenzlinie.

Das große Aalener Reiterkastell – es hatte eine Innenfläche von 6,07 ha – gehörte zu den wichtigsten Wehranlagen am gesamten obergermanisch-rätischen Limes. Der Grundriss des Stabsgebäudes (principia) ist nach umfangreichen Ausgrabungen der späten siebziger und der achtziger Jahre vollständig bekannt und im Gelände konserviert worden. Der Besucher erhält dadurch die einzigartige Möglichkeit, die monumentalen Ausmaße der einstigen Zentrale in der Aalener Militäranlage zu erfassen und nachzuvollziehen. Darüber hinaus informieren Hinweistafeln und Kunststeinabgüsse der wichtigsten vor Ort aufgefundenen Inschriften über Aalen in römischer Zeit und besonders das Stabsgebäude und seine Baugeschichte. Von einem erhöhten Standpunkt aus hat man einen hervorragenden Überblick über die gesamte Anlage und die Topografie des Kastellplatzes.

Es ist bekannt, dass in den Stabsgebäuden Statuen der jeweils regierenden römischen Kaiser aufgestellt waren. Im Aalener Stabsgebäude wurden zahlreiche Teile einer überlebensgroßen gepanzerten männlichen Statue gefunden, die ohne Zweifel zu einem solchen kaiserlichen Abbild gehörten. Deshalb entstand die Idee, auch diesen Aspekt anschaulich zu vermitteln durch eine Bronzestatue, die im Fahnenheiligtum aufgestellt wurde und mit der erhobenen rechten Hand den Besucher zu empfangen scheint (vgl. S. 15). Die Nachbildung eines römischen Baukrans, der auch funktionstüchtig ist, verdeutlicht, wie monumentale Gebäude einst errichtet worden sind.

DAS REITERKASTELL

Schon im 16. Jahrhundert sind in Aalen römische Funde geborgen worden. 1894 und 1895 schließlich führte die Reichs-Limeskommission unter H. Steimle und F. Hettner Ausgrabungen durch, die wesentliche Erkenntnisse für das Aalener Militärlager erbrachten. Im Zusammenhang mit dem Bau des ersten Limesmuseums wurden 1964 schließlich die Ausgrabungen im Kastellgelände wieder aufgenommen.

Fast im gesamten vorderen Lagerbereich (Prätentura) befindet sich heute der städtische Friedhof. Das rückwärtige Lager (Retentura) ist insbesondere in den dreißiger Jahren ohne systematische archäologische Ausgrabungen durch Baumaßnahmen zerstört worden. Im Jahr 1977 bestand die Gefahr, dass der bis dahin noch weit gehend unversehrte mittlere Kastellbereich (Latera praetorii) weiteren Bauvorhaben zum Opfer fällt. Daraufhin haben die Stadt Aalen und das Land Baden-Württemberg das betroffene, etwa 2 ha große Areal aufgekauft, um einerseits das Limesmuseum der Stadt Aalen erweitern zu können und andererseits das Stabsgebäude auszugraben und zu restaurieren, gewissermaßen als Bestandteil des Limesmuseums.

Das 277 m lange und 214 m breite Aalener Kastell hatte einen rechteckigen Grundriss mit abgerundeten Ecken. Die aus weißem Juragestein aufgeführte Kastellmauer besaß ein 1,7 m breites Fundament, das aufgehende Mauerwerk war immerhin noch 1,4 m breit. Zur Umwehrung gehörten vier gewaltige Tore mit jeweils zwei Durchfahrten und Tortürmen, zwölf Zwischentürme und vier Ecktürme. Die Reichs-Limeskommission konnte zwei Spitzgräben vor der Kastellmauer nachweisen. In dieser Hinsicht äußerst überraschend waren die Ergebnisse einer kleineren archäologischen Untersuchung im Jahr 1988 an der Südecke des Aalener Kastells. In einem langen Schnitt durch den Hang ließen sich vier Kastellgräben in relativ regelmäßigen Abständen zueinander feststellen. Bedingt durch die starke Geländeerosion waren bedauerlicherweise die einstigen Maße dieser Annäherungshindernisse nicht mehr zu ermitteln. Möglicherweise bestanden sie alle gleichzeitig, ob von Anfang an, lässt sich allerdings bislang noch nicht festlegen.

Das linke Seitentor (Porta principalis sinistra) ist nach Ausgrabungen der sechziger Jahre heute in seinen Grundmauern erhalten und vermittelt eine Vorstellung von der Monumentalität des einstigen Baus. Die beiden Tordurchfahrten hatten eine Breite von 3,5 bzw. 4,2 m. Der westliche Torturm ist knapp 5 m breit; die Maße des östlichen Turms waren nicht sicher zu ermitteln. Beide besaßen einen rückwärtigen, 1 m breiten Eingang.

Von dort führte die bis zu 8 m breite Lagerhauptstraße (Via principalis) Richtung Süden zum Stabsgebäude. Auf Grund des stark ansteigenden Geländes musste sie einen Höhenunterschied von mindestens 4 m überwinden. Um die Steigung möglichst gering zu halten, tiefte man sie in die alte Oberfläche ein. Dadurch entstand zu den angrenzenden Gebäuden eine Böschung von über 1 m Höhe. Der Straßenkörper zeichnete sich durch eine sorgfältige Kiesschüttung aus und einen sehr außergewöhnlichen hölzernen Unterbau. Quer zur Straße verlegte, ca. 0,3 m breite Bretter bildeten einen Rost, der höchstwahrscheinlich statische Gründe hatte, denn der anstehende Opalinuston dürfte besonders bei feuchten Witterungsverhältnissen einen eher weichen und instabilen Untergrund abgegeben haben.

Westlich der Via principalis konnte zwischen dem Stabsgebäude und der Lagerringstraße (Via sagularis) ein langrechteckiges Gebäude nachgewiesen werden. Es hat den Anschein, als ob die Räumlichkeiten dieses 54 m langen Baukörpers einen zentralen großen Innenhof umsäumt hätten. Dieser Grundriss und die Lage benachbart zum Stabsgebäude sprechen für eine Deutung als Magazinbau. Hiervon ist heute nichts mehr zu sehen.

Gleiches gilt für Teile hölzerner Mannschaftsbaracken, die östlich der Hauptstraße im vorderen Lagerbereich zum Vorschein kamen. Hier zeichneten sich mindestens zwei Bauphasen ab.

Für das Stabsgebäude sind mehrere Um- und Ausbauten charakteristisch, die sich besonders gut im Bereich der hölzernen Vorhalle fassen lassen. Zunächst standen dort Pfostenreihen, die möglicherweise zu einer kurzfristigen Überdachung der Via principalis gehörten. In der zweiten Holzbauphase gab es bereits eine monumentale Vorhalle, deren mächtige Eichenpfosten sich im anstehenden Opalinuston vorzüglich erhalten hatten. Diese Kanthölzer hatten eine Seitenlänge von 0,4 m und waren auf Eichenbohlen aufgestellt, um ein Absinken zu verhindern. Dieser Befund ist heute im Gelände durch moderne Eichenhölzer in der restaurierten Anlage kenntlich gemacht. Dendrochronologische Bestimmungen an den Originalhölzern – einige davon befinden sich heute im Limesmuseum – ergaben ein einheitliches Fälldatum von etwa 160 n. Chr.

Dies passt zu einer Bauinschrift des Kaisers Mark Aurel und seines Sohnes Lucius Verus, die 163/164 n. Chr. entstand. Vermutlich ist das Stabs-

Römische Reiter der Ala II Flavia während der Aalener Römertage.

Eiserner Helm mit Wangenklappen im Limesmuseum Aalen.

VII. VOM REMSTAL IN DIE OSTALB

In der Außenanlage des Limesmuseums steht ein rekonstruierter römischer Baukran, hier im Einsatz während der Aalener Römertage.

gebäude zu dieser Zeit vollendet worden. Weitere drei Bauinschriften, von denen sich zahlreiche Fragmente in der Querhalle fanden, gehören in die Regierungszeit des Kaisers Septimius Severus (193–211) und seiner beiden Söhne, Caracalla und Geta. Demzufolge waren im Jahr 208 n. Chr. umfangreiche Renovierungsarbeiten innerhalb des Stabsgebäudes nötig. Vielleicht ist Anfang des 3. Jahrhunderts auch die hölzerne Vorhalle durch einen Steinbau ersetzt worden. Mit einer Länge von 65 m und einer Breite von 21 m gehörte sie jedenfalls zu den eindrucksvollsten Bauten am obergermanisch-rätischen Limes. Westlich der Vorhalle folgt ein Innenhof mit einer Fläche von 22 × 24 m, der an drei Seiten von etwa 10 m tiefen, langrechteckigen Raumzeilen umsäumt ist. Zwischen Hof und rückwärtiger Raumzeile befindet sich eine Art Querhalle mit 8 m breitem Zugang.

TOURISMUS-TIPPS

Alle zwei Jahre finden im Freigelände um das Limesmuseum die Römertage statt. Mit Hilfe der experimentellen Archäologie werden unterschiedlichste Aspekte des römischen Lebens für Jung und Alt veranschaulicht, beispielsweise die Ernährung, Körperpflege und das breite Spektrum handwerklicher Tätigkeiten. Zu den Glanzpunkten gehören immer noch Vorführungen aus dem Bereich des römischen Militärs, wie etwa Reiterkämpfe. – Limesmuseum Aalen, St. Jophann-Straße 5, 73430 Aalen; Tel. (0 73 61) 96 18-19, Fax 96 19-93.
Die ehemals freie Reichsstadt Aalen liegt am Fuß der Schwäbischen Alb und hat eine schöne historische Innenstadt. Sehenswert ist das Urweltmuseum am Markt mit außergewöhnlichen Versteinerungen aus der Umgebung. Im benachbarten Wasseralfingen kann man in das Besucherbergwerk Tiefer Stollen einfahren.

Besonders die hinteren, zentralen Räume wurden bei der Ausgrabung noch verhältnismäßig gut erhalten angetroffen. Mittig lag das Fahnenheiligtum (Sacellum) mit 7,5 m Seitenlänge und knapp 5 m tiefer Halbrundapsis und vorgelagertem Treppenabgang. Das Sacellum war teilweise unterkellert. Der Keller (Aerarium), wo unter anderem die Truppenkasse aufbewahrt wurde, konnte offensichtlich nur über eine Leiter erreicht werden. In der Apsis stand nach Ausweis von Abdrücken im Kalkmörtelestrichboden eine Rundbank aus Stein. Zu einem späteren Zeitpunkt wurden außen drei massive Strebepfeiler aus Tuffstein angefügt.

Im Sacellum wurden die Truppenfeldzeichen aufbewahrt, Jupiter und andere wichtige Staatsgottheiten verehrt und dem Kaiser gehuldigt. In der Verfüllung des Kellers fanden sich Münzen sowie Gold- und Silberschmuck. Besondere Bedeutung kommt einem kleinen bronzenen Adler zu, der möglicherweise von einem Feldzeichen stammt.

Die Räumlichkeiten zu beiden Seiten des Lagerheiligtums werden vor allem administrativen Zwecken gedient haben und mit den heutigen Schreibstuben in den Kasernen vergleichbar sein. Interessant ist, dass einige von ihnen beheizbar waren. Besonders in diesem Bereich ließen sich verschiedene Um- und Anbaumaßnahmen feststellen.

In den außergewöhnlich schmalen Raumzeilen nördlich und südlich des Hofes waren wohl kaum, wie ansonsten üblich, Waffen und Waffenzubehör (Armamentaria) untergebracht; ihre Funktion ist bislang noch ungeklärt.

Ein 4 × 4 m großes Fundament im Innenhof mit anschließender Apsis wird mit einem großen Wasserbecken in Verbindung gebracht. In einer halbrunden Erweiterung mag eine Quellnymphe aufgestellt gewesen sein, ähnlich der aus Schwäbisch Gmünd, die im Limesmuseum zu sehen ist. In der östlichen Ecke des Innenhofes fand sich ein Brunnen mit ausgezeichnet erhaltener Holzverschalung, deren Bretter etwa in die Zeit um 180 n. Chr. datiert werden können.

Aus dem weiten Spektrum des Fundmaterials kommt besonders den epigraphischen Zeugnissen besondere Bedeutung zu. Insgesamt wurden 227 Steinfragmente mit Inschriftresten gefunden, die sich sechzehn Inschriften zuordnen lassen. Diese datieren in die Zeit von Mark Aurel bis zumindest Severus Alexander, also in den Zeitraum von 163/164 bis vermutlich 222 n. Chr. Die meisten von ihnen gehören zu den Bauinschriften und vermitteln wichtige Erkenntnisse über die Entstehungszeit des Stabsgebäudes sowie maßgebliche Umbaumaßnahmen. Die Steine aus dem Jahr 208 berichten, dass die Besatzung des

Aalener Kastells, die *Ala II Flavia*, mehrere Gebäude wiederherstellen ließ. Mindestens in zwei Fällen wird der Begriff »principia« verwendet. Hochinteressant ist die Bezeichnung »Capitolium«, womit zweifelsohne das Aalener Fahnenheiligtum gemeint ist. Diese Inschrift gehört zu den sensationellen Fundstücken der provinzialrömischen Forschung.

Die *Ala secunda Flavia milliaria* ist die einzige Reitereinheit dieser Größenordnung am obergermanisch-rätischen Limes. Gleiches gilt für die gewaltige Militäranlage. Ihrem Kommandanten (Praefectus alae) unterstanden die Besatzungen der Nachbarkastelle am rätischen Limes, wie Schirenhof, Böbingen, Rainau-Buch und Halheim. Vor Einrichtung des äußeren Limes stand diese Reitereinheit 20 km weiter südlich in Heidenheim. Mitten im heutigen Stadtgebiet liegt dort das fast ebenso umfangreiche Kastell, leider weit gehend modern überbaut. Die vorliegenden Erkenntnisse reichen allerdings aus, für die Heidenheimer Garnison sehr ähnliche Planungen und technische Ausführungen zu postulieren und erlauben gegenseitige Befundergänzungen.

Nach Vorverlegung der Ala nach Aalen entstanden u.a. gewaltige Bauwerke der öffentlichen Hand in Heidenheim, die eigentlich nur vor dem Hintergrund einer überörtlichen Bedeutung für die römische Siedlung denkbar sind. Höchstwahrscheinlich gehörte Heidenheim zu den zivilen Verwaltungszentren (Civitasvorort).

Vom Aalener Lagerdorf sind bedauerlicherweise kaum zusammenhängende Befunde bekannt geworden. Nordöstlich, östlich und südöstlich des Kastells ließen sich die Spuren römischer Zivilbauten erfassen. Nördlich der Militäranlage befanden sich das Kastellbad und ein größeres, wohl öffentliches Gebäude, das als Unterkunftshaus interpretiert wird.

DAS LIMESMUSEUM IN AALEN

Das Aalener → Limesmuseum wurde 1964 als Zweigmuseum des Württembergischen Landesmuseums Stuttgart gegründet. In die Jahre 1979 bis 1980 fiel eine grundlegende Erweiterung, parallel hat man bis 1986 das Stabsgebäude des Kastells ausgegraben

Mars mit Helm, Lanze und Schild aus dem Kastelldorf von Rainau-Buch im Limesmuseum.

und restauriert. 1999 wurde eine erneute Umgestaltung des Museums in Angriff genommen.

Auf dem weitläufigen Gelände rund um das Museum soll ein archäologischer Park entstehen. Seit 1998 steht dort der römische Baukran, als weitere Schritte sind ein Freiluftlapidarium und eine Neubeschriftung der archäologischen Befunde geplant.

Die Dauerausstellung des Limesmuseums wurde in Teilen neu konzipiert. Nicht so sehr die Funde, sondern der Limes als historisches Phänomen und die an seiner Entstehung und Überwachung beteiligten Soldaten sollen fortan im Mittelpunkt stehen. Die Ausstellung im Obergeschoss beschäftigt sich primär mit den militärischen Themen, während im Erdgeschoss das zivile Leben am Limes beleuchtet wird. Das Museum informiert über die ideologischen Grundlagen der Eroberung und Beherrschung des römischen Südwestdeutschland, den Ausbau des Limes und das Leben der Soldaten. Die »zivilen« Themen beschäftigen sich mit dem Leben in den Kastelldörfern, der Landwirtschaft und Truppenversorgung und nicht zuletzt mit dem Verhältnis zu den Germanen und der Zerstörung des Limes.

Ausrüstung der Aalener Auxiliarsoldaten: Wurflanzen, Feldzeichen und Signalhorn im Limesmuseum.

LITERATUR

G. Alföldy, Die Inschriften aus den Principia des Alenkastells in Aalen. Fundberichte aus Baden-Württemberg 14, 1989, 293 ff. – H. H. Hartmann, Terra Sigillata aus dem Stabsgebäude des Kastells Aalen. Fundberichte aus Baden-Württemberg 20, 1995, 667 ff. – M. Kemkes, Führer zum Limesmuseum Aalen (Stuttgart 2000). – M. Luik, Der Kastellvicus von Aalen. Fundberichte aus Baden-Württemberg 19/1, 1994, 265 ff. – D. Planck, Untersuchungen im Alenkastell Aalen, Ostalbkreis. Studien zu den Militärgrenzen Roms III. Forschungen und Berichte zur Vor- und Frühgeschichte in Baden-Württemberg 20 (Stuttgart 1986) 247 ff. – D. Planck, Aalen, Ostalbkreis. Archäologischer Plan des römischen Kastells (Stuttgart 1992).

VII. VOM REMSTAL IN DIE OSTALB

RAINAU-BUCH

Die Kastellmauer von Rainau-Buch mit einem angebauten Turm.

Das Kastellbad von Rainau-Buch während der Ausgrabung.

Rainau-Buch erreicht man über die Deutsche Limes-Straße (B 29) von Aalen in Richtung Ellwangen. Etwa 6 km nach Wasseralfingen ist eine Abzweigung zum Stausee Buch ausgeschildert.

Das Kohortenkastell Buch liegt in der Flur »Haldenäcker«, etwa 1,2 km von der rätischen Mauer entfernt. Noch heute lässt sich im Gelände seine beherrschende Position über der Jagstniederung und dem von Buch herkommenden Aalbachtal nachvollziehen. Der → Umriss des Kastells ist durch Heckenbepflanzung für den Besucher gut erkennbar. Die Hauptstraßenzüge sind durch gemähte Trassen nachvollziehbar und führen zur Lagermitte, wo ein gusseisernes Modell eine lebhafte Vorstellung davon vermittelt, wie das Kastell einst aussah. Das 1972 ausgegrabene Südtor und die sich nach Osten anschließende Kastellmauer mit Zwischenturm wurden im Gelände konserviert und sind sichtbar; später kam der Umriss des Stabsgebäudes hinzu (vgl. S. 12).

Bereits zu Beginn des 19. Jahrhunderts war die Fundstelle bekannt. Ein Fund von über 700 eisernen Geschossspitzen an der Nordostseite erbrachte schließlich den Beweis einer militärischen Garnison. Untersuchungen der Reichs-Limeskommission 1887 klärten Größe und in Teilen die Innenbebauung des Kastells, so das Stabsgebäude und ein benachbartes Horreum. Nachweislich war das Kastell nach Osten orientiert. Geophysikalische Untersuchungen der vergangenen Jahre ermöglichen eine Vielzahl baulicher Details innerhalb des Kastells zu erkennen, ohne dass man sie ausgraben müsste. Besonders ließen sich Anzahl und Grundrisse der hölzernen Mannschaftsbaracken abklären. Gleichermaßen konnten die Messungen neue Ergebnisse zur Lagerumwehrung erbringen. Wie auch bei anderen Kastellen in Rätien ließen sich für Rainau-Buch jetzt mindestens vier Spitzgräben nachweisen.

Aus dem Kastell stammen zum Teil sehr schöne Funde. Beispielsweise konnte man schon während der Untersuchungen der Reichs-Limeskommission und noch einmal in den frühen siebziger Jahren zahlreiche Bruchstücke von Gesichtshelmen bergen. Das sind Teile römischer Paraderüstungen, die bei Reiterspielen getragen wurden. Welche Truppe in dem 2,1 ha großen Bucher Kastell stand, ist nicht bekannt.

Etwa 100 m nordöstlich des Kohortenkastells, direkt oberhalb der einstigen Einmündung des Aalbaches in die Jagst, stand ein Badegebäude, das heute, im → Grundriss konserviert, zum archäologi-

---

LITERATUR

D. Planck, Das Freilichtmuseum am rätischen Limes. Faltblatt der Gesellschaft für Vor- und Frühgeschichte in Württemberg und Hohenzollern (Stuttgart 1993). – G. Seitz, Die Steingebäude des Kastellvicus von Rainau-Buch. Forschungen und Berichte zur Vor- und Frühgeschichte in Baden-Württemberg 57 (Stuttgart 1999).

schen Freilichtmuseum am rätischen Limes gehört. Dieses Kastellbad wurde bereits durch die Reichs-Limeskommission aufgedeckt und in den Jahren 1975 bis 1976 erneut untersucht. Es lassen sich zumindest drei Ausbauphasen unterscheiden, von denen die zweite – flächenmäßig die größte – heute restauriert ist (Länge 44 m, Breite 22 m). Charakteristisch ist eine ziemlich starke Hanglage, was auch eine unterschiedlich gute Befunderhaltung zur Folge hatte. Um 150 n. Chr. wurde das Badegebäude errichtet. Die erste Umbauphase fällt vermutlich schon in das späte 2. Jahrhundert und geht mit einer Neukonzeption der Südhälfte einher. Das Bad wurde von Süden über eine langrechteckige Vorhalle betreten. Von dort gelangte man über den Auskleideraum (Apodyterium) in das Kaltbad. Nördlich schlossen sich zwei Laubaderäume an, den Abschluss bildete das Warmbad (Caldarium) mit angebautem Heißwasserbecken. Befeuert wurde die ganze Anlage über den Heizraum am nördlichen Abschluss. Westlich des Kaltbaderaums folgte schließlich noch ein Schwitzraum (Sudatorium).

Wie auch bei anderen Kastellbädern im Limesgebiet zu beobachten, wurde das Bad im 3. Jahrhundert stark verkleinert.

Die Grundrisse zweier weiterer → Steingebäude sind südöstlich bzw. südlich des Badegebäudes im Gelände erhalten. Ein inhaltlicher Zusammenhang zwischen all den Gebäuden liegt auf der Hand. Das große Gebäude mit seiner eher repräsentativen Ausstattung und Grundrissgestaltung ist als Wohngebäude anzusprechen. Es wird vermutet, dass hier der Bucher Lagerkommandant wohnte. Dazu gehört noch ein weiteres Gebäude, das private Bad des Kommandanten. Es enthält ein recht großes Warmbad, einen Kaltbaderaum und einen weiteren Raum mit Kanalheizung.

Südlich und südöstlich des Kastellbades erstreckte sich das Kastelldorf von Buch. Im Bereich der Trasse der neuen B 290 fanden hier von 1976 bis 1979 großflächige archäologische Ausgrabungen statt. Demnach lagen an einer vom Südtor des Kastells zum Kastellbad verlaufenden Straße ausgedehnte Holzbauten mit Brunnen, Kellern und Gruben. Im Verlauf der Untersuchungen konnte überaus zahlreiches und oftmals qualitätvolles Fundmaterial geborgen werden. In drei Zisternen hatte man Wertgegenstände versteckt, um sie vor feindlichen (germanischen) Übergriffen Anfang des 3. Jahrhunderts in Sicherheit zu bringen. Neben Waffen und Statuetten ist vor allen Dingen eine Vielzahl römischer Bronzegefäße zu nennen, ein umfangreiches Ensemble, sowohl Küchen- als auch feinstes Tafelgeschirr. Einige der insgesamt fünfzehn Bronzegefäße scheinen aus kampanischen Werkstätten zu stammen und wären somit weit über 100 Jahre vor ihrer Deponierung hergestellt worden. Die Funde sind im Aalener Limesmuseum ausgestellt.

Bronzestatuette eines Amor, der eine vergoldete Schale trägt, gefunden in einem Brunnen des Lagerdorfs von Rainau-Buch.

Links: *Bronzener Helm eines Fußsoldaten mit Wangenklappen und Nackenschutz, gefunden in einem Brunnen des Lagerdorfs von Rainau-Buch.*

Ganz links: *Henkel einer Bronzekanne, verziert mit einem Pferdekopf, gefunden in einem Brunnen des Lagerdorfs von Rainau-Buch.*

WANDERUNG: DAS FREILICHTMUSEUM AM RÄTISCHEN LIMES IN RAINAU

Hölzerner Limeswachturm, in Originalgröße rekonstruiert im Wald »Mahdholz« bei Rainau-Schwabsberg. Im Vordergrund ein Stück der wieder aufgebauten rätischen Mauer.

Rundweg durch das Freilichtmuseum Rainau-Buch am rätischen Limes.

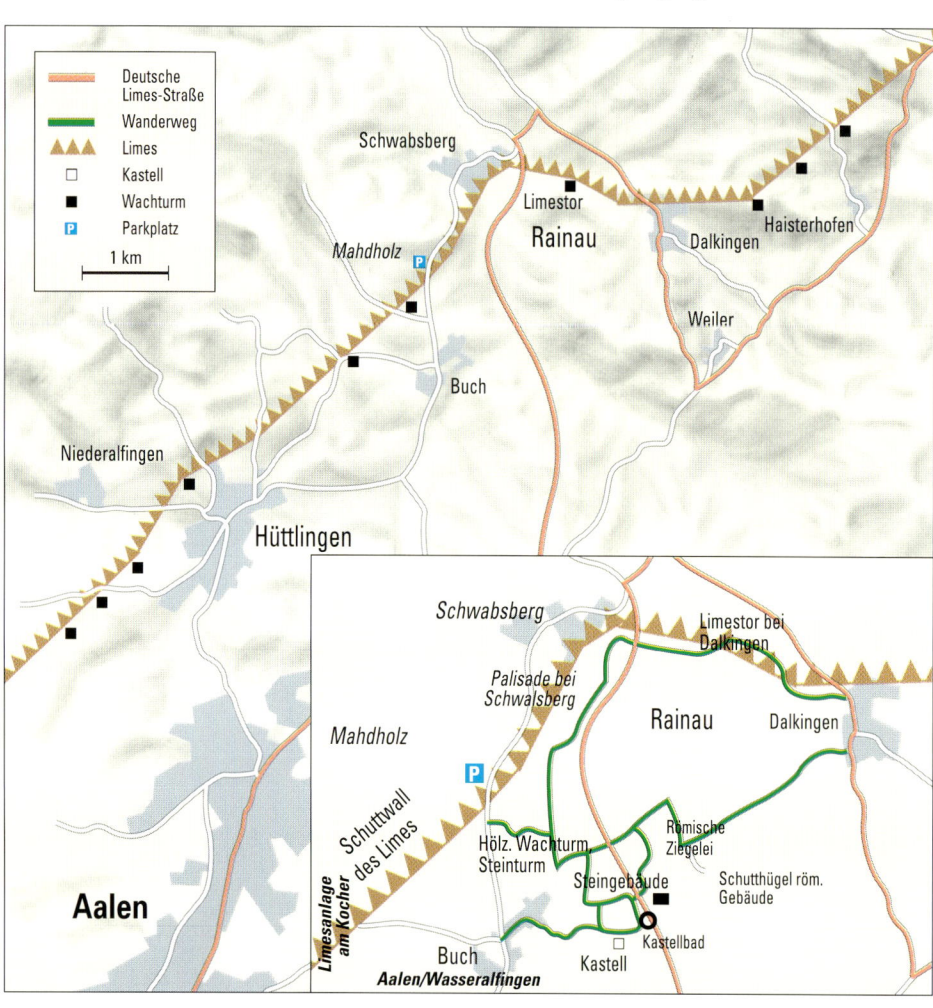

Nördlich von Aalen biegt man auf der Höhe von Oberalfingen links in Richtung Buch/Unterschwabsberg ab (L 1074). Knapp 1 km nördlich von Buch liegt am Rande des Waldes Mahdholz ein Parkplatz.

Das Freilichtmuseum am rätischen Limes wurde als Rundwanderweg angelegt, an dem der Besucher alle am rätischen Limes bekannten Befestigungsarten in Form konservierter Denkmäler antrifft. Das Freilichtmuseum bildet eine hervorragende »praktische« Ergänzung zum Aalener Limesmuseum. So, wie der Weg hier beschrieben wird, bildet das Kohortenkastell von Rainau-Buch den Endpunkt der Rundwanderung (s. Karte). Man kann das Kohortenkastell natürlich auch als Ausgangspunkt nehmen und den Weg in umgekehrter Richtung verfolgen.

Die erste Station befindet sich am Rande des Waldes »Mahdholz«. Direkt ins Auge fällt die → Rekonstruktion eines hölzernen Wachturmes. Zur Sicherung der rätischen Grenze wurden zunächst hölzerne Türme mitsamt einer Palisade aus Baumstämmen errichtet. Originale Holzreste einer solchen Palisade konnten dendrochronologisch untersucht werden, demnach waren die Bäume für diese Palisade bereits 139/140 n. Chr. gefällt worden. Wenn auch hölzerne Wachposten in römischer Zeit sicherlich nicht in Blockbauweise errichtet wurden, sondern eher als Ständerbau mit Bohlenwänden, vermittelt der Turm eine Vorstellung von der ältesten Befestigung am rätischen Limes. Nur wenig entfernt wurden im Jahre 1969 Teile der → rätischen Mauer mit einem quadratischen Wachturm freigelegt und konserviert. Zu diesem Turm gehörte noch eine ältere Vorgängeranlage. Fundament und Maueransatz demonstrieren die letzte Bauphase an der rätischen Grenze des römischen Imperiums. Die durchgängige rätische Mauer wurde frühestens um 200 n. Chr. errichtet. Man rekonstruiert für sie eine Höhe von etwa 3 m und geht davon aus, dass die zugehörigen Türme bis zu drei Geschosse hatten, sodass diese Befestigung nach außen hin sicherlich einen äußerst imposanten Eindruck machte. Die rätische Mauer war insgesamt über 160 km lang.

Die zweite Station des Wanderweges führt nach Nordosten zum südlichen Ortsausläufer von Schwabsberg. Die dort 1969 und 1976 aufgedeckten Teile der originalen Palisade bestanden aus gespaltenen Eichenstämmen mit einem Durchmesser zwischen 40 und 60 cm. Die Hölzer waren noch bis zu 1 m lang.

Die dritte Station des Rundwanderweges bildet das → Limestor bei Dalkingen, das in den Jahren 1973 und 1974 ausgegraben und anschließend konserviert wurde. Bislang ist es am gesamten obergermanisch-rätischen Limes vom Rhein bis zur Donau ohne Parallelen. Bis zur jüngsten prunkvollen Ausgestaltung hat dieses Limestor eine Menge Umbau-

VII. VOM REMSTAL IN DIE OSTALB

Links: Das Limestor bei Dalkingen. Am linken Rand setzt die rätische Mauer an. Die konservierte Anlage veranschaulicht den letzten prunkvollen Bauzustand in Gestalt eines monumentalen Tores.

maßnahmen erlebt, die vor Ort auf einer Hinweistafel bestens beschrieben sind. Zahlreiche wichtige Fundstücke wurden bei den Ausgrabungen im Bereich des Limestores entdeckt, insbesondere Teile eines überlebensgroßen, bronzenen Kaiserstandbildes.

Die vierte Station im Waldrain ist gekennzeichnet durch → Schutthügel römischer Gebäude, die möglicherweise zu einem römischen Gutshof (Villa rustica) gehören. Nur wenig westlich, im Bereich des heutigen Stausees, konnten vor dessen Bau Reste einer römischen Ziegelei untersucht werden. Es folgen auf dem Rundwanderweg die Stationen 6 bis 8, das Kastell, das Kastellbad und die damit zusammenhängenden Steingebäude, die bereits beschrieben worden sind (s. S. 106).

Wem nach einem weiteren Abstecher zu Mute ist, der kann sich noch nach Hüttlingen zur Limesanlage am Kocher begeben. Palisade und Mauer geben hier den Zustand der römischen Grenzsicherung zu Beginn des 3. nachchristlichen Jahrhunderts wieder. Die rätische Mauer bestand wohl bereits, im Bereich der Talniederung bevorzugte man allerdings aus bautechnischen Gründen weiterhin die altbewährte Palisadenkonstruktion. Zwischen dieser Station und der eingangs angeführten Station am Wald Mahdholz ist der Limesverlauf entlang des Wanderweges als Schuttwall zu erkennen.

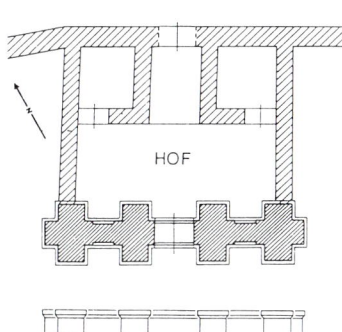

Oben: Grundriss und rekonstruierte Ansicht des Limestors bei Dalkingen (nach D. Planck/Kleiß).

Links: Teile einer überlebensgroßen bronzenen Kaiserstatue – Bruchstück des Brustpanzers mit der Maske des Jupiter Amon und der als Adlerkopf gestaltete Knauf des Schwerts. Die Statue war ursprünglich beim Limestor von Dalkingen aufgestellt, in dessen Schutt die Fragmente gefunden wurden.

VII. VOM REMSTAL IN DIE OSTALB

ELLWANGEN-PFAHLHEIM: KASTELL HALHEIM

Das Kleinkastell Halheim bei Ellwangen-Pfahlheim hat ca. 80 m Seitenlänge und gehört zu den kleinsten Militäranlagen am Limes.

Die Deutsche Limes-Straße führt von Pfahlheim Richtung Tannhausen/Mönchsroth. Kurz nach Pfahlheim muss man links in Richtung Halheim abbiegen, von Halheim folgt man der Straße Richtung Gerau. Nach etwa 1 km biegt man auf einen Feldweg nach Norden ab und folgt den Hinweissteinen zum Kastell.

Schon seit Beginn des 19. Jahrhunderts sind von Flur »Buschelacker« römische Fundstücke bekannt. Etwa 1 km nordöstlich der modernen Ortschaft Halheim führte 1894 die Reichs-Limeskommission eine Ausgrabung durch. Mit knapp 0,7 ha Fläche und einer Seitenlänge von 80 bis 82,5 m gehört die Befestigung zu den kleinsten Anlagen am rätischen und obergermanischen Limes.

Das Kastell liegt südlich des Sonnenbaches auf einer kleinen Erhebung, fast unmittelbar neben der rätischen Mauer. Der → Umriss dieser kleinen, schmucken Anlage wird durch eine Buschhecke verdeutlicht, die auf dem Schutt der Umwehrungsmauer wächst. Die bis zu 1,2 m breite Umwehrung wurde im Norden und Süden durch ein Tor mit seitlichen Türmen unterbrochen. An den Ecken und in der Mitte der Ost- und Westseite stand je ein rechteckiger Turm. Ein einfacher Spitzgraben konnte nachgewiesen werden. Wie die Innenbebauung des Numeruskastells aussah, war für die Reichs-Limeskommission seinerzeit nicht feststellbar. Einige Mauerzüge südlich des Kastells werden mit der Zivilsiedlung in Verbindung gebracht. Der hier stationierte Numerus hatte den benachbarten Limesabschnitt zu überwachen, der nur wenig nordöstlich einen deutlichen Knick beschreibt. Die Datierung des Kastells ist noch unklar. Höchstwahrscheinlich bestand es bis zur Mitte des 3. Jahrhunderts n. Chr. und wurde mit dem Ende des Limes aufgegeben.

Nordwestlich des Kastells, schon auf der Gemarkung Stödtlen, trifft man auf einen ausgeschilderten Limeswanderweg.

TOURISMUS-TIPPS

Ellwangen, die einstige Residenz der Fürstpröpste, wurde 764 als Benediktinerkloster gegründet. Sehenswert sind die Wallfahrtskirche Schönenberg, das Schloss mit einem Museum, der Marktplatz mit der Basilika, die Jesuitenkirche und die Stiftsherrenhäuser.

VIII. VON DER OSTALB ZUM FRÄNKISCHEN SEENLAND

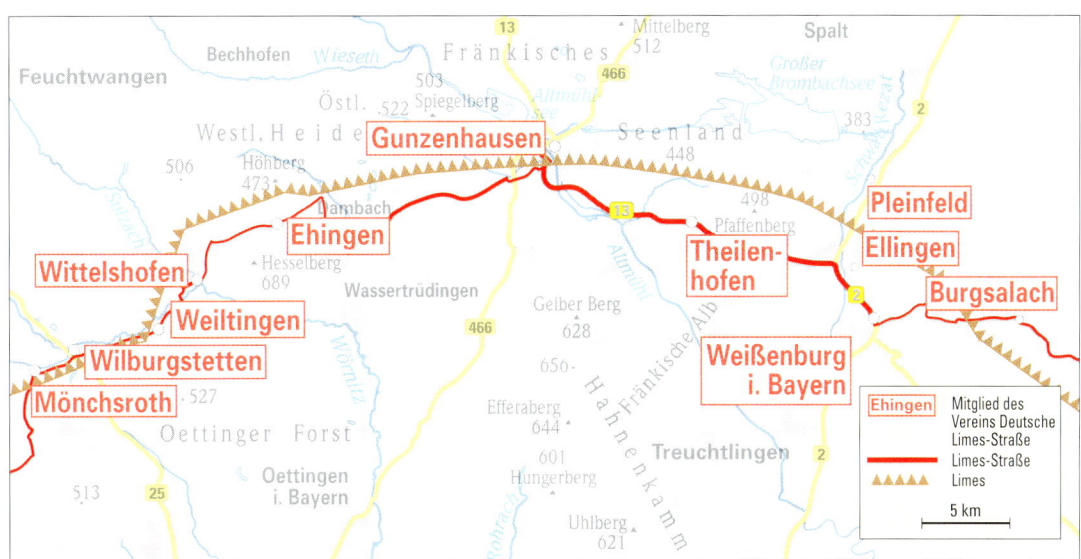

MÖNCHSROTH UND WILBURGSTETTEN

Die Deutsche Limes-Straße erreicht Bayern etwa 1 km nördlich des Dorfes Eck am Berg. An dieser Stelle quert auch der Limes die Fahrbahn. Hier an der Landesgrenze zwischen den ehemaligen Königreichen Württemberg und Bayern endet der zwölfte Streckenabschnitt des obergermanisch-rätischen Limes, und die Limesstrecke dreizehn nach der Zählung der Reichs-Limeskommission beginnt. In der Antike hatte diese eher unauffällige Stelle selbstverständlich keine Bedeutung. Zu beiden Seiten der Straße sind im Wald → Spuren des Mauerverlaufs sichtbar, östlich als flacher Hügel auch die Stelle des Turms WP 13/1.

Die ab dem Numeruskastell Halheim schnurgerade nach Nordosten verlaufende rätische Limesmauer zielt genau auf eine kleine Erhebung im mittleren Teil des 20 km von Halheim entfernten Hesselberges (S. 114).

Die direkte Anfahrt nach Wilburgstetten erfolgt am schnellsten über die Autobahn Würzburg-Ulm, Ausfahrt Dinkelsbühl-Fichtenau. Der Ort liegt etwa 7 km südöstlich von Dinkelsbühl an der B 25.

Mönchsroth ist 2 km von der B 25 entfernt, südwestlich von Wilburgstetten.

DER LIMESTURM BEI MÖNCHSROTH

Der heutige Ort Mönchsroth liegt bereits außerhalb der ehemaligen römischen Provinz. Die antike Grenze verlief etwa 1 km südlich des Dorfes am Waldrand. Hier befindet sich die → Teilrekonstruktion eines Steinturmes mit Hinweistafel. Der Zugang ist von der Landstraße nach Wilburgstetten aus beschildert.

Die 1986 fertig gestellte Anlage besteht aus dem etwa 5 m hoch aufgemauerten, begehbaren Turmstumpf mit seitlich anschließenden Mauernansätzen. Als Baumaterial wurde örtlicher Sandstein verwendet, der aus abgebrochenen Häusern der Umgebung stammt. Deshalb kommen die heutigen Mauern dem ursprünglichen römischen Aussehen sehr nahe. Aus konservatorischen Gründen wählte man für die Rekonstruktion eine Lage etwas abseits des weiter westlich im Wald vermuteten WP 13/2. Die Abmessungen richten sich allerdings nach archäologischen Befunden benachbarter Limestürme.

Südlich der Straße Mönchsroth-Wittenbach befinden sich im Wald »Unteres Espan« die spärlichen → Reste eines weiteren Holz- und Steinturmes (WP 13/3).

Oben: Der Limesturm südlich von Mönchsroth wurde mit dem Steinmaterial aus abgebrochenen Bauernhäusern wieder aufgebaut.

Rechts: Mittlerweile selbst ein Denkmal – die Hadrianssäule an der Kreuzung des Limes mit der heutigen Bundesstraße, errichtet unter dem Bayerischen König Max II. im Jahr 1861.

Das 2 km weiter östlich im landschaftlich reizvollen Wörnitztal gelegene Wilburgstetten hat keine sichtbaren römischen Reste aufzuweisen. An dem gesamten Streckenabschnitt südlich der Wörnitz ist der Limesverlauf heute nur noch vereinzelt im Schutz des Waldes auszumachen.

DIE HADRIANSSÄULE VON KÖNIG MAX II.

Wenige hundert Meter südlich des Ortes steht ein interessanter → Limesgedenkstein aus dem vergangenen Jahrhundert. Man erreicht ihn, indem man die ausgeschilderte Route kurz in Richtung Süden auf der B 25 verlässt. Der Steinpfeiler findet sich neben der Bundesstraße am Waldrand rechts neben einem kleinen Wirtschaftsweg. Der Limesverlauf selbst ist hier nicht mehr sichtbar. König Max II. von Bayern ließ solche Hinweissteine im Jahr 1861 an zahlreichen Stellen entlang der rätischen Mauer mit Hilfe örtlicher Geschichtsvereine errichten. Diese »Hadrianssäulen« oder »Maxsteine« weisen auf die »Landmarkung zwischen dem einstigen Reiche der Römer und der Germanen. Anfang am so genannten Haderfleck zwischen Hienheim und Weltenburg, westliche Hauptrichtung durch Bayern und Würt[t]emberg bis zu Rems und Lorch, sodann nordwestlich an den Main und Rhein«. Als Erbauer des »Pfahlrains, Limes Danubianus oder Vallum ... später Teufelsmauer« nennen sie die römischen Kaiser Hadrian und Probus. Allerdings regierte Marcus Aurelius Probus (nicht zu verwechseln mit dem gleichnamigen Philosoph auf dem Kaiserthron, der 161–180 herrschte) erst in den Jahren 276–282, als der rätische Limes schon nicht mehr bestand.

Spuren der rätischen Mauer zeigen sich wieder östlich der Straße von Wolfsbühl nach Wilburgstetten als → flacher, knapp 500 m langer Schuttwall. Von einem Parkplatz nördlich der Landstraße sind sie auf einem schmalen Waldweg zu erreichen. Hier liegen auch die Turmstellen WP 13/7 und WP 13/8 als leichte Erhebungen an einer schmalen Waldschneise. Auf den Feldern weiter östlich, bereits auf dem Gebiet der Gemeinde Weiltingen, sind geringe Reste einer spätkeltischen Viereckschanze erhalten.

> ### TOURISMUS-TIPPS
> Am östlichen Ortsausgang von Mönchsroth weist die Friedhofskirche St. Peter und Paul aus dem 15. Jahrhundert auf ein ehemaliges Benediktinerkloster hin. Sehenswert in Wilburgstetten ist die Heilig-Kreuz-Kapelle auf einem ehemaligen Burghügel sowie die neuromanische katholische Pfarrkirche. – Dinkelsbühl, eine der schönsten Städte an der Romantischen Straße, liegt nur wenige Kilometer nordwestlich.

VIII. VON DER OSTALB ZUM FRÄNKISCHEN SEENLAND

WEILTINGEN-RUFFENHOFEN

In dem offenen Gelände westlich von Markt Weiltingen fällt der von großen Birken gesäumte, heutige Straßenverlauf für einige hundert Meter mit der rätischen Mauer zusammen. Gleich darauf ändert der Limes wieder seine Richtung und greift über die Wörnitz etwa 6 km weit nach Norden aus. Er umschließt so großräumig die landschaftsbeherrschende Höhe des Hesselbergs.

DAS KASTELL VON RUFFENHOFEN

Etwa 3 km östlich von Weiltingen befindet sich beim Ortsteil Ruffenhofen auf dem »Bürgfeld«, einer leichten Anhöhe über dem Wörnitztal, eines der am wenigsten erforschten Truppenlager am rätischen Limes. Sein antiker Name ist nicht bekannt. Das 800 m südöstlich von Ruffenhofen gelegene Kastell erreicht man am besten über die Landstraße nach Aufkirchen. Vor der Abzweigung nach Wittelshofen geht ein Feldweg nach rechts, vorbei an einem kleinen Weiher.

Dem heutigen Besucher fällt es schwer, sich inmitten der kahlen Agrarlandschaft in die römische Vergangenheit des Platzes zurückzuversetzen. Von dem überdurchschnittlich großen Steinkastell mit einer Innenfläche von 3,7 ha ist heute nichts mehr sichtbar. Vor Ort informieren lediglich eine → Hinweistafel und die kleine Ausstellung mit römischen Funden im Heimatmuseum von Weiltingen.

DIE ERGEBNISSE DER AUSGRABUNGEN

Die über hundert Jahre zurückliegenden Untersuchungen der Reichs-Limeskommission und neuerdings die Auswertung von Luftbildern informieren nur in groben Zügen über diesen wichtigen Kastellplatz. So weist das nahezu quadratische Lager Seitenlängen von 190 × 197 m auf und ist damit noch um einiges größer als das Reiterkastell in Weißenburg. Seine 1,25 m breite Umfassungsmauer besaß an der Innenseite einen angeschütteten Erdwall und wurde von mindestens vier vorgelagerten Wehrgräben gesichert. Die Innenbebauung des Lagers ist weit gehend unbekannt.

Das Kastell bei Ruffenhofen gehörte zu den größten römischen Truppenlagern in Bayern. Heute ist von dem unmittelbar vor dem Hesselberg gelegenen Kastell nichts mehr sichtbar.

ZUR LAGE UND FUNKTION

Interessanterweise orientiert sich die Vorderfront des Kastells nach Nordosten, zum Hesselberg hin. Der Grund hierfür dürfte allerdings nicht der bessere Blick auf den breiten Bergrücken gewesen sein. Vielmehr verlief vor den Kastelltoren eine römische Fernstraße, die entlang der Wörnitz nach Süden durch das Nördlinger Ries in Richtung Donauwörth führte, die Donau überquerte und auf die Provinzhauptstadt Augusta Vindelicum (Augsburg) zielte. Mit den Flusstälern der Wörnitz und der Sulzach überwachte die Kastellbesatzung von Ruffenhofen damit eine der Hauptrouten in das Provinzgebiet.

Die Größe der Anlage legt nahe, dass hier eine tausend Mann starke Truppe stationiert war. Vielleicht war es die *Cohors IX Batavorum equitata milliaria exploratorum*, eine teilweise berittene Einheit von Kundschaftern, die ursprünglich vom Niederrhein stammte und kurze Zeit auch in Weißenburg stand. Das Lager in Ruffenhofen war wohl bis zum Ende des Limes belegt.

Südöstlich des Kastells wurden im Jahr 1893 mächtige Mauerzüge und die Reste von Fußbodenheizungen ausgebrochen. Vermutlich befand sich hier ein großes Kastellbad. Archäologische Zeugnisse einer ausgedehnten Zivilsiedlung verbergen sich noch heute in den im Norden, Osten und Süden angrenzenden Feldern. Mit Baumaterial aus dem römischen Kastell errichtete man im 14. Jahrhundert angeblich die trutzige Kirche St. Nikolaus in Ruffenhofen.

> ### TOURISMUS-TIPPS
> Im weit gehend historischen Ortskern der ehemaligen herzoglich-württembergischen Residenz Weiltingen stehen die evangelische Pfarrkirche St. Peter mit wertvoller Innenausstattung (spätgotische Malerei, Scheufelinaltar) aus dem 15. Jahrhundert sowie ein bäuerliches Heimatmuseum in der ehemaligen Zehntscheune (Funde aus dem Kastell Ruffenhofen); zahlreiche Gasthöfe laden zum Verweilen ein.

WITTELSHOFEN

Die mit 689 m höchste Erhebung Frankens, der Hesselberg, trägt auf seinem ausladenden Rücken ausgedehnte vorgeschichtliche Ringwallanlagen.

Rechts: *Bereits wenige Jahre nach seiner Restaurierung zeigt sich der Steinturm bei Grüb (WP 13/25) wieder als romantisch zugewachsene Ruine.*

Wittelshofen erreicht man über die Landstraße von Dinkelsbühl nach Wassertrüdingen, 12 km nach dem Stadtzentrum von Wassertrüdingen.

Der Ort liegt an der Trasse der römischen Straße vom Kastell Ruffenhofen nach Dambach. Die zum Limes gehörende Grenzstraße ist ab hier über Gunzenhausen und Weißenburg bis an die Donau bei Eining nachzuweisen. Ihr antiker Verlauf entspricht mit wenigen Ausnahmen der heutigen Deutschen Limes-Straße.

Bei dem vom Hesselberg nach Osten führenden Abschnitt des rätischen Limes handelt es sich um den ältesten Teil der Provinzgrenze. Das weite Ausgreifen der Grenzlinie nach Norden bezieht einen großen Teil der Fränkischen Alb in das ehemalige römische Reichsgebiet ein. Ebenso wie in Obergermanien nördlich des Mains bestand der Limes hier über 150 Jahre lang. Die meisten der dazugehörigen Kastellplätze wurden daher bereits unter Kaiser Trajan (98–117) oder einem seiner Vorgänger angelegt.

DER HESSELBERG

Unmittelbar westlich des Ortes erhebt sich in eindrucksvoller Insellage der Hesselberg. Mit seiner absoluten Höhe von 689 m ü.NN ist er der höchste Berg Frankens. Geologisch bildet sein 6 km langer Rücken den Abschluss des Nördlinger Rieses nach Norden. Das in fünf einzelne Gipfel zerfallende Plateau erhebt sich 260 m über die Talniederung der Wörnitz. Bei guter Sicht reicht der Blick weit über die Schwäbische und Fränkische Alb und den dazwischenliegenden Rieskrater. Diese beherrschende Lage hat zu allen Epochen Siedler angelockt. Insbesondere in der späten Bronzezeit war der Berg offenbar ein wichtiges überregionales Zentrum. Aus dieser Epoche stammen die meisten der heute noch sichtbaren → Ringwallanlagen auf den Hochflächen. Wenige römische Funde belegen möglicherweise die Existenz einer kleinen römischen Signalstation. Von den Berggipfeln sind die drei Kastellplätze Ruffenhofen, Dambach und Gunzenhausen sowie weite Streckenabschnitte der rätischen Grenzmauer zu überblicken.

In der näheren Umgebung des Hesselberges haben sich → Reste der römischen Grenzsperren lediglich bei Wittelshofen im Bereich des deutlich ausgeprägten Limesknicks nördlich der Wörnitz erhalten. Um sie zu erreichen, verlässt man die Limes-Straße zwischen Wittelshofen und Ehingen nach links und fährt durch Grüb in Richtung Ammelbruch. Am Waldrand befindet sich ein kleiner Parkplatz mit einem Gedenkstein an die »Flurbereinigung Grüb-Dühren 1969–83« und einer Hinweistafel zu den Römern am Hesselberg.

Folgt man von hier dem schlichten Waldweg nach rechts, so zeigt sich nach ca. 150 m linker Hand vor einer Schonung das bei der Flurbereinigung wieder aufgerichtete → Fundament eines römischen Steinturms. Bereits wieder im Zerfall begriffen, bietet die überwachsene Ruine einen romantischen Anblick. Zurück auf der Limes-Straße hat man gute Sicht auf den mächtigen Rücken des Hesselberges.

TOURISMUS-TIPPS
Wittelshofen ist Ausgangspunkt eines geologischen Lehr- und Wanderpfades in das Landschaftsschutzgebiet Hesselberg und gut geeignet für Ausflüge rund um den Hesselberg. Im Rahmen einer etwa zweistündigen Wanderung ist es möglich, die ausgeschilderten Ringwallanlagen auf der Anhöhe des Hesselberges zu besichtigen.

EHINGEN-DAMBACH

Der nächste Ort an der Deutschen Limes-Straße ist das 6 km entfernte Ehingen. Nördlich schließt sich ein teilweise bewaldetes Heidegebiet mit zahlreichen Naturweihern an, das verschiedene archäologische Denkmäler birgt. Im Wald haben sich neben den → Resten der Limesmauer und den Schutthügeln der Steintürme auch zahlreiche vorgeschichtliche Grabhügel erhalten.

DAS KASTELL IM SUMPF

Das römische Grenzkastell liegt 1 km nordöstlich des Ortsteils Dambach bei der ehemaligen Hammerschmiede. Wie schon beim Nachbarkastell Ruffenhofen ist von dem hochinteressanten Platz nur wenig bekannt. Auch seinen antiken Namen kennen wir nicht. Außer den Grabungen der Reichs-Limeskommission fanden hier lediglich Notbergungen statt, die ebenso wie die Masse der Zufalls- und Lesefunde aus dem Vicus noch nicht veröffentlicht sind.

In sumpfiger Tallage beim heutigen Kreutweiher bestand zunächst in trajanischer Zeit (98–117) ein kleines Holz-Erde-Lager von knapp 1 ha Fläche. Das Kastell war nach Norden zum Limes hin ausgerichtet. Der Verlauf der einstigen Wehrmauer fällt in etwa mit dem Straßenzug am Südrand des Kreutweihers zusammen. Vermutlich wurde das Lager für den Numerus errichtet, der zuvor in dem nur 5 km entfernten Unterschwaningen stand. Diese Vorverlegung der kleineren Kastelle bis unmittelbar an die Grenzlinie lässt sich auch in Gunzenhausen, Ellingen und Böhming beobachten.

Der noch heute sehr feuchte Untergrund an der Hammerschmiede verursachte bereits in römischer Zeit erhebliche Probleme. So mussten die Kastell- und Wohnbauten mit aufwendigen Holzkonstruktionen fundamentiert werden. Dennoch behielt man den ungünstigen Standort bei und erweiterte im späten 2. Jahrhundert die Kastellumwehrung sogar auf 2,2 ha. Dabei nutzte man die beiden Kastellmauern im Norden und Süden weiter und vergrößerte das Lagerareal lediglich an den beiden anderen Seiten. Mit einer Ausdehnung von 187 × 115 m zeigt das Kastell von Dambach so eine merkwürdig gestreckte Form. Seine parallel zur Grenzlinie verlaufende Längsseite sicherten insgesamt sechs Türme. Das Lager war nicht mehr zum nur 100 m entfernten Limes hin orientiert, sondern blickte nach Osten. Vermutlich war in Dambach nun die *Cohors II Aquitanorum equitata* stationiert, die zuvor in Regensburg-Kumpfmühl (S. 153) gestanden hatte.

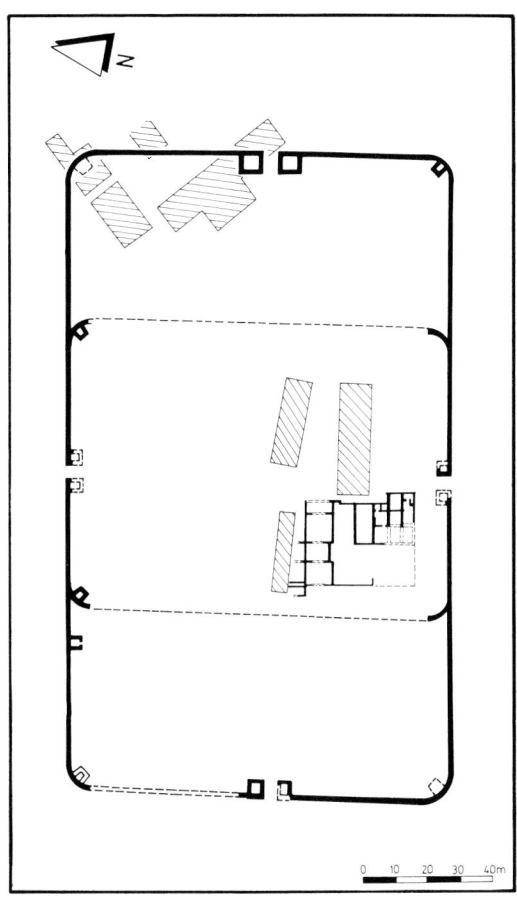

Kastell Dambach besitzt den vielleicht ungewöhnlichsten Grundriss eines Limeskastells. Seine lang gestreckte Form geht auf eine nachträgliche Vergrößerung der Lagerfläche zurück (nach G. Ulbert/Th. Fischer).

Um das Kastell herum erstreckte sich eine ausgedehnte zivile Ansiedlung, von der das Badegebäude sowie mehrere Brandgräberfelder bekannt sind. Das Ende der römischen Ansiedlung kam offenbar mit einer ausgedehnten Feuerkatastrophe nach der Mitte des 3. Jahrhunderts. Funde aus dem Kastell und der Zivilsiedlung zeigt das Markgrafen-Museum im 25 km entfernten Ansbach.

Trotz zahlreicher Eingriffe in den Denkmalbestand bildet das Areal um die Dambacher Hammerschmiede auf Grund der besonderen Bodenbedingungen ein wichtiges archäologisches Reservat. Im feuchten Untergrund haben sich bis heute organische Reste wie Leder, Holz und Pflanzenteile erhalten, die bei einer wissenschaftlichen Untersuchung wertvolle Erkenntnisse liefern können. Obertägig ist von dem Kastell heute ebenso wie von der Zivilsiedlung nichts mehr sichtbar. Allerdings befindet sich im Wald 250 m östlich des Kastells eine sehr gut erhaltene ovale Schanze unbekannter Zeitstellung. Ihr 1,5 m hoher Erdwall besitzt im Süden sowie an den Schmalseiten Zugänge. Der Zeitpunkt ihrer Erbauung ist ungewiss, die Form lässt jedoch Rückschlüsse zu. So

Die Rekonstruktion der rätischen Mauer – hier am Ostufer des Dennenloher Sees – macht deutlich, dass der Limes selbst keine echte Wehranlage war, sondern eher eine unübersehbare Demarkationslinie.

denkt man bei der 40 × 35 m messenden Anlage unwillkürlich an ein kleines Amphitheater, in dem Gladiatorenkämpfe oder Paradeübungen der hier stationierten Reitersoldaten stattgefunden haben könnten. Gerade an den bayerischen Kastellplätzen wurden wiederholt prunkvolle Rüstungsteile entdeckt, die von solchen Übungen zeugen.

Entlang des anschließenden Streckenabschnitts ist der → Limesverlauf als schmaler Damm bzw. als Baumreihe noch gut auszumachen. Ein 2 km langer Wanderweg führt durch den Wald nach Osten bis an den Dennenloher Stausee. Mit dem Auto verlässt man die Deutsche Limes-Straße in Oberschwaningen ein Stück weit nach Norden. An dem östlichen Ufer des Sees ist ein Stück der rätischen → Limesmauer wieder aufgebaut und mit einer Hinweistafel ausgeschildert worden. Anhand von archäologischen Untersuchungen und den vor Ort erhaltenen Fundamenten ließ sich der etwa 1,2 m starke Mauerzug knapp 3 m hoch rekonstruieren. Mit einiger Fantasie kann man sich hier die rätische Mauer auf ihrer gesamten Länge von 172 km vorstellen. Deutlich wird auch, dass die nicht sehr hohe und ohne einen Wehrgang angelegte Grenzmauer eher eine unübersehbare Demarkationslinie als eine Wehranlage darstellte.

Etwa 1 km südlich der Route entlang der Deutschen Limes-Straße liegt das Numeruskastell von Unterschwaningen auf einer kleinen Erhebung am Zusammenfluss des Mühlbachs mit dem Arrabach. Über das 0,7 ha große Kastell, dessen Überreste für das bloße Auge unsichtbar in den Ackerflächen liegen, informiert vor Ort eine → Hinweistafel.

VIII. VON DER OSTALB ZUM FRÄNKISCHEN SEENLAND

GUNZENHAUSEN

Über die Autobahn Heilbronn-Nürnberg, Ausfahrt Ansbach erreicht man auf der B 13 in Richtung Süden nach etwa 20 km Gunzenhausen. Die Stadt liegt am Kreuzungspunkt der B 466 mit der B 13.

Mit dem Übergang über die Altmühl in Gunzenhausen erreicht die rätische Grenze ihren nördlichsten Punkt. Von hier aus zieht sie weiter nach Südosten durch das Juragebiet zur Donau. Der Flusslauf bildete für die Reichs-Limeskommission die Schnittstelle zwischen dem dreizehnten und dem vierzehnten Streckenabschnitt des ORL. Etwa 50 m nördlich der heutigen Brücke überquert der Limes den Fluss.

In den ehemaligen Wiesen unmittelbar westlich der Altmühl ließen sich bei archäologischen Untersuchungen in den Jahren 1895 bis 1898 interessante Erkenntnisse zur Baugeschichte des werätischen Limesabschnitts gewinnen. Der hohe Grundwasserpegel hatte zur Folge, dass sich römische Holzeinbauten erhielten, mit deren Hilfe die zeitliche Aufeinanderfolge von Palisade, Flechtwerkzaun und Steinmauer bestätigt werden konnte. Gleichzeitig lag hier, nahe der römischen Furt, einer der seltenen Fälle vor, in denen ein Wehrturm noch nachträglich an die Grenzmauer angebaut wurde.

Die bronzene Merkurstatuette mag von einem kleinen Heiligtum für den römischen Gott der Händler und Diebe an dem einstigen Limesübergang von Gundelshalm stammen.

DAS KASTELL VON GUNZENHAUSEN

Gut 300 m südlich der Stelle, an dem die rätische Mauer das Altmühltal quert, befand sich in der Limeszeit ein etwa 0,7 ha großes Steinkastell. Das in hochwasserfreier Lage auf dem rechten Flussufer errichtete Truppenlager diente zur Sicherung einer Furt und eines hier vermuteten Limesdurchgangs. Heute liegt es in dem deutlich erhöhten Südteil der Altstadt von Gunzenhausen. Wegen der dichten Überbauung ist es nur in Ansätzen erforscht.

Im Zuge einer Verstärkung der Grenzbefestigungen um die Mitte des 2. Jahrhunderts wurde das Kastell von Gunzenhausen zusätzlich zwischen die schon bestehenden Truppenlager bei Theilenhofen und Gnotzheim eingeschoben.

Eine namentlich nicht bekannte Einheit von vielleicht 200 bis 300 Soldaten überwachte hier den römischen Verkehrsweg entlang des Altmühltales. Noch im Mittelalter war der Flussübergang bei Gunzenhausen ein wichtiger Etappenpunkt entlang der Fernverbindungswege Würzburg-Eichstätt und Nürnberg-Nördlingen. Eine starke Brandschicht im Kastellbereich in 2 m Tiefe sowie ein Schatzfund mit 339 Silbermünzen deuten darauf hin, dass das Kastell bei den Germanenstürmen in der Mitte des 3. Jahrhunderts ein gewaltsames Ende fand.

Obertägig ist von der Anlage nichts erhalten. Die heutige Stadtkirche, Rest eines abgegangenen Benediktinerklosters, markiert in etwa seine Lage. An der Kirche befindet sich eine → Hinweistafel.

Das neu eröffnete Museum für Vor- und Frühgeschichte in Gunzenhausen zeigt auf drei Etagen Exponate von der Steinzeit bis ins frühe Mittelalter. Römische Funde stammen vom Limes, aus dem Kastell und verschiedenen Siedlungen der näheren Umgebung, wie Theilenhofen, Gnotzheim, Munningen. Ein schönes Stück ist die kleine Bronzestatuette des Merkurs von einem Limeswachtturm bei Gundelshalm.

Reste der → rätischen Mauer finden sich auf dem Vorderen Schlossbuck, dem beherrschenden Höhenzug unmittelbar östlich der Stadt. Die nicht eigens ausgeschilderte Anfahrt erfolgt am besten bis zum Parkplatz des Freibades; von hier aus geht man zu Fuß entlang des Sportpfades.

Das Fundament des römischen Wachpostens auf dem »Vorderen Schlossbuck« weist eine für Limestürme ungewöhnliche Zweiteilung auf.

Steinblöcken einer alamannischen Ringmauer und aus Steinen der Römermauer«. Unmittelbar östlich davon liegen die → Fundamente des 4,7 × 6,3 m großen WP 14/4, dessen Grundriss eine ungewöhnliche Zweiteilung zeigt. Im Abstand von 165 m folgt der später an die Limesmauer angesetzte WP 14/5. Für eine direkte Sichtverbindung untereinander müssen beide Türme in römischer Zeit eine Mindesthöhe von 5 m besessen haben.

Eine Schautafel erläutert die Geschichte des Schlossbucks seit der späten Bronzezeit. Entlang des Höhenrückens nach Osten verläuft ab hier ein wenig gepflegter Wanderweg, der dem Verlauf der Limesmauer folgt. Unter seiner Trasse zeichnen sich verschiedentlich Reste vom Schutt der Limesmauer ab. Nach ca. 500 m befindet sich auf dem Hinteren Schlossbuck ein Kleinkastell, nur wenig hinter dem Limes. Die heute völlig zugewachsene Stelle ist schwer zu finden und lediglich durch einen → schwachen Wall und den Gedenkstein »Castrum Romanum« kenntlich. Besser auszumachen sind der → Hügel eines Holzturms und das Steinfundament von WP 14/6 ein Stück weiter am Wanderweg.

Der 485 m hohe Bergrücken war bereits in der späten Bronzezeit (1200–800 v. Chr.) und in frühkeltischer Zeit (800–500 v. Chr.) mit einem Ringwall befestigt. Die sichtbaren Reste stammen großenteils von einer mauerumwehrten Fliehburg aus dem frühen Mittelalter. Auf der nur über einen steilen Fußweg erreichbaren Höhe steht heute als Orientierungshilfe der »Bismarckturm«. Eine Tafel an diesem kleinen Obelisk zu Ehren des Reichskanzlers verkündet voller Stolz die Erbauung im Jahr 1901 »aus

Westlich von Gunzenhausen hat sich auf der bewaldeten Höhe südlich von Unterhambach der Schutthügel von WP 13/45 etwa 10 m hinter dem Limesverlauf erhalten.

An der Kirche von Gnotzheim, 6 km südlich der Limesroute an der B 466, sind → Steininschriften aus dem dortigen 2,2 ha großen Limeskastell Mediana eingemauert. Interessant ist vor allem die Bauinschrift aus dem Jahr 144 n. Chr. mit Nennung der *Cohors III Thracorum*, einer teilberittenen Einheit, die im Gebiet des heutigen Bulgarien rekrutiert wurde. Gnotzheim lag an der römischen Passstraße vom Nördlinger Ries an den Limes bei Gunzenhausen auf einem kleinen Sporn oberhalb zweier Bachläufe. Von dem Kastell, dessen Überreste sich in den Feldern zu beiden Seiten eines kleinen Wirtschaftswegs befinden, ist heute nichts mehr zu sehen.

> **TOURISMUS-TIPPS**
>
> Die weithin sichtbare barockisierte Burg aus dem Spätmittelalter in Gnotzheim-Spielberg ist eines der Wahrzeichen des Landkreises Weißenburg-Gunzenhausen. Wenig östlich von Spielberg liegt die Gelbe Burg (»Gelbe Bürg«), ein 628 m hoher landschaftsbeherrschender Bergsporn mit umlaufendem Ringwall, von dem wichtige Funde aus der Vorgeschichte und der Völkerwanderungszeit stammen.
> Gunzenhausen am 560 ha großen, künstlich angelegten Altmühlsee war eine der vier Hauptstädte des ehemaligen Fürstentums Ansbach. Neben markgräflichen Barockbauten hat die Stadt in den Resten der Stadtbefestigung aus dem 13. Jahrhundert auch viel von ihrem mittelalterlichen Gesicht bewahrt. Die evangelische Pfarrkirche und die 1353 geweihte Spitalkirche mit dem Hochgrab des Kirchenstifters lohnen ebenso einen Besuch wie das Volkskundemuseum und das Markgräfliche Jagdschlösschen, heute Haus des Gastes, das wegen seiner Fayencefliesen mit Falkenjagdmotiven aus dem 18. Jahrhundert bekannt ist. – Heimatmuseum, Museum für Vor- und Frühgeschichte, Brunnenstraße 1, 91710 Gunzenhausen; Tel. (0 98 31) 5 08 67.

VIII. VON DER OSTALB ZUM FRÄNKISCHEN SEENLAND

THEILENHOFEN

Zwischen Gunzenhausen und Ellingen liegt der kleine Ort Theilenhofen direkt an der Deutschen Limes-Straße (B 13). Links der Abzweigung nach Pfofeld, etwa 750 m nordwestlich des Ortskerns, befinden sich die Überreste der römischen Niederlassung. Der Weg zum rekonstruierten Kastellbad ist gekennzeichnet.

Die Tabula Peutingeriana (spätantikes Kartenwerk) überliefert den Namen der römischen Station: Iciniacum. Das antike Theilenhofen lag auf einem Hochplateau, von dem aus der in 2,5 km Entfernung vorbeiführende Limes überwacht werden konnte und das einen vorzüglichen Fernblick gewährt.

DAS KASTELL

Oben: Die Mauern des vollständig ausgegrabenen Kastellbads von Theilenhofen sind in ihrer jüngsten Bauphase konserviert. Das ursprüngliche Gebäude war wesentlich ausgedehnter und wurde wohl erst im Laufe von antiken Sparmaßnahmen verkleinert.

gewöhnlich ist der Grundriss des rückwärtigen Kastelltores im Süden, der Porta decumana. Ihre einspurige Tordurchfahrt weist einen halbkreisförmig nach innen eingezogenen Vorhof auf, der an den Eingang zum Kleinkastell bei Burgsalach erinnert (S. 129).

Das 40 × 38 m große Stabsgebäude besitzt, wie dies bei mehreren rätischen Kastellen zu beobachten ist, eine ausgedehnte Vorhalle über der Via principalis. Neben dem Stabsgebäude ist lediglich der Grundriss eines Speicherbaus bekannt. Über die Verteilung und das Aussehen der Mannschaftsbaracken liegen keine Aufschlüsse vor.

Iciniacum war Standort der *Cohors III Bracaraugustanorum*, einer 500 Mann starken Einheit aus dem heutigen Spanien, die auf Ziegelstempeln, in

Die Kenntnis eines Kastells in der Flur »Weil« (von lateinisch »villa«) ging vermutlich auch in nachrömischer Zeit nie ganz verloren. Noch im 17. Jahrhundert waren mehrere Fuß hohe Mauerreste sichtbar. Ende des vergangenen Jahrhunderts wurden weite Bereiche des mit 196 × 140 m etwa 2,7 ha großen Lagerareals durch die Reichs-Limeskommission untersucht. Heute ist obertägig allerdings nichts mehr erkennbar.

Wohl unter Kaiser Trajan um 100 n. Chr. errichtete das römische Militär zunächst ein Holzkastell, das vermutlich noch vor der Mitte des 2. Jahrhunderts in Stein ausgebaut wurde. Es war nach Norden, zum Limes hin, orientiert. Die 1,5 m starke Wehrmauer schützten vier Eck- und acht Tortürme in Verbindung mit zwei vorgelagerten Spitzgräben. Außer-

Ganz links: Im Jahr 1974 kam dieser Bronzehelm eines römischen Reiters bei einem Wettpflügen in der Kastellsiedlung von Theilenhofen ans Tageslicht. Seine aufwendige Verzierung und das vergleichsweise dünne Material sprechen eher für eine Nutzung bei Paraden oder sportlichen Reiterspielen als im Gefecht.

Links: Die Infanteristen der Limeszeit schützten sich mit einfachen Eisenhelmen wie diesem ebenfalls in Theilenhofen aufgefundenen Exemplar.

> **TOURISMUS-TIPPS**
>
> Östlich von Gunzenhausen ist zwischen WP 14/14 und WP 14/19 der schmale Damm der Limesmauer sichtbar, zusätzlich wird der Grenzverlauf an der Straße gekennzeichnet. In der Ortschaft Rittern, 2,5 km nordöstlich von Theilenhofen auf dem »Ritterner Espan«, sind die Fundamente der rätischen Mauer und des WP 14/17 rekonstruiert.
>
> Für einen kurzen Abstecher bietet sich im benachbarten Pfofeld die romanische Michaelskirche aus dem 12. Jahrhundert mit ihren spätgotischen Fresken an. Altmühlabwärts unterhalb der Ortschaft Windsfeld ist auf dem rechten Flussufer ein frühkeltisches Grabhügelfeld erhalten. Auf dem Weg nach Ellingen passiert die Deutsche Limes-Straße in Stopfenheim mit der heutigen Pfarrkirche ein Bauwerk aus der Zeit des Deutschen Ordens, dessen spätbarocke Fassade bereits interessante frühklassizistische Elemente zeigt.
>
> Tourist-Information Das Neue Fränkische Seenland, Hafnermarkt 13, 91710 Gunzenhausen; Tel. (0 98 31) 41 91, Fax 8 04 50.

Besitzerinschriften und auf einem kleinen Fortunaaltar aus dem Badegebäude erwähnt wird. Mit Sicherheit handelte es sich um eine teilberittene Cohors equitata.

Die Nordostecke des Lagers wird seit der Flurbereinigung durch eine moderne Gedenksäule an der Landstraße nach Pfofeld markiert, die übrigen drei Ecken des Lagers sind durch Baumgruppen gekennzeichnet. Die heutigen Feldwege folgen dem Verlauf der Wehrmauern, sodass sich die Ausdehnung des Kastells gut im Gelände ablesen lässt.

Unmittelbar westlich ist seit 1976 durch Luftaufnahmen ein weiteres Holz-Erde-Kastell bekannt, das entweder ein Baulager darstellt oder auf die kurzfristige Anwesenheit einer zweiten Militäreinheit in Theilenhofen weist. Mit einer Ausdehnung von ca. 155 × 130 m (1,9 ha) ist es etwas kleiner als das Steinkastell.

BAD UND ZIVILSIEDLUNG

Der Kastellvicus, von dem kaum etwas bekannt ist, erstreckte sich unter den heutigen Feldern im Süden und reichte bis an den Ortsrand von Theilenhofen. Zu erwähnen ist der Fund eines prachtvollen bronzenen Reiterhelms sowie eines eisernen Infanteriehelms, die 1974 bei einem Wettpflügen im Bereich des Kastellvicus zu Tage kamen. Beide sind heute in der Prähistorischen Staatssammlung in München bzw. als Kopien im Römermuseum Weißenburg zu sehen.

Etwa 250 m westlich des Steinkastells liegt das Kastellbad in dem Tälchen neben einem modern angelegten Weiher. Seine vergleichsweise große Entfernung zum Truppenlager ergibt sich vermutlich auf Grund der lokalen Wasserverhältnisse. Vor Ort informieren Hinweistafeln.

Erste Untersuchungen fanden hier bereits 1820 statt, aber erst in den Jahren 1968 bis 1970 wurde das Badegebäude bei der Flurbereinigung wieder entdeckt und vollständig ausgegraben. Der Grundriss seiner jüngeren Bauphase ist konserviert und heute als → Freiluftmuseum zu besichtigen. In der 16,5 × 28,5 m großen, kompakten Anlage vom so genannten Reihentypus sind insgesamt sieben Baderäume bekannt. Der Eingang befand sich auf der dem Steinkastell zugewandten Seite im Osten, die Abfolge der einzelnen Badeanwendungen erfolgte dann in einer »Reihe« von Norden nach Süden. Wie in den Bädern in Pfünz und Weißenburg verwendete man auch in Theilenhofen Marmorplatten aus Solnhofen für den Bodenbelag. Sie sind ausgebaut und werden heute im Museum auf dem Maxberg südlich von Solnhofen aufbewahrt. Zum Inventar des Auskleideraums (Apodyterium) gehörte ein Weihestein für die *Fortuna balnearis*. Wie so häufig am Limes, ist die Göttin hier in ihrer speziellen Funktion als Beschützerin der Badenden und ihrer Gesundheit angesprochen. Um die Mitte des 3. Jahrhunderts wurde das Bad vermutlich zusammen mit dem Kastell und dem Vicus zerstört.

PLEINFELD

Etwa 5 km nördlich von Ellingen in Richtung Nürnberg liegt Pleinfeld an der Einmündung der B 13 in die B 2. Im südlichen Teil der Gemarkung ist es möglich, den Verlauf des rätischen Limes auf mehreren Kilometern Länge zu erwandern. So zeigt sich ein Rest der Grenzmauer als schwacher Damm nahe dem Ortsteil Dorsbrunn. Direkt an dem modernen Weg von Thannhausen nach Dorsbrunn befindet sich der heute teilweise → rekonstruierte WP 14/20, ein ursprünglich 5,3 × 6,4 m großer Steinturm. Über den Höhenrücken östlich des Ortes zieht sich der schwach sichtbare Limesverlauf bis in das Tal der Schwäbischen Rezat. Entlang der teilweise schwer begehbaren Strecke im Wald sind die Schutthügel verschiedener Turmstellen erhalten geblieben. Große Bereiche der Teufelsmauer wurden allerdings zu Beginn des 19. Jahrhunderts zerstört, als man das Steinmaterial für den Straßenbau abtransportierte. Anstatt eines Limesturms bei WP 14/26, wie man eigentlich erwarten würde, ist bei Gündersbach ein Kleinkastell nachgewiesen, dessen niedriger Wall noch zwischen den Bäumen auszumachen ist.

> **TOURISMUS-TIPPS**
>
> Pleinfeld hat einen Mauerring aus der Mitte des 16. Jahrhunderts, der von einfachen Torbauten unterbrochen wird. Im Ort stehen das ehemalige Schloss aus dem 17. und 18. Jahrhundert und die katholische Pfarrkirche St. Nikolaus mit einem spätgotischen Pfarrhof. Im Nordwesten schließen der Große und der Kleine Brombachsee an, die beiden Hauptspeicherbecken des »Neuen Fränkischen Seenlandes«, die nach ihrer vollständigen Flutung eine Fläche von 9 Quadratkilometern bedecken werden.

ELLINGEN

Der nach Nordwesten in Richtung des Limes weisende rekonstruierte Eckturm des römischen Kastells »am Sand« bei Ellingen.

Der antike Platz liegt etwas östlich, an der Straße nach Höttingen. Der Verlauf der Straße entspricht in etwa dem antiken Weg entlang des Limes von Theilenhofen nach Pfünz. Vom Stadtkern aus ist der Weg mit »Römerkastell Sablonetum« gut ausgeschildert.

Ellingen, Sablonetum, darf als eines der interessantesten Kastelle am rätischen Limes bezeichnet werden. Die bereits 1895 von der Reichs-Limeskommission entdeckte Anlage ist das einzige Numeruskastell, von dem wir die gesamte Innenbebauung kennen. Anlässlich der Flurbereinigung untersuchte das Bayerische Landesamt für Denkmalpflege in den Jahren 1980 bis 1982 nahezu das gesamte Lagerareal.

DAS KASTELL

In vorgeschobener Position zu dem großen Reiterkastell in Weißenburg wurde das 90 × 80 m (0,72 ha) große Lager bereits während der ersten Regierungsjahre Kaiser Hadrians gegründet. Die Anlage steht demnach in direktem Zusammenhang mit dem Limesausbau in der Zeit um 115/125 n. Chr. Zunächst befand sich hier ein reines Holzkastell, dessen einfache Bohlenumwehrung ein innerer Erdwall abstützte. Die zu dieser Bauphase gehörende Innenbebauung ist nur unvollständig bekannt. Lediglich aus den Eckbereichen des Lagers sind Mannschaftsbaracken belegt.

Später errichtete man eine nur 1,2 m breit fundamentierte Steinmauer, hinter der auch weiterhin eine stabilisierende Erdböschung aufgeschüttet war. Vorgelagert war ein 5–6 m breiter und 2 m tiefer Wehrgraben. Das Kastell liegt rund 1,8 km hinter dem Limes. Auf dem östlich anschließenden Höhenrücken sind die Fundamente von Steingebäuden bekannt, die von der zugehörigen Zivilsiedlung stammen dürften.

Die Nordmauer des Ellinger Kastells mit angeschütteter Erdrampe, rechts im Bild ein Teil der Lagerstraße entlang der Umwehrung, die Via sagularis.

VIII. VON DER OSTALB ZUM FRÄNKISCHEN SEENLAND

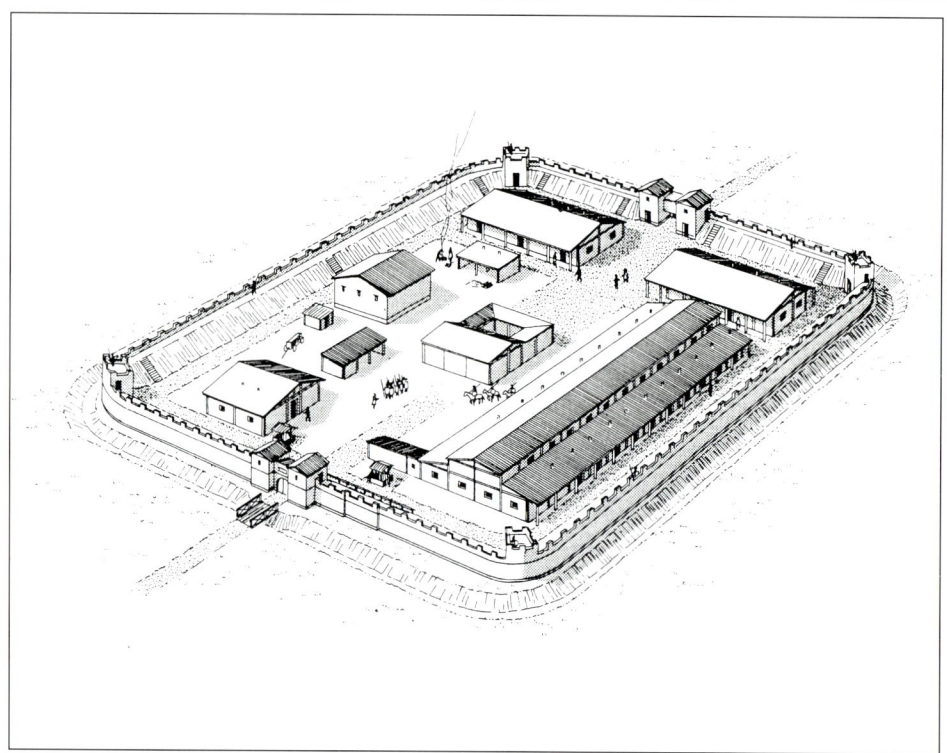

Die Rekonstruktion des Ellinger Lagers zeigt eine für die Limeszeit ungewöhnliche Innenbebauung. Das kleine Stabsgebäude im Zentrum spricht ebenso wie die einzelne, übergroße Mannschaftsbaracke für eine Kastellbesatzung, die vom gängigen Truppenschema abwich.

DIE BAUINSCHRIFT

Bei den Ausgrabungen wurden im Jahr 1980 über achtzig größere und zahllose kleine Bruchstücke einer Steininschrift entdeckt, die 1,5 m breit und 80 cm hoch war. Der Text der monumentalen Tafel lässt sich vollständig wiederherstellen. Es handelt sich um eine Renovierungsinschrift, die einst über der südlichen Tordurchfahrt angebracht war. In ihr wird der Steinausbau des Kastell in das Jahr 182 n. Chr. datiert, also in die Regierungszeit das Kaisers Commodus (180–192). Ab dieser Zeit nahm eine einzelne, 51 m lange und 17 m breite Doppelbaracke nahezu den halben Innenraum ein. Sie besaß insgesamt 24 Schlafräume (Contubernia). Zusammen mit zwei weiteren Unterkünften bot das Lager ausreichend Platz für rund 250 Soldaten. Die Inschrift ist aus mehreren Gründen bemerkenswert: Sie nennt den antiken Namen des Platzes Sablonetum (lateinisch etwa »am Sand«). Noch heute tragen die Orte Ellingen, Weißenburg und Roth diesen Beinamen. Bemerkenswert ist auch, dass gleichzeitig Baumaßnahmen am Kastell in Böhming durchgeführt wurden (S. 137). Insbesondere fällt jedoch die Erwähnung der in Ellingen tätigen Truppe in dem Inschriftentext auf. Demnach führten den Umbau *Pedites singulares* aus, die infanteristische Garde des Statthalters. Diese Soldaten waren einzeln – daher der Name – aus den verschiedenen Militärverbänden der Provinz Rätien ausgewählt worden. Ursprünglich nahmen sie spezielle Wach- und wohl auch Repräsentationsaufgaben in der Provinzhauptstadt wahr. Die freigelegten Gebäudegrundrisse in Ellingen machen es nun wahrscheinlich, dass die Garde nach dem Umbau des Lagers hier stationiert blieb. So deutet die einzelne, übergroße Mannschaftsbaracke ebenso auf eine besondere Truppe wie das ohne die üblichen Büroräume angelegte Stabsgebäude. Vermutlich wird die Garde für den Statthalter Quintus Spicius Cerialis in Augsburg entbehrlich geworden sein, nachdem Ende der siebziger Jahre des 2. Jahrhunderts Soldaten der neu aufgestellten Legion *(legio III Italica)* in Regensburg deren Aufgaben übernommen hatten.

Das Numeruskastell Sablonetum blieb bis in die erste Hälfte des 3. Jahrhunderts besetzt. Danach wurde der Ort offenbar planmäßig geräumt. Funde der Ausgrabungen befinden sich heute in einer kleinen Vitrine im Römermuseum von Weißenburg. Die Präsentation vor Ort versucht den Zustand einer verfallenden Ruine wiederzugeben. So wurden → die Fundamente der nördlichen Wehrmauer rekonstruiert, ebenso sind die Lagerstraße (Via sagularis) und die Gräben im Gelände angedeutet. Bei den Sandsteinen des sichtbaren Mauerwerks handelt es sich um wieder verwendetes Material aus abgebrochenen Bauernhäusern der Umgebung. Da die Steine der römischen Ruine jahrhundertelang als billiges Baumaterial fortgeschafft worden waren, könnte so der eine oder andere Mauerstein wieder an seinen Ursprung zurückgekehrt sein.

Der Blick von dem samt der Erdrampe knapp 4 m hoch aufgebauten Nordwestturm erlaubt es, die ehemalige Ausdehnung der im Westen und Süden durch Hecken gekennzeichneten Mauerzüge zu übersehen. Direkt am Parkplatz stehen eine erläuternde Hinweistafel und ein Steinabguss der Bauinschrift.

TOURISMUS-TIPPS

Ellingen war 400 Jahre lang Residenzstadt des Deutschen Ordens. Von dieser Zeit legt sein einheitliches barockes Stadtbild großartig Zeugnis ab. Das im Westen der Stadt gelegene Schloss besitzt eine weit gehend erhaltene Innenausstattung (z. B. Goldrubin-Vasen der Glashütte Theresiental). Ein Barockrundweg führt zu den städtebaulichen Besonderheiten, u. a. die Rezatbrücke mit ihren acht Steinfiguren, das Rokoko-Rathaus, das Pleinfelder Tor aus dem 17. Jahrhundert und die Pfarrkirche St. Georg.

LITERATUR

W. Zanier, Das römische Kastell Ellingen. Limesforschungen Bd. 23 (Mainz 1992).

VIII. VON DER OSTALB ZUM FRÄNKISCHEN SEENLAND

WEISSENBURG

Die Große Kreisstadt Weißenburg befindet sich am westlichen Rand der stark zergliederten Fränkischen Alb. Hier öffnet sich die Landschaft zwischen Altmühl und Schwäbischer Rezat nach Norden. Gerade das weite Flusstal der Rezat bildete in seiner Verlängerung über die Flusssysteme von Rednitz, Regnitz und Pegnitz seit der Vorgeschichte einen wichtigen Fernverbindungsweg. So erforderte diese natürliche Einfallspforte von und nach Germanien auch während der Limeszeit besondere Aufmerksamkeit durch das römische Militär. Zwischen Ruffenhofen im Westen und Weißenburg im Osten findet man eine deutliche Massierung von Grenztruppen. Die in Weißenburg stationierte Garnison kontrollierte zudem eine Furt über die Rezat.

Heute erreicht man Weißenburg von Norden am besten über Ansbach bzw. Roth, von Westen über Aalen und Nördlingen und von Süden entweder über die A 8, Abfahrt Augsburg-West/Donauwörth, oder die A 9, Abfahrt Ingolstadt-Nord/Eichstätt. Die römischen Denkmäler befinden sich am westlichen Rand der Altstadt und sind aus jeder Richtung mit Wegweisern »Castrum« und »Röm. Thermen« gut ausgeschildert.

LAGE UND NAME DES RÖMISCHEN ORTES

Die antike Ansiedlung Biriciana lag auf einer flach gewölbten Anhöhe in der Flur »Steinleinsfurth«, etwa 6 km südlich des Limeszuges. Der römische Name des Ortes erschließt sich aus seiner Erwähnung in der Tabula Peutingeriana als »Statio Biricianis«. Weißenburg – Birciana – wird dort als Etappe an der römischen Limesstraße von Theilenhofen (Iciniacum) nach Pfünz (Vetoniana) erwähnt. Hier endete der von Augsburg (Augusta Vindelicum), der Provinzhauptstadt Rätiens, heranführende Straßenzug.

Der keltisch beeinflusste Name der Ansiedlung, aber auch verschiedene andere archäologische Hinweise sprechen für eine spätkeltische Siedlung (etwa 1. Jahrhundert v. Chr.) in oder nahe bei Weißenburg. Ab etwa 90 n. Chr. war Biriciana Standort der *Ala I Hispanorum Auriana*, einer 500 Mann starken Reitereinheit (Ala quingenaria), die ursprünglich in Spanien aufgestellt worden war. Außer auf gestempelten Militärziegeln wird diese Truppe auch in einem Militärdiplom und auf dem Weihealtar eines »optio equitum« genannt. Die Ränge der *Ala I Hispanorum* waren jedoch bei ihrer Stationierung in Weißenburg bereits durch Neurekrutierungen aus anderen Reichsteilen aufgefüllt. So weist die 1867/68 in Weißenburg beim Bau des Bahnhofs gefundene bronzene Entlassungsurkunde (Militärdiplom) des Reiters Mogetissa vom 30. Juni 107 n. Chr. den Soldaten ebenso wie seine Ehefrau als Kelten aus.

Das 3,1 ha große Kastell befindet sich auf einem nach Norden zur Rezat abfallenden Höhenrücken im so genannten »Kesselfeld«, dessen Name auf das lateini-

Mit seinem leuchtend weißen Kalkverputz war ein römisches Steinkastell in der Limeszeit weithin sichtbar. Ein kleiner – im Foto nicht sichtbarer – Ausschnitt des rekonstruierten Nordtors aus Weißenburg gibt eine Vorstellung von dem ursprünglichen Erscheinungsbild der antiken Wehrmauern.

Das Weißenburger Kastell liegt inmitten der Stadt innerhalb einer weitläufigen Grünanlage.

sche »castellum« zurückgeht. Mit Seitenlängen von knapp 175 × 180 m ist die fast quadratische Anlage nach Ruffenhofen und Pförring das größte Kastell am mittelrätischen Limesabschnitt. Vermutlich befehligte der Weißenburger Kastellkommandant auch die benachbarten, kleineren Kastellplätze in Ellingen und Theilenhofen. Nach der 1000 Mann starken Reitereinheit in Aalen war die Ala Hispanorum aus Weißenburg die schlagkräftigste Reitertruppe der Provinz Rätien. Dementsprechend bedeutend sind die Hinterlassenschaften aus römischer Zeit.

DIE ERGEBNISSE DER AUSGRABUNGEN

Systematische Ausgrabungen im Kastellbereich fanden in den Jahren 1890 bis 1913 zunächst durch den Weißenburger Altertumsverein, später durch die Reichs-Limeskommission statt. Damals interessierten vor allem die Ausdehnung und die bauliche Gestaltung der Wehranlagen. Erst 1986/87 gelang es dann bei neueren Grabungen an der Nordfront auch die Baugeschichte des Kastells archäologisch abzusichern.

Unter Kaiser Domitian (81–96) zunächst noch vollständig aus Holz errichtet, erfolgte nach dem planmäßigen Abriss der ersten Kastellanlage in den Jahren 140 bzw. 150/160 n. Chr. der Ausbau in Stein. Als Material nutzte man durchweg sorgfältig behauene Handquader aus dem Muschelkalk der nahen Jurahöhen. Die Außenseiten der Wehrmauern trugen hellen Kalkmörtelverputz.

Die von vier Toranlagen unterbrochene, 1,2 m breite Wehrmauer wurde durch zwanzig Steintürme gesichert. Das Haupttor im Süden, die Porta praetoria, besaß ebenso wie die beiden seitlichen Tore Doppeldurchfahrten. Hinter der Wehrmauer lag ein Erdwall mit Wehrgang, vorgelagert waren insgesamt wohl drei Gräben mit einer Breite von zusammen 32 m.

Die Anordnung der Innengebäude entspricht den bekannten typischen Kastellgrundrissen. Belegt sind ein Prätorium, ein Getreidespeicher (Horreum) und insbesondere das Stabsgebäude mit einer über 500 m² großen Vorhalle über der ostwestlich verlaufenden Kastellstraße (Via principalis). Die Bauten scheinen in einer zweiten Phase erheblich verkleinert worden zu sein. Aus dem Stabsgebäude stammen Bruchstücke einer überlebensgroßen Kaiserstatue aus Bronze, die heute im Römermuseum gezeigt werden.

Reste von teilweise beheizbaren Baukörpern weiter im Westen könnten von einem Lazarett (Valetudinarium) stammen. Von den in leichterer Holz-Fachwerk-Bauweise ausgeführten Mannschaftsunterkünften und Ställen blieben lediglich Estrichreste und kleinere Heizanlagen erhalten.

Vermutlich ins ausgehende 2. Jahrhundert lässt sich eine Umbauphase datieren, bei der das Nordtor mit halbrund vorspringenden Tortürmen verstärkt wurde. Vorbild dürfte das allerdings ungleich imposantere Kastelltor im Legionslager von Regensburg gewesen sein.

Gut fünfzig Jahre später kam das Ende des Weißenburger Kastells. Zerstörungs- und Brandschichten in fast allen untersuchten Arealen zeugen von einer plötzlich hereinbrechenden Feuerkatastrophe. Wie ein kleiner Münzschatz aus dem Inneren des Lagers belegt, dessen Schlussmünze in die Jahre 253/254 n. Chr. datiert, wurde das Kastell vermutlich Opfer eines der zahlreichen Germaneneinfälle kurz nach der Mitte des 3. Jahrhunderts.

Danach scheint die Besiedlung im Stadtgebiet Weißenburgs für mehrere hundert Jahre abgebrochen zu sein. Archäologische Zeugnisse lassen sich erst wieder für das 6. Jahrhundert nachweisen. Keimzelle des mittelalterlichen Ortes wurde jedoch nicht mehr der römische Siedlungsplatz, sondern die Talweite rund 500 m weiter östlich, wo vermutlich ein fränkischer Königshof bestand.

DIE HEUTIGE PRÄSENTATION

Das Kastell liegt heute innerhalb einer weitläufigen → Grünanlage, in der sich Lage und Größe der römischen Baureste gut ablesen lassen. Der gesamte Kastellbereich konnte bereits 1914 in öffentliches Eigentum überführt werden und entging so der modernen Bebauung, die inzwischen beinahe die gesamte um das Kastell gelegene Zivilsiedlung zerstört hat. Bereits vor der Jahrhundertwende hatte man die damaligen Ausgrabungsbefunde durch leichte Aufmauerung und Bepflanzung mit Rasensoden sichtbar gemacht. Nachdem die Mauerzüge auf Grund von Witterungsschäden anfangs der sechziger Jahre wieder zugeschüttet und mit Betonplatten überdeckt werden mussten, war es auf Initiative der Stadt Weißenburg 1990 möglich, einen Teil der Nordfront mit dem imposanten, zum Limes hin ausgerichteten Lagertor und einen Teil der anschließenden Wehrmauern in voller Höhe zu rekonstruieren. Leider sind die schindelgedeckten Tortürme in der Regel nicht zugänglich. Die handbehauenen Bruchsteine in Verbindung mit dem Kalkverputz und rotem Fugenstrich außen am linken Torturm vermitteln einen guten Eindruck vom antiken Erscheinungsbild, mit dem eine monumentale Bauweise imitiert werden sollte. Alle übrigen Außenmauern und ein guter Teil der ehemaligen Innenbebauung sind heute im Rasen weiterhin durch einen Plattenbelag markiert. Die antiken Lagerstraßen werden durch Schotterwege gekennzeichnet. Hinweistafeln erläutern das Kastell.

Neben der Stammtruppe ist für Weißenburg durch einen Weihestein inschriftlich noch eine zweite Militäreinheit belegt, die 1000 Mann starke *Cohors IX Batavorum milliaria equitata exploratorum*. Diese gemischte Kohorte aus Fußtruppen und Reitern diente vor allem zu Aufklärungszwecken und war vielleicht in dem erst 1976 entdeckten, zweiten Weißenburger Kastell 1,6 km östlich auf der Flur »Breitung« untergebracht. Das mit 3,05 ha etwa gleich große Kastell ist heute allerdings nicht mehr sichtbar.

Oben: Die heute so großzügig wirkende Kastellfläche des Reiterkastells von Weißenburg war in der Limeszeit dicht bebaut. Die Rekonstruktion gibt eine Vorstellung von der räumlichen Enge und der sorgfältigen Bauplanung eines limeszeitlichen Truppenlagers. Stabsgebäude, Kommandantur, Lazarett und Vorratsspeicher lagen in der Mittelzeile des Lagers. Die lang gestreckten Bauten im oberen und unteren Lagerteil stellen Mannschaftsbaracken dar.

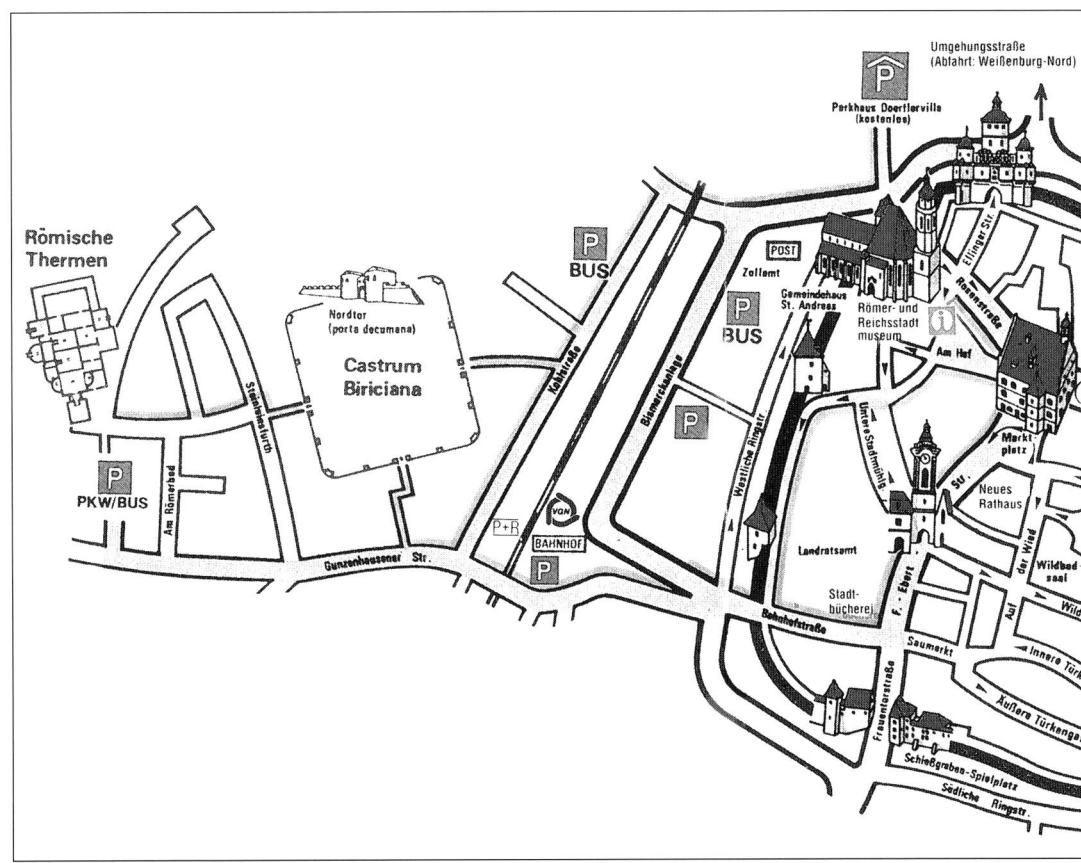

Links: Lage des Museums und der erhaltenen römischen Fundstellen im Stadtgebiet von Weißenburg.

125

Dieses Holzkastell, das zwischen 1979 und 1990 untersucht werden konnte, war offenbar nur kurzfristig belegt und wurde nach wenigen Jahren – spätestens 115/125 n. Chr. – planmäßig geräumt. Wahrscheinlich waren jedoch im frühen 2. Jahrhundert für einige Zeit zwei Militäreinheiten gleichzeitig an diesem exponierten Grenzabschnitt stationiert. Später stand die Bataverkohorte vermutlich im 40 km entfernten Ruffenhofen.

DIE KASTELLSIEDLUNG

Die Zivilsiedlung Biriciana lag im Osten und Westen vor allem aber im Süden des Reiterkastells. Insgesamt erstreckte sie sich über eine Fläche von mehr als 30 ha. Trotz verschiedentlicher Mutmaßungen gibt es bis heute keinen Hinweis darauf, dass diese große Niederlassung Stadtrechte besaß. Sie war wohl nur ein unselbstständiger Kastellvicus unter der Aufsicht des jeweiligen Kastellkommandanten.

Die wenigen archäologisch untersuchten Flächen weisen auf Gewerbebetriebe mit Töpferei und Eisenverarbeitung hin. Einfache Hausgrundrisse und die Rekonstruktionen zweier Brunnen werden auf dem Besucherparkplatz an der Gunzenhauser Straße, knapp 100 m südlich der Thermen (s. u.), durch Hinweistafeln erläutert. Es handelt sich um die typischen langrechteckigen Streifenhäuser von Händlern und Handwerkern, wie sie auch aus anderen Kastellvici belegt sind. Im Westen der Ansiedlung lag jedoch offensichtlich ein Wohnviertel mit größeren Steinhäusern und repräsentativen öffentlichen Bauten. So sind mehrere aufwendig gestaltete Gebäudegrundrisse bekannt, darunter auch wenigstens zwei Bäder. Die Beziehung der verschiedenen Badeeinrichtungen zueinander (Zivilbad, Militärbad, Bad einer größeren Raststation) ist allerdings noch nicht erforscht.

Insgesamt dürfte die Zivilsiedlung von Weißenburg in römischer Zeit nicht nur ein Garnisonsort, sondern auch ein regional bedeutsamer Handels- und Handwerkerplatz gewesen sein.

DIE THERMENANLAGE

Die so genannten Großen Thermen wurden erst 1977 zufällig entdeckt und im selben Jahr vollständig freigelegt. Bei ihnen handelt es sich um das Militärbad (Balineum) der am Ort stationierten Reitertruppe. Mit einer Gesamtausdehnung von 65 × 42,5 m stellt die Weißenburger Anlage das größte bislang bekannte Militärbad in Süddeutschland dar. Seit 1985 sind die überdurchschnittlich gut erhaltenen Originalmauerzüge unter einem reizvollen → Schutzbau in Form eine Zeltdachs zu besichtigen.

Nach Ausweis der Grabungsergebnisse wurde das Bad mehrfach umgestaltet. Wesentliche Details des Baus lassen sich noch heute in der vorbildlich präsentierten Ruine erkennen. Ihre bis zu 2,5 m hoch erhaltenen Mauern bestehen aus Jurakalkstein. Badebecken und Stufen waren allerdings mit geschliffenen Solnhofener Marmorplatten belegt. Zusammen mit den Resten von dekorativer Wandmalerei zeigt die Anlage einen repräsentativen Charakter, der weit über seine bloße Funktion hinausgeht. Sicherlich versuchte man bewusst, den Luxus klassischer Thermen zu imitieren. Einen guten Eindruck vom Aussehen der einstigen Anlage gibt ein Modell neben der Museumskasse.

Der Eingang zum Badegebäude und die Umkleideräume lagen im Norden. Man betrat zunächst eine über 320 m² große Gymnastikhalle (Basilica),

Die vorbildlich präsentierten Ruinen der Großen Therme von Weißenburg bieten den antiken Mauern größtmöglichen Schutz, erlauben gleichzeitig aber auch dem Besucher einen vollständigen Gang durch die aufwendig gestaltete römische Badeanlage.

VIII. VON DER OSTALB ZUM FRÄNKISCHEN SEENLAND

Ganz links: Nur wenige Funde aus dem Grenzgebiet verdeutlichen die hohe Kunst der römischen Metallbearbeitung so gut wie die Bronzestatuette des Apollo mit Leier (Kithara) aus dem Weißenburger Schatzfund.

Links: »Von allen Gottheiten verehren die Kelten am meisten Merkur«. Diese bereits von Caesar erwähnte Vorliebe der Einheimischen für den Gott mit dem Flügelhut bestätigt sich sehr schön durch die mit einem keltischen Halsring (Torques) aus Silber geschmückte Bronzestatuette aus dem Weißenburger Schatzfund.

bevor man weiterging in die Warm-, Lauwarm- und Kaltbäder mit Wasserbecken und in das Schwitzbad. Neben einem sorgfältig ausgeführten Terrazzoboden sind in einigen Räumen die Reste der Fußbodenheizung und die mit Hohlziegeln verkleideten Wände erhalten, an denen die erwärmte Luft entlangströmte. Aus dem Kaltbad führte ein fast mannshoher Abwasserkanal nach Norden in Richtung Rezat. Bei den Ausgrabungen konnten aus dem Schlamm des Kanals zahlreiche Kleinfunde wie Münzen, Schmuck oder Spielgerät geborgen werden. Die Funde zeigt das Römermuseum in der Innenstadt. Über die komplizierte Baugeschichte der Anlage mit drei Hauptperioden und sechs verschiedenen Umbauphasen informieren sehr gut gelungene Schautafeln.

Seit 1983 befindet sich im Stadtzentrum nahe der St. Andreaskirche (Martin-Luther-Platz 3–5) ein weiteres Museum, das »Römermuseum Weißenburg«,

Mit den lebensechten Bronzemasken aus dem Weißenburger Schatzfund kennzeichneten und schützten sich die römischen Reiter während ihrer Manöver oder Paraden.

TOURISMUS-TIPPS

Das römische Kastellareal ist frei zugänglich. Auskünfte und Führungen für Gruppen in den Museen nach Vereinbarung mit dem Amt für Kultur und Touristik im Römermuseum, Martin-Luther-Platz 3–5, 91780 Weißenburg i. B.; Tel. (0 91 41) 90 71 24, Fax 90 71 21.

Auch das reizvolle Stadtbild der ehemaligen freien Reichsstadt Weißenburg mit seiner weit gehend intakten mittelalterlichen Umwehrung lohnt eine Besichtigung. Zu erwähnen sind neben dem Ellinger Tor und der evangelischen Pfarrkirche St. Andreas mit reicher Innenausstattung auch das Reichsstadt- und das Apothekenmuseum oder der große historische Stadtwald. Direkt am östlichen Stadtrand findet sich mit der fünfeckigen Hohenzollernfestung Wülzburg aus dem Beginn des 16. Jahrhunderts das herausragende Beispiel für frühneuzeitlichen Festungsbau. Etwa 6 km südlich beim heutigen Ort Graben, Stadt Treuchtlingen, liegt der Karlsgraben (Fossa carolina). Hier versuchte Karl der Große im Jahr 793 eine Verbindung vom Main zur Donau zu bauen. Der heute noch eindrucksvolle Kanal wird durch einen 2 km langen, historischen Lehrpfad erschlossen.

VIII. VON DER OSTALB ZUM FRÄNKISCHEN SEENLAND

Oben links: Aus Silberblech getriebene Votivgaben wie dieses 26 cm hohe Exemplar aus dem Weißenburger Schatzfund mit den Darstellungen von Merkur, Minerva und Apollo schmückten die antiken Kultstätten im gesamten römischen Reich.

Oben rechts: Die Bronzestatuette der Liebesgöttin Venus aus dem Weißenburger Schatzfund wurde von ihren Verehrern mit zierlichem Goldschmuck weiter verschönert. Zu dem persönlichen Gefolge der antiken Göttin gehört auch der neben ihr stehende Amor.

ein Zweigmuseum der Prähistorischen Staatssammlung in München.

Es gibt anhand von wichtigen Originalfunden einen Einblick in die Vor- und Frühgeschichte der näheren Umgebung Weißenburgs. Der Schwerpunkt liegt aber eindeutig auf der römischen Epoche. Zahlreiche Exponate stammen aus den benachbarten Kastellorten Ellingen, Theilenhofen, Dambach und Ruffenhofen sowie von den langjährigen Ausgrabungen innerhalb des Limeskastells und der bürgerlichen Ansiedlung von Weißenburg.

Den Mittelpunkt des Römermuseums bildet ohne Zweifel der römische Schatzfund im zweiten Stockwerk. Wohl ursprünglich aus einem Heiligtum stammend, vertraute man den aus 156 Einzelteilen bestehenden Hort während der Germaneneinfälle zwischen 233 und 259/260 n. Chr. dem Erdboden an. Zufällig stieß ein Privatmann beim Umgraben eines Spargelbeetes im Jahr 1979 auf den Schatz, nur 70 m südlich der Großen Thermen. Zahlreiche kostbare Gegenstände aus Silber (Votivbleche mit Götterdarstellungen), Bronze (Teile von Paraderüstungen, zwanzig Bronzegefäße) und Eisen (Werkzeug, Wagenteile, eine Waage, zwei eiserne Klappstühle), vor allem aber siebzehn kleine, bronzene Götterfiguren in technisch wie künstlerisch höchster Qualität zählen zu den bedeutendsten römischen Funden Deutschlands.

LITERATUR

H.-J. Kellner/G. Zahlhaas, Der römische Schatzfund von Weißenburg (2. Auflage; München 1984). – Führer zu archäologischen Denkmälern in Deutschland Bd. 14 u. 15, Landkreis Weißenburg – Gunzenhausen (Stuttgart 1987). – E. Grönke/E. Weinlich, Kastell Weißenburg (Treuchtlingen 1990). – L. Wamser, Biriciana – Weißenburg zur Römerzeit. Führer Arch. Denkmäler Bayern, Franken 1 (3. Auflage; Stuttgart 1990). – H. Koschik/Z. Visy, Die Großen Thermen von Weißenburg i. Bay. Große Ausstellungsführer der Prähistorischen Staatssammlung Bd. 5 (München 1992). – U. Jäger, Römische Thermen Weißenburg. Treuchtlingen, Keller 1992. – H.-J. Kellner/G. Zahlhaas, Der römische Tempelschatz von Weißenburg i. Bay. (Mainz 1993).

VIII. VON DER OSTALB ZUM FRÄNKISCHEN SEENLAND

ZWISCHEN WEISSENBURG UND BURGSALACH

Das Kleinkastell »In der Harlach« bei Burgsalach aus der Luft. Bei dem kleinen Wehrbau handelt es sich um eine der spätesten Anlagen der Limeszeit. Sie steht offenbar direkt mit der Kontrolle der wichtigen Fernverkehrsstraße von Weißenburg nach Osten an die Altmühl in Verbindung.

Nordöstlich des Ortes Oberhochstatt erreicht die Deutsche Limes-Straße den eindrucksvollsten Streckenabschnitt in Bayern. Zwischen den Wachtürmen WP 14/40 und WP 14/56 verläuft die rätische Mauer kilometerweit schnurgerade über die offene Hochfläche. Der durch dichten Heckenbewuchs deutlich kenntliche → Damm, die so genannte »Pfahlhecke«, bildet dabei eine weithin sichtbare Landmarke.

DER BURGUS VON BURGSALACH

Burgsalach liegt 8 km östlich von Weißenburg an der Deutschen Limes-Straße. Die rätische Grenzmauer durchquert den südlichen Ortsbereich. Gut 1,3 km hinter dem Limes befindet sich in der Flur »Harlach« ein römisches Kleinkastell.

Das Kastell wurde in den Jahren 1916 bis 1919 systematisch untersucht und komplett freigelegt. Damals standen die römischen Mauern noch bis zu 2 m hoch. Die in der Zwischenzeit stark verfallene → Anlage musste 1965 restauriert werden, wobei man den heutigen Zustand herstellte. Trotz der Zementabdeckung der Mauerstümpfe erhält der Betrachter anhand der kleinen, dicht gesetzten Steinformate einen Eindruck von der antiken Mauertechnik. Ein kleiner Hügel, der aus dem Erdabraum der Ausgrabungen aufgeschüttet wurde, gewährt zusammen mit Hinweistafeln einen guten Überblick über das außergewöhnliche Bauwerk.

DIE ERGEBNISSE DER AUSGRABUNGEN

Der kompakte Grundriss der Befestigung bildet ein exaktes Quadrat mit scharf ausgeformten Ecken. Seine Seitenlänge von 32,6 m entspricht genau 100 römischen Fuß. Im Süden befand sich ein einziges Tor, das zurückgesetzt in einem halbkreisförmig einziehenden Vorhof lag. Über dem Tor befand sich vermutlich ein Wehrturm, möglicherweise war die gesamte Anlage zweigeschossig.

Die Räume im Inneren waren unmittelbar an die Wehrmauer angebaut, sodass im Zentrum des Kastells ein offener Innenhof blieb, an den sich ein überdachter Umgang anschloss.

In der Mittelachse gegenüber dem Eingangstor lag ein halbrunder Raum, in dem das Fahnenheiligtum zu vermuten ist. Wie in den Principia regulärer Kastelle waren hier die Feldzeichen der Einheit untergebracht. Die Räume rechts und links deutet man als Wohnung des Kommandeurs, den großen Raum links des Tores als Magazin und den kleinen Raum unmittelbar neben dem Eingang als Treppenaufgang. Dazwischen lagen genau zehn Räume mit jeweils

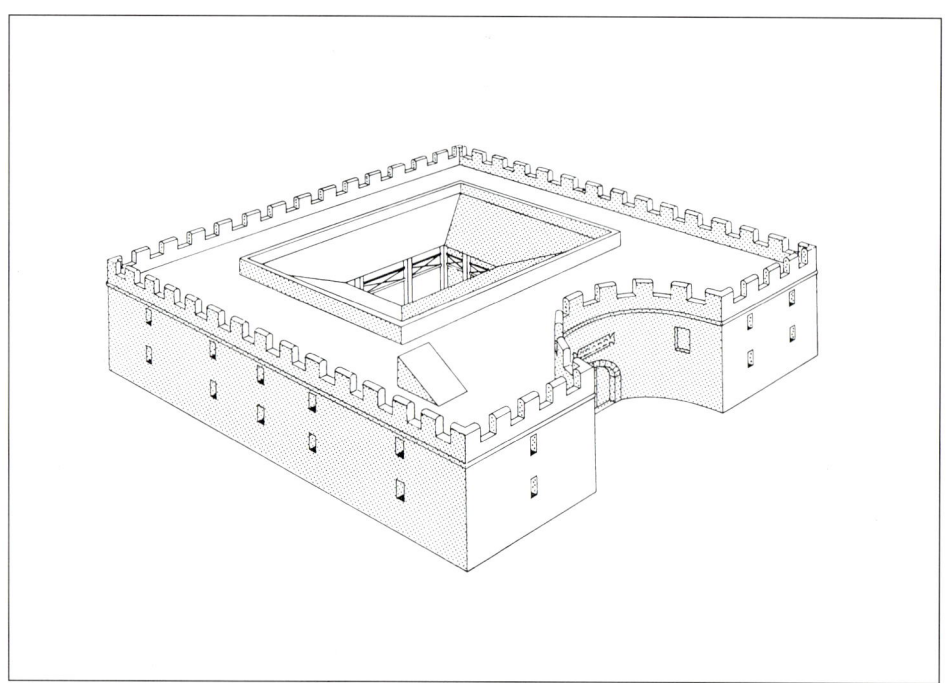

Die Rekonstruktionszeichnung verdeutlicht das ungewöhnliche Aussehen des römischen Kleinkastells. Die besten Parallelen zu diesem Bautyp finden sich in Nordafrika.

20 m² Grundfläche für die Mannschaften. Die Wände zwischen den einzelnen Quartieren bestanden aus Holz-Fachwerk und haben sich nicht erhalten. In jedem der mit einer Herdstelle versehenen Zimmer konnten acht bis zehn Soldaten untergebracht werden. In den Ecken des Innenhofs fanden sich zwei Zisternen, sodass die kleine Anlage nicht auf eine Wasserversorgung von außen angewiesen war.

Wahrscheinlich war hier eine Einheit von knapp 100 Mann stationiert (Centurie). Das eigene Fahnenheiligtum weist darauf hin, dass die Truppe taktisch selbstständig war und nicht von einem der benachbarten Kastellplätze aus abkommandiert wurde.

VORBILDER IN AFRIKA

Das Kleinkastell – der »Burgus« – von Burgsalach hat bislang am obergermanisch-rätischen Limes keine Entsprechung. In ganz Europa ist diese Art römischer Festungsarchitektur einmalig. Ähnliche Anlagen finden sich allerdings ab dem 3. Jahrhundert an der einstigen römischen Reichsgrenze in Nordafrika. Von dort kennen wir auch die Bezeichnung »centenarium« (lateinisch »centum« für hundert) für solche Wehrbauten. Mit einer Datierung in die späte Limeszeit stellt Burgsalach einen der jüngsten Militärplätze am Limes dar und scheint seine letzte Ausbau- und Sicherungsphase anzuzeigen.

Interessanterweise liegt die Befestigung abseits des eigentlichen Limesverlaufs. Der Bau ist eindeutig in Richtung der wichtigen Verbindungsstraße zwischen den Kastellen Weißenburg und Pfünz orientiert. In dieser Situation war das Kleinkastell weitaus besser zur Überwachung des Straßenverlaufs geeignet als zur direkten Grenzverteidigung.

Etwa 300 m weiter südlich wurde 1978 ein weiteres Lager aus der Luft entdeckt. Der Grundriss des vom Boden aus nicht sichtbaren Lagers weist auf ein 1 ha großes Numeruskastell. Es ist nicht näher untersucht.

TOURISMUS-TIPPS

Der nächste Ort am Limes, Raitenbuch, besitzt in der katholischen Pfarrkirche St. Blasius qualitätvolle spätmittelalterliche Plastiken, u.a. die »Raitenbucher Madonna« von 1470/80, eines der schönsten Bildwerke Altmühlfrankens.

VIII. VON DER OSTALB ZUM FRÄNKISCHEN SEENLAND

WANDERUNG: BURGSALACH

Der etwa 5,5 km lange Wanderweg führt zur rätischen Mauer, einem vorgeschichtlichen Grabhügel und dem Kleinkastell »In der Harlach«.

Ausgangspunkt: Parkplatz des Naturparks Altmühltal am Waldrand südlich vom Ort Burgsalach; die Anfahrt erfolgt von Weißenburg über Oberhochstatt und Burgsalach (nicht ausgeschildert).

Am Parkplatz befindet sich das zeitweise bewirtschaftete Sportheim des SV Burgsalach-Indenbuch. »Auf den Spuren der Römer« sind ab hier zwei Rundwanderwege ausgeschildert. Im Folgenden wird die etwas kürzere, nördliche Route, »Weg 1«, beschrieben. Beide Wanderungen sind gut gekennzeichnet, am Ausgangspunkt und bei den verschiedenen Objekten unterwegs stehen erläuternde Hinweistafeln.

Der Limesabschnitt auf der offenen Jurahochfläche westlich von Burgsalach gehört sicher zu den eindrucksvollsten Strecken der rätischen Mauer in Bayern. Als gut 3,5 km langer, buschbewachsener Streifen ist die »Pfahlhecke« hier weithin sichtbar. Vom südlichen Ortsrand Burgsalachs aus hat man einen guten Blick auf ihren schnurgeraden Verlauf.

Die Wanderung führt vom Parkplatz aus nach Südosten zum »Römerturm«. Links des Wegs ist der Schuttwall der Limesmauer im Wiesengelände schwach sichtbar. Nach 600 m erreicht man die konservierten → Grundmauern des Steinturmes WP 14/48. Zu beiden Seiten ist ein Stück der Limesmauer freigelegt. Nur wenige Meter weiter folgt die nicht originalgetreue Rekonstruktion eines Holzturmes, der als Aussichtspunkt aber einen schönen Überblick über das Limesvorfeld erlaubt (meist geschlossen).

Hier verlässt der Wanderweg den Limeszug und wendet sich rechts in den Wald. Nach 400 m folgen linker Hand die stark verwühlten Reste eines frühkeltischen Hügelgrabes. Der Hügel wurde vermutlich ebenso wie weitere innerhalb des Raitenbucher Forsts bereits im 19. Jahrhundert geöffnet. Der Weg mündet nach 1 km auf die noch als leichter → Damm erkennbare Trasse der von Weißenburg kommenden Römerstraße. Ihr über weite Strecken schnurgerader Verlauf lässt sich noch heute bis an die Altmühl bei Pfünz verfolgen. Gut 400 m weiter nordwestlich zwingt eine dichte Schonung zu einem Umweg in zunächst nördlicher, dann westlicher Richtung. Aber bereits nach etwa 250 m erreicht man wieder die Römerstraße, die hier als unbefestigter Waldweg ausgebildet ist. Zahlreiche lose Steine, die vom antiken Straßenunterbau stammen, machen den Weg teilweise etwas schwierig. Der römische Straßenverlauf verlässt nun den Wald und führt als betonierter Wirtschaftsweg nach Nordwesten. In den Ackerflächen rechter Hand befindet sich ein unerforschtes, etwa 1 ha großes Lager, das allerdings nur auf Luftbildern erkennbar wird. Nach etwa 400 m biegt die Römerstraße nach Westen in Richtung Weißenburg um. Hier liegt im angrenzenden Wald das Kleinkastell in der Harlach. Über verschiedene nach Norden und Osten führende Wirtschaftswege erreicht man den etwa 1,2 km entfernten Parkplatz. Dabei wird linker Hand die Pfahlhecke als buschbewachsener Streifen sichtbar und vereinigt sich am Ausgangspunkt wieder mit dem Wanderweg.

Oben: Rekonstruierter Wachturm aus Holz am Wanderweg »Auf den Spuren der Römer«. Der in unrömischer Technik als Blockbau ausgeführte Turm gibt nur eine vage Vorstellung vom tatsächlichen Aussehen der römischen Limestürme.

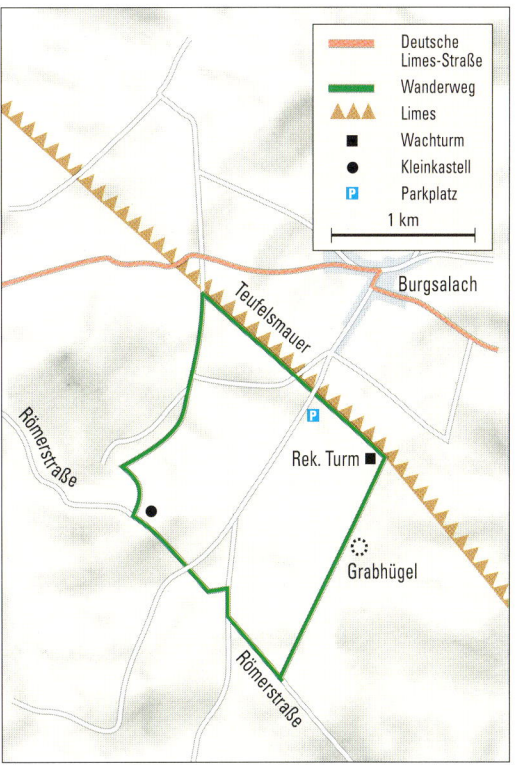

Links: Wanderweg bei Burgsalach zum Kleinkastell »In der Harlach«.

IX. DAS ALTMÜHLTAL

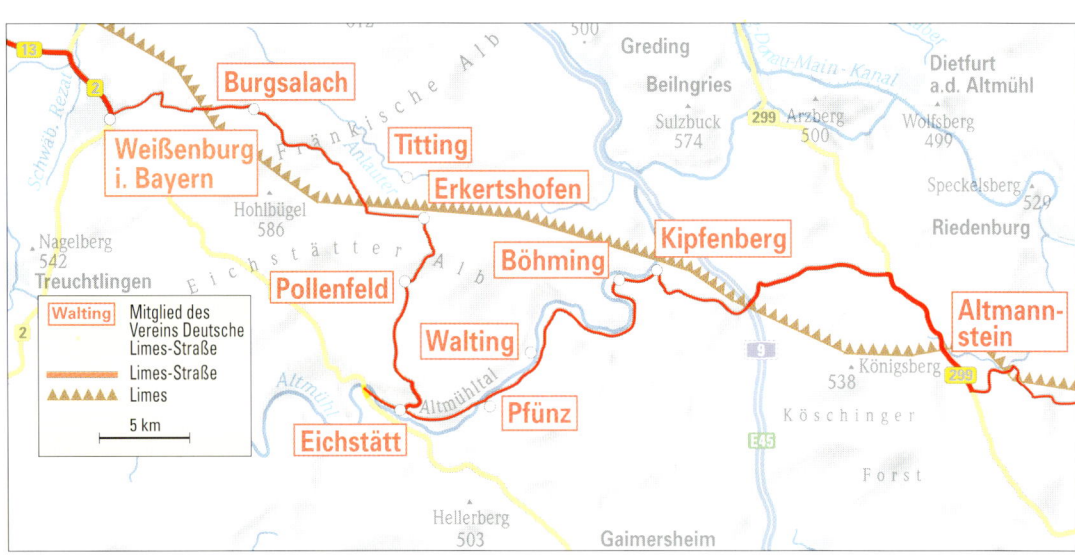

ERKERTSHOFEN

Limesabschnitt bei Petersbuch. Der von Gebüsch bewachsene Schuttwall der »Pfahlhecke« zeigt sich bis heute als weithin sichtbare Landmarke.

Südlich von Burgsalach bis zum Limesknick westlich von Petersbuch ist der Schuttwall der rätischen Mauer am Waldrand streckenweise gut erhalten. Bei St. Egidi sind die Grundmauern der Turmstelle WP 14/55 konserviert. Etwas weiter südlich erreicht der Limesverlauf dann Oberbayern. Mit dem Limesknick schlägt der Grenzverlauf dann wieder stärker die ostwestliche Richtung ein. Durch den Umweg nach Süden umgeht der Limes jedoch das tief in die Albhochfläche eingeschnittene Flusstal der Anlauter. Zwischen den Orten Petersbuch und Erkertshofen verläuft die Deutsche Limes-Straße genau auf der Trasse des antiken Limes. Östlich von Erkertshofen ist der Schuttwall als Hecke rechts der kleinen Landstraße gut erkennbar. Im Jahr 1992 wurde im Rahmen der Flurbereinigung WP 14/63 als → Steinturm vollständig wiederaufgebaut. Er besteht aus handbehauenen Kalkbruchsteinen der nahen Steinbrüche und besitzt ein schindelgedecktes Holzdach. Das Turminnere und die umlaufende Galerie sind über eine Treppenleiter im ersten Stock zugänglich.

DER LIMESLEHRPFAD BEI ERKERTSHOFEN

Direkt an dem dazugehörigen Parkplatz beginnt ein etwa 3,5 km langer Limeslehrpfad, der sich auf insgesamt vier Stationen mit der Geschichte des Limes und seinen Bauwerken beschäftigt. Er verläuft zunächst entlang der Straße von Erkertshofen nach Herlingshard bis zu einem der → Limesgedenksteine von König Max II. Im anschließenden Wald ist der Schuttwall längs des Wanderwegs, später eines Forstweges, ausgesprochen gut erhalten. Hier liegen die durch Hinweistafeln erläuterten Turmstellen WP 14/64 und WP 14/65. An der ersten Stelle zeigt sich der kleine Turmhügel des zuerst errichteten Holzbaus. Die bis zu 1,2 m hoch erhaltenen Grundmauern des jüngeren Steinturms wurden von der Naturhistorischen Gesellschaft Nürnberg freigelegt und restauriert. Der folgende Wachposten WP 14/65 liegt an einem steilen, nach Südosten abfallenden Hang etwas abgerückt von der Limesmauer. Seine Position ist ausgesprochen ungünstig, um von hier aus das Vorfeld des Limes zu kontrollieren. Unerschrockene Wanderer, die den Weg entlang des Limes von hier noch fortsetzen möchten, haben zunächst die steilen Ab- und Anstiege zweier Seitentäler der Anlauter zu überwinden. Der Verlauf der Limesmauer lässt sich an den Hängen gut verfolgen. Schwer erkennbar liegen dann zwischen WP 14/66 und WP 14/67 eine kleine römische Schanze und eine Feldwache im Wald.

Die gut sichtbare → Turmstelle WP 14/68 folgt auf der Hochfläche kurz vor Hirnstetten am Straßenrand. Deutlich kenntlich ist hier, wie die ältere Holzturmruine von der steinernen Limesmauer durchschnitten wird. Der Schuttwall, der durch Lesesteine noch zusätzlich überhöht ist, zieht noch etwa 1 km durch offenes Gelände. Der weithin sichtbare Heckenbewuchs lässt erahnen, welchen Eindruck die römische Grenzsperre in der offenen Landschaft auf einen antiken Betrachter machte. Der Name des nach dem kleinen Waldgebiet folgenden Ortes Pfahldorf weist unmittelbar auf die römische Grenzlinie hin.

Entlang der Deutschen Limes-Straße passiert man nun den schönen Wasserturm von Wachenzell und durchquert Pollenfeld, mit seiner weithin sichtbaren Pfarrkirche, dem »Jura Dom«. Südlich des Ortes verlief die schnurgerade Römerstraße von Weißenburg zum Altmühlübergang bei Pfünz.

Der im Jahr 1992 vollständig rekonstruierte Steinturm (WP 14/63) östlich von Erkertshofen. Da die hölzernen Limestürme nur eine begrenzte Haltbarkeit hatten, wurden nach und nach alle Wachposten am Limes in Stein ausgebaut.

> **TOURISMUS-TIPPS**
>
> Im Tittinger Wasserschloss, einem ehemaligen fürstbischöflichen Brauhaus, befindet sich heute ein kleines Brauereimuseum. Einen Abstecher lohnen die Burgruine Brunneck aus dem 15. Jahrhundert, westlich von Titting-Altdorf, und die Kirche Mariä Heimsuchung in Großnottersdorf mit ihrer Innenausstattung aus dem 16. Jahrhundert.

IX. DAS ALTMÜHLTAL

EICHSTÄTT

Oben: Der vollständig wieder aufgebaute römische Gutshof bei Möckenlohe.

Rechts: Die Willibaldsburg gegenüber der alten Bischofsstadt Eichstätt.

In einer landschaftlich reizvollen Schleife des Altmühltales gründete der angelsächsische Missionar und spätere Bischof Willibald im 8. Jahrhundert das Kloster Achistadi. Die Existenz einer älteren römischen Siedlung in der heutigen Universitäts- und Bischofsstadt lässt sich durch Grabfunde nachweisen. Ihr antiker Name ist allerdings ebenso wenig bekannt wie ihre Größe oder Funktion. Vermutlich handelte es sich aber um eine rein zivil geprägte Ansiedlung, die nicht in Verbindung mit dem knapp 10 km nördlich verlaufenden rätischen Limes stand.

Das Ur- und Frühgeschichtliche Museum in der Willibaldsburg beherbergt zahlreiche sehenswerte Ausstellungsstücke aus der Arbeit des traditionsreichen Historischen Vereins Eichstätt. Wichtige römische Funde stammen vor allem aus den Kastellen Pfünz und Böhming sowie der Zivilsiedlung von Nassenfels. Das 13 km südlich an der Schutter gelegene Nassenfels (Vicus Scuttariensium) war in römischer Zeit vermutlich der zentrale Verwaltungsort für das Provinzgebiet nördlich der Donau. Sehenswert ist auch eine in Pfünz gefundene eiserne »groma«, der einzige Fund dieses römischen Vermessungsinstruments nördlich der Alpen.

Im angeschlossenen naturwissenschaftlichen Jura-Museum sind Versteinerungen der Solnhofener Plattenkalke ausgestellt, darunter auch der Urvogel »Archäopteryx« – der erste Vogel der Welt.

TOURISMUS-TIPPS

Eichstätt ist Mittelpunkt des Naturparks Altmühltal. Seinem bereits 743 verliehenen Bischofssitz verdankt die vornehmlich durch Barock und Rokoko geprägte Stadt zahlreiche kunstgeschichtlich bedeutende Bauten, wie den spätgotischen Dom mit Teilen aus dem 13. Jahrhundert, das Diözesanmuseum, das Kloster St. Walburga und die Kapuzinerkirche mit der Nachbildung des Heiligen Grabes aus Jerusalem oder die ehemalige Fürstbischöfliche Residenz und die 1355 angelegte Willibaldsburg. – Ur- und Frühgeschichtliches Museum in der Willibaldsburg, Koblenzschlösschen; Tel. (0 84 21) 8 94 50, Fax 8 09 26. – Jura-Museum; Tel. (0 84 21) 29 56, Fax 8 96 09.

Von Eichstätt aus lohnt ein kurzer Abstecher von der Deutschen Limes-Straße nach Süden ins 9 km entfernte Möckenlohe. Hier ist das → Hauptgebäude eines römischen Gutshofes (Villa rustica) vollständig rekonstruiert worden und gibt zusammen mit einem kleinen Museum anschaulich Einblick in die Methoden der römischen Landwirtschaft. Angeschlossen ist ein römischer Haustierpark, in dem antike Tierrassen gehalten werden. – Römisch-bäuerliches Museum, Tauberfelder Weg 1, 85111 Möckenlohe; Tel. (0 84 24) 2 77, Fax 38 77.

PFÜNZ

Von Eichstätt aus erreicht man nach etwa 6 km die Altmühl abwärts Pfünz, einen Ortsteil von Walting. Das heutige Dorf liegt reizvoll im Flusstal und wird von dem östlich anschließenden Kirchberg überragt, auf dem sich in römischer Zeit ein Kohortenkastell befand.

DAS KASTELL VON PFÜNZ

Das befestigte Truppenlager von Pfünz liegt in einiger Entfernung vom Limes. Altmühlaufwärts sind es von hier über 15 km bis an die Limesmauer bei Kipfenberg, fast ebenso weit nach Norden an den Limes bei Erkertshofen. Diese vergleichsweise große Distanz zur Grenzlinie ist ein eigentümliches Merkmal der Limeskastelle im östlichen Bereich der rätischen Grenzmauer.

Pfünz kontrollierte in römischer Zeit eine wichtige Brücke über die Altmühl. Der heutige Name des Ortes leitet sich vom lateinischen Wort für Brücke – »pons« – ab. Die antike Bezeichnung Vetoniana wird wie bei den meisten anderen bayerischen Limeskastellen in der Tabula Peutingeriana überliefert. Das Kastell lag an der von Kaiser Domitian (81–96) errichteten Heerstraße vom Donauübergang bei Kösching an die Grenze bei Weißenburg. Die Besatzung bildete spätestens ab dem Jahr 90 n. Chr. die *Cohors I Breucorum*, deren Mannschaften ursprünglich im heutigen Ungarn rekrutiert worden waren.

DIE ARCHÄOLOGISCHEN FORSCHUNGEN

Bei den Ausgrabungen der Reichs-Limeskommission von 1884 bis 1900 konnten große Teile des Kastells freigelegt werden.

Das Lager bildete ein leicht verschobenes Rechteck von 189 × 145 m (2,5 ha) Seitenlänge. Es war nach Norden zum Altmühlübergang ausgerichtet. In seinem Inneren wurden Teile des Stabsgebäudes sowie wenigstens ein steinerner Speicherbau (Horreum) dokumentiert.

Die Grundrisse beider Gebäude sind, ebenso wie die Kastellumwehrung, leicht verschoben. In dem tiefer gelegenen Flusstal, aber auch auf der südlich anschließenden Hochfläche, befand sich eine ausgedehnte zivile Ansiedlung, von der Wohnhäuser und Werkstätten, ein Gräberfeld, das Kastellbad und mehrere Tempelbauten, darunter ein Heiligtum für Jupiter Dolichenus und ein Rundtempel, bekannt sind.

Das ursprüngliche Holz-Erde-Lager wurde in der Mitte des 2. Jahrhunderts unter Kaiser Antoninus Pius (138–161) in Stein ausgebaut. Etwa dreißig Jahre später mussten die Militärbauten erneuert werden. Es ist nicht sicher, ob Altersschwäche oder Schäden während der Markomannenkriege der Grund hierfür waren. Im Jahr 233 jedoch wurde das Lager bei einem offenbar überraschenden Germanenüberfall großenteils zerstört und blieb in Trümmern liegen.

Die Ausgräber der Reichs-Limeskommission stießen in den Mauerresten des Kastells auf Brandschutt und Menschenknochen, darunter das Skelett eines angeketteten Mannes im Inneren des Stabsgebäudes. In einer der Wachstuben des südlichen Tores standen noch drei dort abgestellte Schilde der Torwachen, die offenbar keine Zeit mehr hatten, ihre Waffen zu ergreifen. Eindrücklich wie nur selten bewahrten die archäologischen Zeugnisse in Pfünz einen Ausschnitt aus der unruhigen Geschichte der römischen Grenzprovinzen in der Mitte des 3. Jahrhunderts.

Mit seiner beherrschenden Lage über dem Talgrund schützte das Kastell von Pfünz in der Limeszeit einen wichtigen Altmühlübergang.

Wieder aufgerichteter Meilenstein entlang des archäologischen Rundwegs in Pfünz.

IX. DAS ALTMÜHLTAL

Oben: Der vollständig rekonstruierte Nordturm und die Wallschüttung des Kohortenkastells in Pfünz.

Rechts: Die Bauinschrift der »Cohors I Breucorum« fand man 1888 im Schutt des linken Lagertores. Sie war ursprünglich wohl über der Tordurchfahrt angebracht und bezeugt den Steinausbau des Kastells während der Regierungszeit des Kaisers Antoninus Pius (138–161).

DIE HEUTIGE PRÄSENTATION

Nahezu die gesamte steinerne → Nordfassade des Kastells ist in den Jahren 1992 bis 1994 rekonstruiert worden. Anders als in Weißenburg ging hier dem Wiederaufbau leider keine detaillierte archäologische Untersuchung voraus, die unser Wissen um den hochinteressanten Kastellplatz vermehrt hätte. Direkt auf dem Originalmauerwerk wurden das Nordtor und die seitlichen Tortürmen vollständig nachgebaut, ebenso die beidseits anschließenden Mauerzüge sowie der nordwestliche Eckturm mit seiner eher ungewöhnlichen Zinnenbekrönung. Als Baumaterial diente wie in römischer Zeit handbehauener Kalkbruch, für die Torbögen verwendete man Tuffstein.

In den begehbaren Türmen befinden sich Kopien der wichtigsten Inschriftenfunde aus Pfünz. Im östlichen Torturm ist eine römische Wachstube nachgestellt, in der Soldaten in vollständiger Ausrüstung zu sehen sind. Auch die Grundmauern der anderen Tore wurden anhand der Ausgrabungsbefunde konserviert. Die antiken Spitzgräben der Kastellumwehrung blieben bis heute im Original erhalten, da ihr Verlauf in den anstehenden Jurafels eingehauen ist.

Vor dem Nordtor beginnt ein 800 m langer Rundgang um das Kastell, der in verschiedenen Stationen das Lager, seine Beziehung zum Limes und zu den Römerstraßen behandelt.

Die Funde aus dem Kastell und Vicus von Pfünz befinden sich großenteils im Ur- und frühgeschichtlichen Museum auf der Willibaldsburg in Eichstätt.

TOURISMUS-TIPPS

In Pfünz führt die steinerne »Römerbrücke« über die Altmühl, die ihren Namen allerdings zu unrecht trägt. Die Ausrichtung zielt allerdings tatsächlich noch auf antike Straßenreste nordwestlich des Talgrundes. Deutlicher lassen sich die römischen Straßentrassen von Pfünz aus an die Donau verfolgen. Eine führt nach Südwesten in Richtung Adelschlag, die andere in Richtung Südosten dicht an Böhmfeld-Hofstetten vorbei.
In Pfünz sowie im benachbarten Inching liegen malerische Barockschlösschen, bei Rieshofen hat sich der Bergfried einer Wasserburg erhalten.

KIPFENBERG-BÖHMING

Die Gemeinde Kipfenberg liegt westlich der Autobahn Nürnberg—München, Ausfahrt Denkendorf oder Altmühltal. Entlang der Deutschen Limes-Straße erreicht man von Pfünz aus nach 12 km Fahrt altmühlabwärts Böhming, einen Ortsteil von Markt Kipfenberg. Zuvor durchquert die Route den kleinen Ort Gungolding, wo an den Hängen des Tales eine geschützte Wacholderheide liegt.

DAS KASTELL BÖHMING

Auch in Böhming war eine kleine Militäreinheit stationiert. In der Altmühlniederung, 400 m westlich des Ortes, erhebt sich in isolierter Lage die Pfarrkirche von Böhming. Die kleine Kirche ist von der Landstraße aus gut zu sehen. Eine Parkmöglichkeit befindet sich unmittelbar am Kirchhof. Der gegenüber den umliegenden Wiesen leicht erhöhte Standort zeigt gleichzeitig die Position des einstigen römischen Limeskastells an. Insbesondere der Verlauf der Kastellumwehrung ist entlang des heutigen Weges sowie in der Baumreihe südöstlich des Messnerhauses als deutlich ausgeprägte Geländekante sichtbar. Links und rechts der Pforte um den ovalen Friedhof befinden sich erläuternde → Hinweistafeln. Sonst sind keine römischen Überreste sichtbar.

Das befestigte Truppenlager lag 800 m vom Limes entfernt, der nördlich der Altmühl auf der Jurahöhe verläuft (s. Tipps). Es blickte nach Nordwesten in Richtung des antiken Flussübergangs. Die Ausgrabungen der Reichs-Limeskommission zwischen 1898 und 1905 weisen auf ein ursprünglich um 120 n. Chr. errichtetes Holz-Erde-Kastell hin. Nach einem ausgedehnten Brand, der von einer gewaltsamen Zerstörung stammen kann oder lediglich zur Vorbereitung des Baugrundes diente, errichtete man ein 95 × 78 m (0,7 ha) großes Numeruskastell in Stein. Es besaß im Südwesten und im Nordosten Toranlagen und insgesamt acht Wehrtürme.

DIE BAUINSCHRIFT

Im Jahr 1898 fand man vor dem südwestlichen Kastelltor einen Inschriftenstein, der heute zusammen mit anderen Objekten dieser Ausgrabungen auf der Willibaldsburg in Eichstätt zu sehen ist. Es handelt sich um eine Bauinschrift, die den Neubau der Kastellumwehrung in Stein für das Jahr 181 n. Chr. bezeugt. Zu diesem Zeitpunkt waren die Markomannenkriege gerade siegreich abgeschlossen worden.

Die heutige Pfarrkirche in der Altmühlniederung von Böhming. Außerhalb der Friedhofsmauer zeichnet sich im Schnee der rechteckige Umriss des ehemaligen Limeskastells ab.

Auch von anderen Kastellplätzen sind in dieser Zeit Erneuerungsarbeiten bekannt, beispielsweise in Ellingen und im benachbarten Pfünz. Die Baumaßnahmen in Böhming wurden zunächst von einem Arbeitstrupp der soeben in Regensburg stationierten Legion begonnen und offenbar von der Kohorte aus Pfünz beendet.

Name, Art und Größe der in Böhming selbst stationierten Truppe werden nicht genannt. Vielleicht war die Truppe der *Cohors I Breucorum* aus Pfünz unterstellt, möglicherweise war sogar eine Abteilung aus dem Nachbarkastell hierher abkommandiert.

In einer Entfernung von etwa 100 m sind vor dem südwestlichen Kastelltor auch ein kleiner Fortunatempel und ein Badegebäude bekannt. Rings um

TOURISMUS-TIPPS

In Kipfenberg, oberhalb der Burg, befindet sich der geografische Mittelpunkt Bayerns (ausgeschildert). Das 6 km altmühlabwärts gelegene Kinding besitzt eine sehenswerte spätmittelalterliche Wehrkirche. Im benachbarten Enkering führt ein 1,5 km langer archäologischer Lehrpfad über die »Schellenburg«, einen umwehrten Siedlungsplatz der späten Bronzezeit oberhalb der Mündung der Anlauter in die Altmühl.

IX. DAS ALTMÜHLTAL

Vor dem Gasthaus »Zum Limes« in Kipfenberg steht einer der Gedenksteine, die König Max II. von Bayern im Jahr 1861 entlang der einstigen römischen Grenze aufstellen ließ.

die Kirche fanden sich Spuren eines vergleichsweise großen Vicus und des dazugehörigen Gräberfeldes. Dort, wo die Teufelsmauer in Kipfenberg die Altmühl passiert, beginnt der fünfzehnte Streckenabschnitt des obergermanisch-rätischen Limes. Der Limes zieht hier aus dem tief eingeschnittenen Tal der Altmühl wieder auf die Albhochfläche. Vor dem Gasthaus »Zum Limes« steht ein → Limesgedenkstein von König Max II. aus dem Jahr 1861.

Den staatlich anerkannten Erholungsort Kipfenberg beherrscht die gleichnamige Burganlage aus dem 14. Jahrhundert auf einem am östlichen Talrand gelegenen mächtigen Dolomitblock. Seit Ende 1999 gibt es hier ein »Römer- und Bajuwaren-Museum«, das in einem Wirtschaftsgebäude der in Privatbesitz befindlichen Burganlage untergebracht ist (Tel. 0 84 65/90 57 07).

Unmittelbar südlich des Ortskernes von Kipfenberg und etwa 3 km von dem Numeruskastell in Böhming entfernt liegt der Michaelsberg über der Einmündung des Birktalbachs in die Altmühl. An der äußersten Spitze des steilen Bergvorsprungs liegt die Ruine der Michaelskapelle. Zur Hochfläche hin trägt der Berg mehrfach gestaffelte, ausgedehnte → Abschnittsbefestigungen. Die Wallanlagen datieren vermutlich bereits in die späte Bronzezeit, mit Sicherheit wurde der Berg jedoch zur Zeit der Ungarneinfälle im 10. Jahrhundert massiv ausgebaut. Damals dürfte ein Großteil der römischen Überreste aus dem Kastell Böhming als Baumaterial hierher transportiert worden sein.

IX. DAS ALTMÜHLTAL

WANDERUNG: VON BÖHMING ZUM LIMES AUF DEM PFAHLBUCK

Der etwa 6 km lange Weg führt aus dem Tal der Altmühl beim Kastell Böhming zum Limes auf den Höhenrücken westlich von Kipfenberg.

Ausgangspunkt: Parkplatz vor der Kirche in der Altmühlniederung von Böhming. Zunächst wendet man sich nach Norden, überquert die Altmühl und läuft auf dem asphaltierten Weg nach rechts in Richtung Kipfenberg. Etwa 300 m nach dem letzten Haus geht es links an einem Betonmarterl mit der Jahresangabe 1988 hangaufwärts. Nach 200 m über einen buschgesäumten Wiesenweg erreicht man den Waldrand. Hier biegt die Route scharf nach links und folgt dem steilen, durch den dichten Buchenwald führenden Hohlweg »Römersteig«. Der Wegverlauf ist in diesem Bereich durch spärliche gelbe Punktmarkierungen gekennzeichnet. Auf der Hochfläche, etwa 100 m über dem Talgrund, stößt man auf einen modernen Schotterweg und wendet sich nach links.

In gut 300 m Entfernung schneidet der schnurgerade verlaufende → Limes den modernen Wirtschaftsweg an einer kleinen hölzernen Schutzhütte. Die deutlich erkennbare Flucht der Limesmauer lässt sich auch in dem dichten Hochwald mühelos verfolgen. Der gut 1 km lange Abschnitt zwischen den Turmstellen WP 14/77 und WP 14/78 bildet das am besten erhaltene Stück entlang der 172 km langen rätischen Mauer. Der Damm aus den verstürzten Mauersteinen ist hier teilweise noch über einen Meter hoch.

Auf einem Abstecher in Richtung Westen dem Limes entlang zeigt sich nach knapp 100 m das gut sichtbare Fundament eines Steinturmes. Hier knickt der Limes leicht nach Norden ab. Wer seiner im Hochwald vorzüglich erhaltenen Trasse weiter folgen will, erreicht in etwa 2 km Entfernung Pfahldorf.

Zurück an der Schutzhütte, wendet man sich jenseits des Schotterwegs nach Osten entlang der Limesstraße und folgt dem schnurgeraden Schuttwall. Die Strecke ist ab hier bis Kipfenberg gut gekennzeichnet. Der Weg verläuft teilweise parallel zum Limes, teilweise auch direkt auf der Wallkrone. Nach knapp 1 km erreicht man den schmalen Bergsporn zwischen dem Altmühltal und dem Kälbertal. Dicht an der immer noch vorzüglich erhaltenen Limesmauer befindet sich die Rekonstruktion eines in Blockbauweise errichteten → Wachturms mit schießschartenähnlichen Fensteröffnungen. Davor liegt das 1993 konservierte Steinfundament von WP 14/78. In einer Entfernung von 11 m vor der Mauerflucht ist auch der in den Felsuntergrund gearbeitete Palisa-

dengraben als schmale Rinne erhalten. Ein kurzes Stück der Holzpalisade wurde entlang der Rinne rekonstruiert. Hinweistafeln erläutern die archäologische Situation.

Von hier folgt man dem ausgeschilderten Limesweg hinab nach Kipfenberg und zum Römer- und Bajuwarenmuseum. Für den Rückweg bietet sich entweder die Talniederung oder die Route über den Michaelsberg an.

Rekonstruierter Limeswachturm in Blockbauweise auf dem Pfahlbuck oberhalb von Kipfenberg.

Wanderung von Böhming zum Limes auf dem Pfahlbuck und nach Kipfenberg.

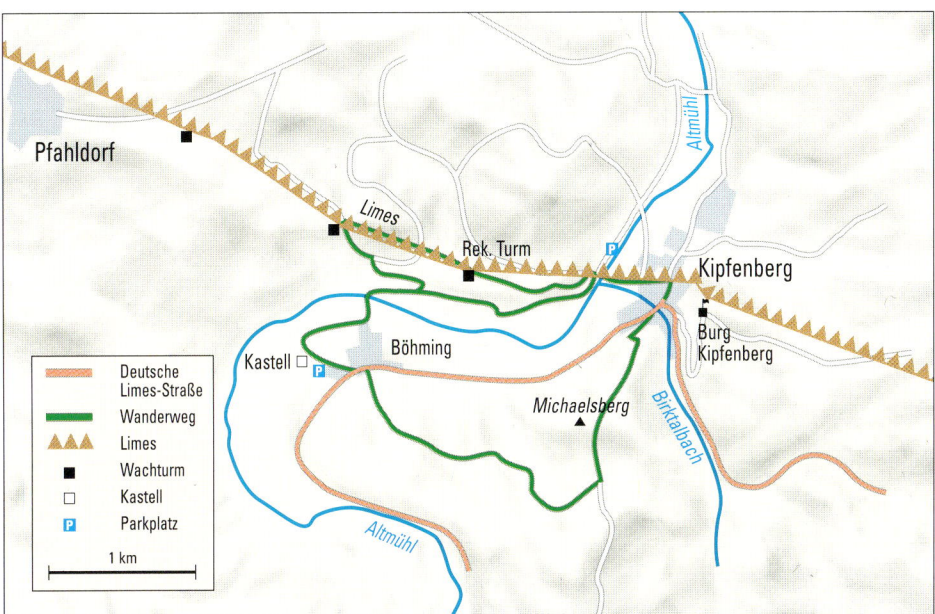

X. UNTERE ALTMÜHL UND DONAU

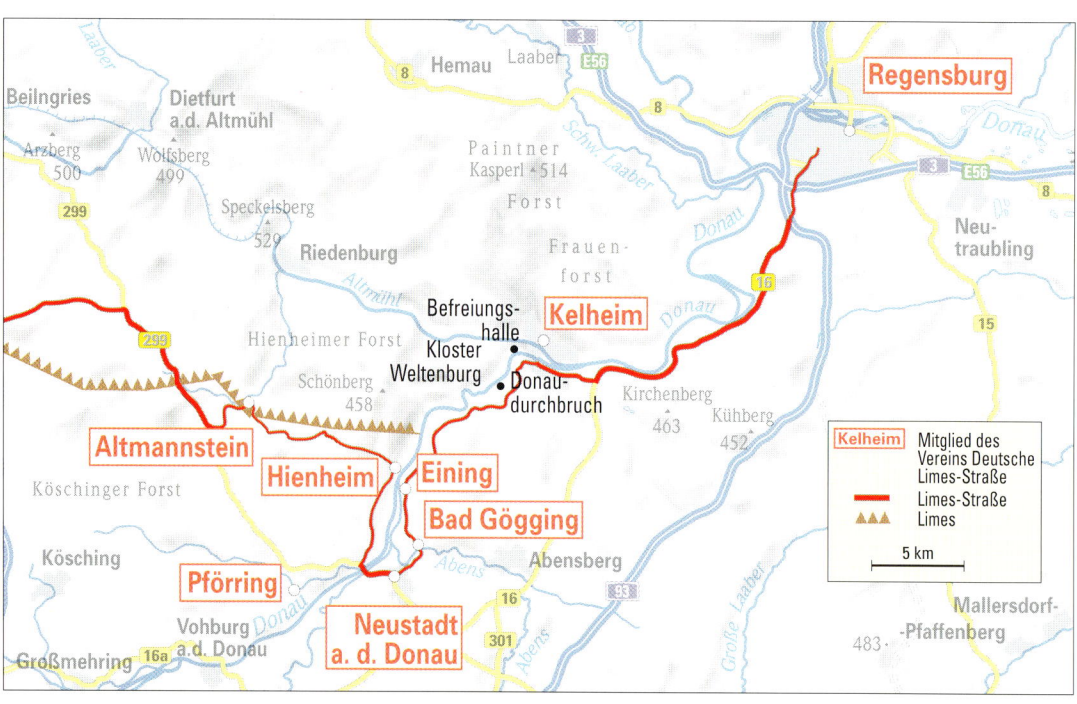

DER LIMESKNICK BEI ALTMANNSTEIN

Östlich von Kipfenberg ist die Teufelsmauer im Wald über weite Strecken bis südwestlich von Gelbelsee als deutlicher Schuttwall erkennbar. Linker Hand unterhalb des Damms der Landstraße zwischen Denkendorf und Dörndorf steht eine weitere → »Hadrianssäule« aus dem Jahr 1861. Ab hier zwingt der Köschinger Forst die Deutsche Limes-Straße zu einem Umweg nach Norden. Im Schutz des ausgedehnten Waldgebietes haben sich zahlreiche Bodendenkmäler erhalten, darunter über weite Strecken auch Wall und Turmstellen der rätischen Mauer. Der Zugang zu den unbeschilderten Anlagen ist allerdings in dem weglosen Gelände nicht einfach. 1,2 km südlich von Pondorf befindet sich im Wald rechts der B 299 eine 80 × 90 m messende spätkeltische Viereckschanze. Nordwestlich des Dorfes steht die bekannte, etwa 500–900 Jahre alte Bavaria-Buche.

ALTMANNSTEIN

Einige Kilometer weiter erreicht die Deutsche Limes-Straße dann das idyllische Schambachtal, das bei Riedenburg in die Altmühl mündet. Zwischen Schamhaupten und Sandersdorf quert die Teufelsmauer die Talniederung und die Fahrtroute. Das Tal selbst zwingt den Limes eigentlich nicht zum Verlassen seines schnurgerade nach Südosten gerichteten Verlaufs zur Donau. Behielte er seine bisherige Richtung bei, so verliefe er südlich des 50 m tiefen Geländeeinschnitts in die Jurahöhen. Dennoch greift die römische Grenze noch einmal auf einer Breite von etwa 6 km in das Gebiet nördlich des kleinen Flusses aus. Über die Gründe für diesen Umweg lässt sich nur spekulieren. Es ist aber denkbar, dass hierbei die Sicherung der Wasserversorgung eine Rolle spielte, denn nur der Schambach führt in dieser trockenen Region ganzjährig Wasser.

Westlich von Altmannstein quert der Limes erneut den Talgrund und nimmt seine ursprüngliche Richtung wieder auf. Auf der Hochfläche des Meßnerberges hat sich der → Limes als deutlich überhöhter Feldrain erhalten, ebenso die ehemalige Turmstelle WP 15/30 auf der Kuppe das Berges. In dem steilen Hangwald des anschließenden Seitentales sind streckenweise sogar die Mauerschalen und

X. UNTERE ALTMÜHL UND DONAU

Die Reste der Teufelsmauer sind als deutlich ausgeprägter Feldrain auf der Hochfläche des Meßnerberges bei Altmannstein erhalten.

auch Reste des Palisadengrabens sichtbar. Östlich der Straße Altmannstein–Mendorf auf der Hochfläche des 495 m hohen »Kochberges« liegen die Turmstellen WP 15/31 und WP 15/32. Ab hier zeichnet sich die rätische Limesmauer auf einer Strecke von über 5 km bis zum Beginn des Hienheimer Forsts noch als schnurgerader Feldweg im Gelände ab.

TOURISMUS-TIPPS

Der ausgewiesene Erholungsort Altmannstein liegt klimatisch günstig in einer idyllischen Tallandschaft. Neben der Burg Altmannstein lohnen die Burgruine »Burgstein« und die ehemalige Waffen-, Huf- und Hammerschmiede einen Besuch. Das Ignaz-Günther-Museum im Ort zeigt Exponate des aus Altmannstein stammenden Rokokobildhauers.

X. UNTERE ALTMÜHL UND DONAU

HIENHEIM

Oben: Die Hadrianssäule, 1861 unter König Max II. errichtet, kennzeichnet das Limesende an der Straße von Hienheim nach Kelheim.

Rechts: Rekonstruktion eines hölzernen Limeswachtturmes mit Holzpalisade am Waldrand nördlich von Hienheim.

Ganz rechts: Der so genannte »Haderfleck«, das Ende der rätischen Mauer an der Donau. Ab hier bildete der Flusslauf die Grenze des römischen Weltreiches nach Norden.

Am Südrand des Hienheimer Forstes erreicht der rätische Limes die Donau. Im Schutz des Waldes haben sich die Reste mehrerer Turmstellen (WP 15/41 bis 15/47) und Teile des schnurgeraden Schuttwalls der Limesmauer erhalten.

Östlich der Straße Hienheim-Kelheim steht der östlichste und letzte der → Gedenksteine, die 1861 unter König Max II. von Bayern errichtet wurden, die »Hadrianssäule«. Ihre Position zwischen den WP 15/46 und 15/47 markiert allerdings noch nicht das tatsächliche Limesende. Zur Donau hin erstreckt sich der Limes noch deutlich sichtbar entlang einer Birkenreihe als kleiner Schuttwall. Erst in der Flussaue verliert sich seine Spur. Das antike Limesende wurde wohl schon lange durch die Donau abgespült.

Vom Parkplatz an der Landstraße erreicht man in wenigen Minuten zu Fuß die moderne Rekonstruktion eines hölzernen Limeswachtturmes mit Holzpalisade ein Stück weiter westlich. Rechts des Feldweges ist der Damm der Limesmauer zu erkennen. Auch dieser → Aussichtsturm wurde in Blockbauweise ausgeführt und besitzt einen Eingang im Erdgeschoss, was nicht mit dem archäologischen Befunden übereinstimmt. Gleichwohl hat man von seiner Galerie einen guten Blick weit ins Donautal. Das gegenüber dem Fluss gelegene Kastell von Eining ist allerdings nicht sichtbar. Entlang des ausgeschilderten Wanderweges erreicht man weitere Reste des Schuttwalls der rätischen Limesmauer und mehrere Turmstellen. Allerdings wird der wenig gepflegte Weg schon bald nur schwer begehbar.

Aufmerksame Reisende erblicken links direkt an der Landstraße von der Hadrianssäule in Richtung Hienheim die so genannte »Eiserne Hand«, ein mittelalterliches Wegezeichen, dessen Bedeutung rätselhaft ist.

MARKT PFÖRRING

Der Ort liegt etwa 20 km donauabwärts von Ingolstadt, nur 3 km westlich des ausgeschilderten Verlaufs der Deutschen Limes-Straße.

Die Endung des heutigen Ortsnamens auf »-ing« spricht dafür, dass Pförring bereits in der ersten germanischen Siedlungsphase zu Beginn des Frühmittelalters gegründet wurde. Entlang der römischen Straße, die aus Westen bei Pförring an die Donau führt, reihen sich Ortsnamen wie Ettling, Theißing, Kösching, Lenting usw. gleich Perlen an einer Kette auf. Offensichtlich bestand die römische Fernverbindungsstraße auch nach dem Fall des Limes weiter und war eine Leitlinie bei der germanischen Aufsiedlung der Gegend. Im Nibelungenlied begleiten die Burgunderfürsten Giselher und Gunter ihre Schwester Kriemhild auf Brautfahrt zu König Etzel über die alte Römerstraße bis nach Pförring. Der Ort wird hier »ze Vergen« (bei den Fährleuten) genannt. Die »Nibelungenstraße« verläuft ab Pförring südlich der Donau.

DAS REITERKASTELL CELEUSUM

Für die Limeszeit verzeichnet die Tabula Peutingeriana als zweite Station entlang der von Eining (Abusina) kommenden Straße den Ort »Celeusum«. Zur Sicherung des Donauübergangs wurde hier bei Pförring bereits unter Kaiser Trajan (98–117) ein Truppenlager gegründet. Ein idealer Platz fand sich auf einer leichten Anhöhe zwischen der Donauniederung im Süden und dem Kelsbach im Westen, dessen Name noch an den römischen Ort erinnert.

Das Kastell, die »Biburg«, liegt auf einem leicht zu verteidigenden Plateau ca. 900 m nördlich des heutigen Ortskerns. Von Pförring aus folgt man dem Friedhofsweg in Richtung Forchheim. In den Feldern rechts der von Neustadt kommenden B 299 zeigt sich das Lagerareal als → rechteckige, baumgesäumte Erhebung. Aus Westen kommend zielt der schnurgerade Verlauf der Römerstraße von Kösching/Germanicum genau auf die Anhöhe.

Das Kastell ist heute, ebenso wie die umliegende Zivilsiedlung, noch unbebaut. Anhand der ausgeprägten Geländestufe lassen sich die Wehrmauern des 200 × 190 m (3,9 ha) großen Reiterkastells noch gut im Gelände ausmachen. Das Kastell war nach Nordwesten in Richtung des antiken Straßenverlaufs ausgerichtet. Nach den alten Grabungsberichten besaß die gut 1 m starke Kalksteinmauer im Inneren einen hölzernen Wehrgang. Die Bögen der vier Tordurchfahrten bestanden aus Tuffstein, die Tore selbst aus 16 cm starken, eisenbeschlagenen Holzbohlen. Um das Kastell verliefen zwei Wehrgräben, Zwischentürme wurden nicht festgestellt.

Im Jahr 1843 fand ein Gastwirt beim Graben an der Biburg eine Bauinschrift mit Nennung der *Ala I Flavia Singularium*. Dieser schnellen Reitertruppe kam die Aufgabe zu, den wichtigen Donauübergang und die anschließenden Straßenabschnitte zu überwachen.

Die zusammen mit dem Kastell um das Jahr 80 n. Chr. entstandene Römerstraße lässt sich heute noch westlich von Pförring bis Kösching auf insgesamt 12 km Länge gut verfolgen. Insbesondere entlang des 4 km langen Feldwegs zwischen Theißing und Ettling zeigt sich die 20–30 cm starke Kiesschicht des antiken Straßenkörpers, der zu beiden Seiten von Straßengräben begleitet wird. Innerhalb der modern genutzten Kulturlandschaft sind vergleichbare Zeugnisse selten geworden.

»Biburg« nennt der Volksmund bis heute das ehemalige römische Lager oberhalb von Pförring. Im Gelände lässt sich das Rechteck der ehemaligen Kastellumwehrung noch deutlich erkennen.

TOURISMUS-TIPPS

Neben der katholischen Pfarrkirche St. Leonhard am donauseitigen Ortsrand von Pförring befinden sich drei römischen Steindenkmäler. Sie sind im Außenbereich des ehemaligen Friedhofs unter einem Schutzdach eingelassen. Der barockisierte Kirchenbau mit seinen beiden charakteristischen Türmen besitzt romanische Bauteile.
Im östlich benachbarten Marching steht eine schöne mittelalterliche Wehrkirche.

BAD GÖGGING

Innenansicht des »Römischen Museums für Kur- und Badewesen« von Bad Gögging. Die Ruinen des einstigen römischen Staatsbades wurden zur Keimzelle einer der ältesten christlichen Gemeinden in Bayern.

In Neustadt a.d. Donau überquert die Deutsche Limes-Straße die Donau. Der von dem bayerischen Herzog Ludwig dem Strengen planmäßig angelegte und mauerumwehrte Platz an der wichtigen Donausüdstraße von Ingolstadt nach Regensburg schmückt sich mit den ältesten Stadtrechten Bayerns.

Etwa 3 km nach dem Überqueren der Donau erreicht die ausgeschilderte Route Bad Gögging, einen Ortsteil von Neustadt. Zu beiden Seiten des Flüsschens Abens erstreckt sich heute ein moderner Kur- und Bäderbetrieb. Die kalten, heilkräftigen Schwefelquellen wurden aber nachweislich bereits in römischer Zeit genutzt. Bad Gögging zählt zu den ältesten Kurorten Deutschlands.

Einst das Stammbad der im 35 km entfernten Regensburg stationierten Legion, darf Bad Gögging sich das einzige römische Heilbad in Bayern nennen. Analog zu besser bekannten Plätzen in den römischen Provinzen kann man von einem Staatsbad sprechen. Leider ist von der ehemals ausgedehnten Anlage auf Grund der nachrömischen Überbauung bislang nur wenig bekannt.

DAS RÖMISCHE STAATSBAD

Im alten Ortskern von Bad Gögging befindet sich die Kirche St. Andreas, ursprünglich ein romanischer Bau aus dem 12. Jahrhundert. Ihr von zahlreichen frühchristlichen Steinreliefs gesäumtes Portal ist einzigartig in Bayern.

Im Inneren birgt die Kirche heute das vom Bezirk Niederbayern eingerichtete »Römische Museum für Kur- und Badewesen«, dessen kleine Ausstellung in mustergültiger Weise die hochinteressanten Grabungsbefunde der römischen und frühmittelalterlichen Epoche präsentiert.

Das Kirchenschiff steht genau über einem 11 × 8 m großen, ursprünglich beheizten Wasserbecken aus der Limeszeit, das rund 40 000 Liter aufnahm. Es ist lediglich ein Ausschnitt aus einem über 56 × 30 m großen Bäderkomplex, der mindestens zwanzig Räume umfasste. Deutlicher Hinweis auf ein antikes Kurbad sind vier eingebaute Sitzbadewannen, in denen man den Besuchern spezielle Anwendungen verabreichen konnte.

Die Ausgrabungen erbrachten neben typischen »Badesachen« eine Vielzahl gestempelter römischer Ziegel. Sie belegen, dass an der Errichtung und den verschiedenen Umbauten der Gögginger Therme offizielle römische Stellen beteiligt waren. Ziegel der *Legio III Italica* aus Regensburg und Vergleiche mit anderen Heilbädern in den germanischen Provinzen legen es nahe, hier den Kurort für alle umliegenden Militärplätze zu sehen.

Nach einer Blütezeit im 2. und 3. Jahrhundert wurden die Badegebäude während der darauf folgenden Germaneneinfälle schwer beschädigt und vermutlich nie wieder in Betrieb genommen. Im 7. Jahrhundert wandelte sich der große Baderaum der römischen Thermen zu einem ungewöhnlichen frühchristlichen Kultort. Etwa aus dem Jahr 700 stammt dann der erste Kirchenbau. Bad Gögging besaß eine der ältesten Pfarreien der Gegend. Im Mittelalter gehörte die Pfarrei zur Benediktinerabtei in Weltenburg.

TOURISMUS-TIPPS

Römisches Museum für Kur- und Badewesen. Ganzjährig Führungen, Voranmeldung ist über die Kurverwaltung Bad Gögging möglich.

LITERATUR

H. U. Nuber, Ausgrabungen in Bad Gögging, Stadt Neustadt an der Donau. Römisches Staatsheilbad und frühmittelalterliche Kirchen (Landshut 1980).

EINING

Der Stadtteil Eining liegt 6 km nördlich von Neustadt am rechten Donauufer. Neben der Landstraße am südlichen Ortsrand gibt es eine Parkmöglichkeit direkt bei dem weitläufigen, mit Bäumen bestandenen Freigelände.

Hier, etwa 3,5 km von Limesende in Hienheim entfernt, findet man auf dem Hochufer der Donau das Kastell mit der längsten Geschichte am rätischen Limes. Die Belegung des Militärplatzes begann bereits um das Jahr 70 n. Chr. und erstreckte sich bis an das Ende der römischen Herrschaft nördlich der Alpen im 5. Jahrhundert n. Chr.

DAS KASTELL ABUSINA

Seinen antiken Namen erhielt das befestigte Truppenlager von dem kleinen Flüsschen Abens, das unterhalb von Eining in die Donau mündet. In römischer Zeit befand sich auf dem östlichen Hochufer ein wichtiger Straßenknotenpunkt. Die große Donausüdstraße von Augsburg nach Regensburg traf hier auf den Hauptverkehrsweg aus dem nördlichen Teil Rätiens.

Bereits unter Kaiser Titus (79–81) bestand in Eining ein erstes Holz-Erde-Kastell, das unter Antoninus Pius (138–161) in Stein ausgebaut wurde. Die insgesamt 147 × 125 m (1,8 ha) umfassende Wehrmauer wurde durch zwei vorgelagerte Spitzgräben geschützt. Wie bei den meisten Kastellen in Bayern bezeugt die Anlage der Mauern und Tore eine Ausrichtung des Lagers nach Norden. Bemerkenswert ist nun, dass die Innenbebauung davon abweicht. Noch während der Bauzeit oder nach Zerstörungen in den Markomannenkriegen, ca. 170/180 n. Chr., fand offenbar eine Umorientierung des Lagers statt. Wie der vor Ort rekonstruierte Grundriss anschaulich macht,

Oben: Die konservierten Grundmauern des römische Grenzkastells Abusina an der Mündung des Flüsschens Abens in die Donau.

Unten: Nahezu 400 Jahre lang schützte das Kohortenkastell von Eining die römische Reichsgrenze.

Das Abbild des muskelbepackten Herkules ziert eine bronzene Rossstirn aus dem Besitz des römischen Reiters Virilis. Die Soldaten ließen sich die Ausrüstung für sich und ihre Pferde viel Geld kosten. Dementsprechend häufig sind Inschriften zur Kennzeichnung des Besitzes.

zeigt das Stabsgebäude nach Osten und liegt daher ungewöhnlich breit in der Mittelachse des Kastells.

Innerhalb des ausgedehnten → Freigeländes sind neben dem Stabsgebäude die Reste der Wehranlagen und die Grundmauern eines großes Badegebäude mit angeschlossener Herberge (mansio) sichtbar. Während der Limeszeit umgaben zahlreiche weitere Steingebäude das Kastell an drei Seiten im Norden, Osten und Süden. Zeugnisse des ausgedehnten Vicus sind heute lediglich im Luftbild sichtbar. Die zivile Siedlung lag entlang einer Ringstraße, die um das Lager herum führte. Ihr Verlauf deckt sich in etwa mit der heutigen Landstraße. Bei der Feldbestellung wurde hier 1975 ein Versteck römischer Paraderüstungen entdeckt, die heute in der Prähistorischen Staatssammlung in München zu sehen sind.

DIE BESATZUNG

Aus Eining sind mehrere Truppeneinheiten bekannt. Spätestens ab der Mitte des 2. Jahrhunderts war hier jedoch dauerhaft die *Cohors III Britannorum equitata* stationiert. Das Kastell und seine Stammbesatzung überdauerten den Fall des obergermanisch-rätischen Limes und die Räumung der nördlich der Donau gelegenen Provinzgebiete in den unruhigen Zeiten um die Mitte des 3. Jahrhunderts. Abusina wurde Teil des neu angelegten spätantiken Limes entlang der Donau. Archäologisch lässt sich dies sehr schön in dem Neubau eines kleinen, sehr stark befestigten Lagers ablesen. In der Südwestecke des bisherigen Kohortenkastells fügte man nämlich ein kleines »Binnenkastell« ein, d.h. ein zweiter Wehrbau wurde in das bestehende Truppenlager eingefügt. Mit Plattformen für Artilleriegeschütze und dem durch einen Zwinger geschützen Tor zeigt seine Ausführung bereits deutliche Elemente spätrömischer Festungsarchitektur. Anschaulich belegen diese architektonischen Unterschiede zu den limeszeitlichen Kastellen das Bemühen um größtmöglichen Schutz für die hier stationierten Soldaten. Da nun nur noch ein Zehntel der ursprünglichen Lagerfläche zur Verfügung stand ist anzunehmen, dass auch die Kastellbesatzung deutlich verkleinert wurde. Diese Verringerung der Mannschaftsstärken während der Spätantike lässt sich auch bei anderen Militäreinheiten belegen. Die Soldaten in Eining waren in dieser Zeit in doppelstöckigen Baracken untergebracht, die direkt an die Innenseiten der Kastellmauern stießen.

Getrennt durch einen rechtwinklig angelegten Spitzgraben blieb die Steinumwehrung des alten, limeszeitlichen Lagers offenbar jedoch bestehen. Sie bot nun der zivilen Siedlung sowie einem neu errichteten kleinen Militärbad Schutz. Verschiedene Funde weisen darauf hin, dass die Garnison in Eining seit dem Ende des 4. Jahrhunderts aus germanischen Söldnern bestand, die ursprünglich aus dem heutigen Böhmen stammten. Offenbar in Zusammenhang mit einem Einfall der Alamannen in das römische Grenzgebiet wurde das Kastell in der Mitte des 5. Jahrhunderts aufgegeben und zerfiel.

Trotz seiner unmittelbaren Beziehung zur römischen Grenze wurde Eining nicht durch die Reichs-Limeskommission untersucht. Vielmehr führte hier das Bayerische Landesamt für Denkmalpflege in den Jahren 1878 bis 1920 umfangreiche Ausgrabungen durch, bei denen nahezu das gesamte Kastellareal aufgedeckt werden konnte. Die wichtigen Ergebnisse dieser langjährigen Forschungen sind allerdings unveröffentlicht, sodass zahlreiche Fragen zu diesem interessanten Kastellplatz immer noch unbeantwortet sind.

Das Kastell Eining ist heute in Obhut des Landkreises. Mit Hilfe eines Führers und in einer kleinen Ausstellung im Kassenpavillon kann sich der Besucher über die reiche Geschichte Abusinas informieren. Im Gelände selbst sind die Mauerreste der wichtigsten Gebäude konserviert und durch Hinweistafeln erläutert.

Modellrekonstruktionen der Kastellanlage und einige Funde sind im Museum der Stadt Kehlheim ausgestellt. Weitere Funde befinden sich in Landshut, München und Regensburg.

EINE RÖMISCHE RELAISSTATION

Neben der Kontrolle des Donautals und der südlich entlangziehenden Fernstraße gehörte während der Limeszeit auch die Überwachung des Limesendes bei Hienheim zur Aufgabe der Kastellbesatzung. Allerdings ist der Grenzverlauf selbst von Eining aus nicht direkt zu überblicken. Vielmehr war für die Sichtverbindung mit dem Limesende in Hienheim eine »Relaisstation« nötig, die sich auf dem nördlich des Ortes gelegenen Weinberg befand. Zwischen 1916 und 1918 wurden hier Fundamentreste eines Wachturms, von Mannschaftsbaracken und eines kleinen Tempels ausgegraben. Heute noch sind ihre Schuttwälle in den dortigen Magerwiesen direkt am Waldrand gut erkennbar. Dieser Außenposten wurde im 3. Jahrhundert zerstört, aber ebenso wie die Therme von Bad Gögging im 7. Jahrhundert als christliche Kultstätte benutzt.

EIN LEGIONSLAGER IM DONAUTAL

Etwa 1 km nördlich von Eining, im Unterfeld, lag ein weiteres Kastell, das insbesondere durch seine enorme Ausdehnung von insgesamt knapp 11 ha in Rätien keine Parallele hat. Leider ist die gesamte, von drei Gräben gesicherte Anlage nur aus der Luft erkennbar. Der heutige Straßenverlauf durchquert das Lagerareal von Norden nach Süden. Etwa im Bereich der Straßentrasse lagen auch die Kastelltore. Im Westen reichte das Lager bis an das Donauufer. Lediglich der nördliche Kastellgraben zeichnet sich noch als leichte Geländekante in einem schmalen baumbestandenen Wiesenstück ab. Die Umwehrung bestand nicht aus einer Steinmauer, sondern wie bei anderen kurzfristig bestehenden Lager aus einer Grassoden- oder Holz-Erde-Konstruktion.

Wissenschaftliche Untersuchungen beschränkten sich bislang vornehmlich auf die Auswertung der zahlreichen Kleinfunde. Sie zeigen an, dass der Militärplatz in Eining-Unterfeld in das fortgeschrittene 2. Jahrhundert n. Chr. gehört und nur kurzzeitig, vielleicht zehn Jahre lang, bestand. Offensichtlich war hier während der Endphase der Markomannenkriege ein Teil der später in Regensburg beheimateten Legion stationiert. Dabei ließe die Größe der verfügbaren Lagerfläche in Eining-Unterfeld theoretisch die Unterbringung von etwa 3000 Soldaten zu. Die unmittelbare Nähe zum Fluss legt nahe, dass der Standort als Versorgungsbasis für das donauabwärts gelegene Kriegsgebiet diente.

Ein Paradehelm vom so genannten Orientalischen Stil aus dem Schatzfund von Eining, wie er bei Reiterspielen und Paraden Verwendung fand. Aus Bayern sind die meisten derartigen Gesichtsmasken bekannt.

LITERATUR

K. Spindler/Th. Fischer, Das römische Grenzkastell Abusina-Eining (Stuttgart 1984).

TOURISMUS-TIPPS

Römerkastell Eining, 93333 Neustadt; Tel. (0 94 43) 26 74. – Informationen und Führungen: Herr H. Brunner, Kapellenstraße, Abensberg.

Das Modell des spätantiken Kastells von Eining im Museum der Stadt Kelheim veranschaulicht den Zustand der römischen Anlage nach dem Ende des obergermanisch-rätischen Limes.

X. UNTERE ALTMÜHL UND DONAU

KELHEIM

Donaudurchbruch bei Kelheim, im Vordergrund das Kloster St. Georg in Weltenburg, im Hintergrund Kelheim an der Mündung der Altmühl.

Bronzene Stierfigur aus dem Museum Kelheim.

An der Mündung der Altmühl in die Donau liegt etwa 15 km südlich von Regensburg die Kreisstadt Kelheim. Die auf dem lang gezogenen Schwemmkegel zwischen den beiden Flüssen liegende Stadt wurde im Mittelalter von den Wittelsbachern gegründet und war ehemals Zentrum des bayerischen Weinbaus. Ihr ging im 7. bis 9. Jahrhundert eine germanische Ansiedlung östlich der Altmühlniederung voraus, die bereits im Jahr 866 als »Cheleheim« erwähnt wird.

Die Geschichte der Stadt reicht jedoch noch wesentlich weiter in die Vergangenheit zurück. Die Flussmündung und der oberhalb gelegene Michelsberg waren bereits in der Jungsteinzeit bewohnt, aber auch in der Bronzezeit existierten ausgedehnte Siedlungen an der geschützten und verkehrsmäßig günstig gelegenen Flussmündung. Die bedeutendste Epoche des vorgeschichtlichen Kelheim brach jedoch zweifellos in spätkeltischer Zeit an. Zwischen dem 2. Jahrhundert und ca. 60 v. Chr. entwickelte sich vor allem an der Flussniederung, aber auch auf dem oberhalb gelegenen Michels- bzw. Hirschberg eine keltische Stadt, ein Oppidum, das mit einer umwehrten Fläche von 650 ha zur zweitgrößten Siedlung auf deutschem Boden werden sollte. Noch heute zeugen ausgedehnte Wallanlagen von der befestigten Kel-

> **LITERATUR**
>
> K. Spindler, Die Archäologie des Frauenberges von den Anfängen bis zur Gründung des Klosters Weltenburg (Regensburg 1981). – B. Engelhardt, Führer zum archäologischen Wanderpfad »Weltenburger Enge«. 1. Etappe, Von Kelheim nach Weltenburg. (1982). – Führer zu archäologischen Denkmälern in Deutschland Band 5 u. 6, Regensburg – Kelheim – Straubing (Stuttgart 1984). – M. M. Rind, Höhenbefestigungen der Bronzezeit und der Urnenfelderzeit. Der Frauenberg oberhalb Kloster Weltenburg I. Regensburger Beiträge zur prähistorischen Archäologie 6 (Regensburg 1999). – M. M. Rind (Hrsg.), Von Keltenkriegern und Kirchenmäusen. Archäologie im Landkreis Kelheim Bd. 2 (Regensburg 1997).

tenstadt, die schon früh ein Zentrum des Eisenerzabbaus und der Metallverarbeitung war. Ihren Namen Alkimoennis überlieferte der griechische Geograf Ptolemaios und noch die frühmittelalterliche Bezeichnung Alcmona für Altmühl zeugt von der Erinnerung an den einstmals bedeutenden Ort.

Oben: Rekonstruktion der keltischen Wehrmauer vor dem Archäologischen Museum der Stadt Kelheim im Herzogkasten. Dargestellt sind die zwei unterschiedlichen Bautechniken, die bei den Ausgrabungen auf dem Michelsberg nachgewiesen werden konnten.

Oben links: Die Kalksteinstatue des römischen Kriegsgottes Mars aus dem Kastell Eining trägt die Uniform eines römischen Offiziers der Limeszeit. In der rechten Hand hielt die Figur ursprünglich eine Lanze.

TOURISMUS-TIPPS

Die Besiedlungsgeschichte des Kelheimer Raumes von der Steinzeit bis zur Stadterhebung zeigt das Archäologische Museum im Stadtzentrum. Seine preisgekrönte, lebendige Dauerausstellung präsentiert zahlreiche Funde, die bei Ausgrabungen des historischen Vereins und bei Untersuchungen während der Bauarbeiten am Rhein-Main-Donau-Kanal zu Tage kamen. Das Schwergewicht liegt auf der Vorgeschichte, insbesondere der späten Bronzezeit und der Keltenzeit. Ein Spezialthema bilden die Eisenförderung und -produktion in der Vorgeschichte. Weitere Vitrinen sind den »Römern an der Donau« gewidmet. Daneben sind wichtige frühmittelalterliche Funde zu sehen. Das Museum ist im so genannten Herzogkasten untergebracht, einem ehemaligen Getreidespeicher aus dem 15. Jahrhundert. Im Hof befinden sich eine eindrucksvolle Rekonstruktion der »Pfostenschlitzmauer«, die auf einer Länge von ursprünglich 10 km das keltische Oppidum umgab, rekonstruierte Grabhügel und ein Abguss der römischen Steinstatue des Kriegsgottes Mars aus Eining. – Archäologisches Museum der Stadt Kelheim, Ledergasse 11, 93309 Kelheim; Tel. (0 94 41) 1 04 09 und 1 04 92.

Das auf einer Halbinsel gelegene Kelheim hat sein mittelalterliches Stadtbild mit turmbesetzter Wehrmauer aus dem 13. und 14. Jahrhundert gut bewahrt. Die ehemalige Stammresidenz der Wittelsbacher besitzt zahlreiche interessante Bauwerke; der kleine Hafen des ehemaligen Ludwig-Donau-Main-Kanals ist ein Denkmal der Technikgeschichte. Auf dem Michelsberg erhebt sich der 45 m hohe Rundtempel der Befreiungshalle, die König Ludwig I., angelehnt an antike Vorbilder, zur Erinnerung an die Kriege gegen Napoleon 1813 und 1815 errichten ließ. Tel. (09441) 1584. – Altmühlaufwärts, im nahen Essing, befindet sich die bis zu 400 m in den Fels reichende Tropfsteinhöhle Schulerloch. Tel. (09441) 3277, Fax 21211. – Von Mai bis Oktober verkehren auf der Donau und der Altmühl Ausflugs- und Linienschiffe. Altmühltal-Personenschifffahrt GmbH, Postfach 1111, 93301 Kelheim; Tel (0 94 41) 24 87, Fax 2 16 99.

X. UNTERE ALTMÜHL UND DONAU

WANDERUNG: ARCHÄOLOGISCHER WANDERPFAD »WELTENBURGER ENGE«

Am Archäologischen Museum der Stadt Kelheim beginnt ein archäologischer Wanderweg durch das Landschaftsschutzgebiet der Weltenburger Enge (Lehrpfad Nr. 32 des Naturparks Altmühltal). Sein Verlauf ist zusätzlich durch ein gelbes Signet ausgeschildert, das die Ansicht einer bronzezeitlichen Henkeltasse aus dem Museum in Kelheim zeigt. Auf dreizehn Stationen führt die insgesamt 14 km lange Route zu bronzezeitlichen, keltischen, römischen und mittelalterlichen Bodendenkmälern. Die Wanderung lässt sich aber auch gut in zwei Etappen von 5 und 9 km Länge aufteilen. Im Hof des Museums und auf dem Busparkplatz an der Befreiungshalle befinden sich Übersichtstafeln des Streckenverlaufs. An beiden Orten sind auch Führer für die erste Etappe des Weges erhältlich.

Wanderung von Kelheim zum Kloster Weltenburg.

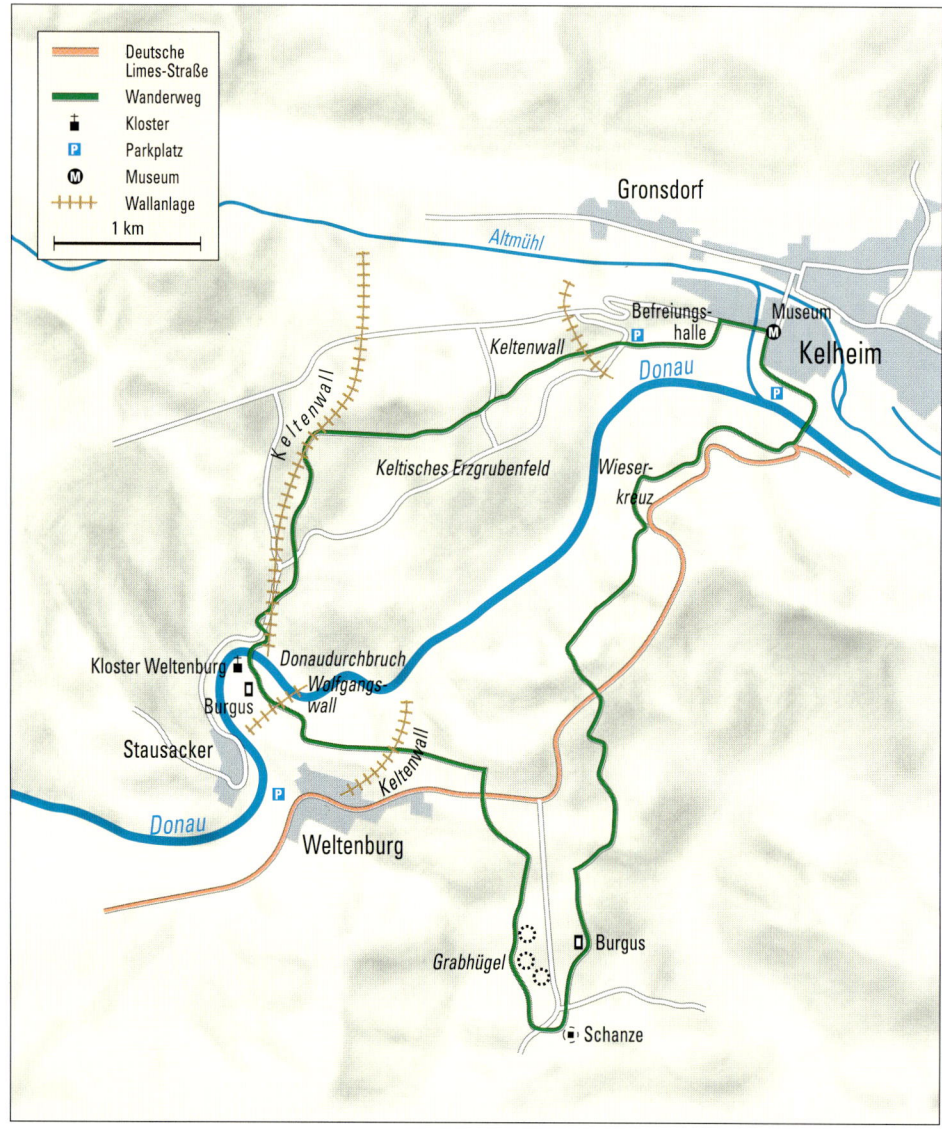

VON KELHEIM AN DIE DONAU BEI WELTENBURG

Die reine Gehzeit für die erste, kürzere Etappe beträgt etwa zwei Stunden. Vom Museum aus verlässt man den mittelalterlichen Stadtkern durch das westliche Tor, das Mittertor aus dem 14. Jahrhundert. Nach dem Hafenbecken des ehemaligen Ludwig-Donau-Main-Kanals wendet man sich nach links und folgt dem angezeigten Fußweg steil bergauf zur 1863 vollendeten Befreiungshalle. Hier hat man einen schönen Blick auf Donau und Altmühl.

Jenseits des offenen Rasenstücks, direkt hinter dem weißen Verwaltungsbau, verläuft der über 5 m hohe → Schildwall aus der Zeit der Ungarneinfälle, der im 10. Jahrhundert vielleicht über einem bestehenden Wall aus der späten Bronzezeit angelegt wurde. Am Wegrand in Richtung des Busparkplatzes steht eine Hinweistafel. Von hier aus wendet man sich nach links und wählt jenseits des lang gestreckten Parkplatzes den mit einer Schranke gesperrten Schotterweg. Er führt auf einer Länge von gut 3 km entlang dem bewaldeten Höhenrücken auf dem Michelsberg. Die nächste Hinweistafel steht am so genannten mittleren → Abschnittswall. Bei ihm handelt es sich um den Versturz einer etwa 6 m hohen Pfostenschlitzmauer, wie sie beim Museum rekonstruiert zu sehen ist. Dieser über 900 m lange Wall gehört zur jüngeren Befestigung des keltischen Oppidums. Geht man weiter, zeigen sich links und rechts im Wald große trichterförmige Gruben, Hinweise auf den hier von den Kelten im Tagebau betriebenen Eisenerzabbau. Nach einer Linkskurve gibt die nächste Hinweistafel Erläuterungen zu den ausgedehnten → Schürfgruben und Schlackenfeldern auf dem Michelsberg. Die Wanderroute führt nun über einen wenig gepflegten Waldweg zunächst bergab, bis er an einer großen Kreuzung scharf nach rechts den Hang hinauf weist. Von hier erreicht man nach ca. 600 m die letzte, äußere Abschnittsbefestigung. Der insgesamt 3,2 km lange → Wall ist die älteste keltische Befestigung auf dem Michelsberg und stellenweise noch bis zu 6 m hoch erhalten. Hinweistafeln erklären den Wallaufbau sowie die Konstruktion der eingebauten Zangentore. Nach etwa 1,5 km entlang des Walles erreicht man einen Felsvorsprung, der einen herrlichen Ausblick auf des Donautal und das gegenüberliegende Kloster Weltenburg gestattet. Ein Stück den Weg zurück führt linker Hand ein gut ausgebauter, aber steiler Abstieg hinab an die Donau. Während der Sommermonate besteht die Möglichkeit, sich direkt zum Kloster Weltenburg über den Fluss setzen zu lassen. Ansonsten ist zum Überqueren der Donau ein Umweg über das etwa 1 km flussaufwärts gelegene Stausacker notwendig. Von Weltenburg nach Kehlheim besteht von Ende März bis November ebenfalls eine Fährverbindung, sodass sich die Wanderung hier durch eine reizvolle Bootsfahrt beenden lässt (MDK-Schifffahrt, Auskunft Tel. [0 94 41] 58 85).

VON WELTENBURG NACH KELHEIM

Der zweite Abschnitt des archäologischen Wanderpfades beginnt am Kloster Weltenburg und führt durch die waldreiche Landschaft südlich der Donau zurück nach Kelheim. Ausgangspunkt ist das Kloster Weltenburg.

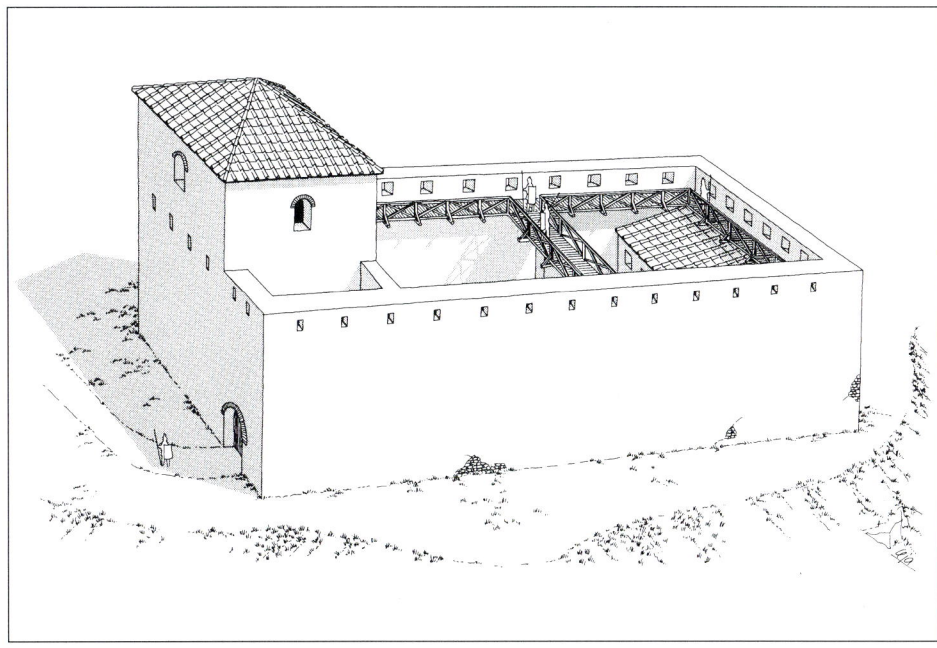

Die Benediktinerabtei St. Georg in Weltenburg ist das älteste Kloster Bayerns (Anfang 7. Jahrhundert). Ihr heutiges Erscheinungsbild wird allerdings geprägt von der im frühen 18. Jahrhundert errichteten Asamkirche, einem Meisterwerk des späten, süddeutschen Barock, sowie dem an schönen Sommertagen reichlich frequentierten klösterlichen Biergarten.

Die Klosteranlagen befindet sich auf einer Schwemmterrasse am Fuß des Frauenbergs. Ähnlich wie der Michels- und Hirschberg westlich von Kehlheim, war auch der markante Bergsporn oberhalb von Weltenburg von der Steinzeit bis in das Frühmittelalter besiedelt. Die vorgeschichtlichen → Wallanlagen auf dem etwa 9 ha großen Frauenberg gehen in die frühe und die späte Bronzezeit zurück.

Die erste Station der Wanderroute ist der römischen Epoche gewidmet. Nachdem durch Funde bereits für die frühe Kaiserzeit ein kleinerer Militärposten (ca. 35–45 n. Chr.) erschlossen werden kann, wird der leicht zu verteidigende Bergsporn besonders im 4. Jahrhundert als spätantike Grenzbefestigung bedeutsam. Vielleicht ist der Ort identisch mit dem in der Tabula Peutingeriana genannten Vallatum, dem Sitz des Kommandeurs dieses Grenzabschnittes. Auf jeden Fall bestand innerhalb der vorgeschichtlichen Wallanlagen zwischen der zweiten Hälfte des 4. Jahrhunderts und dem frühen 5. Jahrhundert n. Chr. ein Militärposten. In den Jahren 1978 und 1980 wurde ein 41 × 15 m großes, massives Steingebäude ausgegraben, das allerdings keinen Wehrgraben besaß. Seine → Grundmauern sind vor Ort rekonstruiert. Es mag sich um einen spätrömischen Burgus oder lediglich um ein einzelnes Gebäude, etwa ein Magazin, innerhalb einer größeren Befestigung gehandelt haben.

In 130 m Entfernung, bei der zweiten Station des Wanderweges, erhebt sich der so genannte → Wolfgangswall, Teil einer mehrfach gestaffelten Abschnittsbefestigung. Sein genaues Alter ist nicht gesichert. Vermutlich erhielt der noch bis zu 12 m hohe Wall mit vorgelagertem Graben sein heutiges Aussehen zur Zeit der Ungarneinfälle, als der Regensburger Bischof Wolfgang der Legende nach hier eine Fliehburg errichten ließ. Es ist jedoch möglich, dass diesem Ausbau aus dem 10. Jahrhundert bereits eine spätrömische Phase vorausging, zu der ein 7,5 × 7 m großer Torturm gehören könnte.

Der ausgeschilderte Wanderweg quert den Wolfgangswall und führt auf den südöstlich an den Frauenberg anschließenden Arzberg. Auch dieser Bergrücken wird durch vorgeschichtliche Befestigungssys-

Die Rekonstruktionszeichnung veranschaulicht das mögliche Aussehen des spätrömischen Kastells auf dem Frauenberg von Weltenburg.

Der Wolfgangswall auf dem Frauenberg bei Weltenburg – eine mittelalterliche Befestigung zum Schutz gegen die Ungarneinfälle. Der Kern besteht jedoch vielleicht aus einer älteren Wehrmauer.

teme gesichert. Die nächsten beiden Hinweistafeln geben Auskunft über die vornehmlich keltischen Siedlungszeugnisse (Wälle, Grabhügel, Schürfgruben) auf der Hochfläche.

Wer den weiten Fußmarsch nicht scheut, erreicht vom Arzberg aus in etwa 4 km Entfernung die letzte vorgeschichtliche Denkmälergruppe des Wanderweges. Die gleichzeitig letzte Hinweistafel entlang der Route beschreibt das → Grabhügelfeld der mittleren Bronzezeit bei Bachhof. Es liegt westlich der Straße nach Holzharlanden und ist im lichten Nadelhochwald hervorragend auszumachen. Ursprünglich umfasste die geschlossene Nekropole etwa 100 Hügel und lag vielleicht an einem vorgeschichtlichen Höhenweg.

Jenseits der Straße nach Thaldorf erreicht der Weg dann eine stark verflachte Viereckschanze im dichten Wald. Von der spätkeltischen Anlage ist wenig bekannt. Ihr quadratischer Grundriss ist leicht zur Seite verschoben, die Seiten messen 65 m, der Eingang lag im Süden. Nach der neueren Forschung wird man in diesen Anlagen keine reinen Kultplätze sehen dürfen. Vielmehr zeigt sich mehr und mehr, dass den Viereckschanzen eine wirtschaftliche Funktion innerhalb einer kleinen Siedlungskammer zukam.

Ein Stück zurück in Richtung Norden quert der Wanderweg die Reste der Römerstraße von Eining nach Regensburg. Der leicht erhöhte → Damm des antiken Straßenuntergrundes lässt sich unter dem heutigen Wirtschaftsweg in dem dichten Nadelwald nur schwer ausmachen. Unmittelbar angrenzend befindet sich der Burgus von Thaldorf. Er war Teil des spätrömischen Donaulimes. Spätestens seit dem Ausbau der Grenzsicherung unter Kaiser Diokletian (284–305) sicherten insgesamt neun solcher Anlagen die Straßenverbindung zwischen Eining und Regensburg. Die quadratische Anlage ohne sonderlich gute Fernsicht besitzt Seitenlängen von 13 × 25 m und zwei umlaufende Wehrgräben. Der schwach ausgeprägte Turmhügel im Zentrum ist nicht untersucht.

Die Wanderroute verläuft nun mehrere Kilometer durch den Wald, passiert die Landstraße Weltenburg–Kelheim und erreicht das steil abfallende Hochufer der Donau. Kurz vor einem schönen Aussichtspunkt am so genannten Wieserkreuz liegt am Wegrand der eindrucksvolle → Rest einer mittelalterlichen Turmhügelburg. Nach dem Abstieg ins Donautal und dem Überqueren der Brücke passiert man noch den Stumpf des Bergfrieds der ehemaligen Stadtburg Kelheims, dem Herzogschloss von 1150.

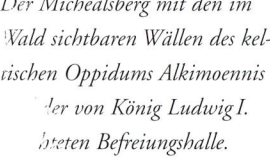

Der Michealsberg mit den im Wald sichtbaren Wällen des keltischen Oppidums Alkimoennis der von König Ludwig I. [err]ichteten Befreiungshalle.

X. UNTERE ALTMÜHL UND DONAU

REGENSBURG

Das Modell aus dem Museum der Stadt Regensburg zeigt anschaulich den aufwendigen Bau der römischen Lagermauern. Insgesamt mussten 30 000 Kubikmeter Baumaterial mit Schiffen auf der Donau angeliefert werden.

Am nördlichsten Punkt der Donau liegt die viertgrößte Stadt des Freistaates, Regensburg. Die moderne Universitätsstadt ist bereits seit der Antike das kulturelle und politische Zentrum Ostbayerns.

Auf der Deutschen Limes-Straße nähert man sich entlang der B 16 aus dem 20 km entfernten Kelheim, der direkte Weg führt über die Autobahnen von Nürnberg, Hof, München oder Passau.

Es gibt verschiedene Hinweise auf eine keltische Siedlung westlich der heutigen Altstadt, doch die reiche archäologische Geschichte Regensburgs wird erst in der Römerzeit greifbar. Ausschlaggebend für die spätere Bedeutung des Platzes war bereits damals die für eine Siedlungsgründung ideale Lage. Mit den Flussläufen von Regen und Naab erreichen zwei wichtige Verkehrsrouten aus Mitteldeutschland und Böhmen bei Regensburg die offene und fruchtbare Landschaft Niederbayerns.

Vielleicht bereits unter Kaiser Claudius (41–54), spätestens jedoch unter Vespasian (69–79), sicherte das römische Militär diesen strategisch wichtigen Punkt an der Donau. Im heutigen Stadtteil Kumpfmühl bestand knapp hundert Jahre lang ein knapp 2 ha großes Kohortenkastell mit einer zugehörigen zivilen Siedlung. Der für Regensburg ebenfalls überlieferte keltische Name Radaspona könnte sich auf eine Anlegestelle beziehen, die seit älterer Zeit hier bei Kumpfmühl an der Donau bestand. Auseinandersetzungen mit den nördlich der Donau ansässigen germanischen Markomannen in den Jahren 170/172 n. Chr. zeigten eindringlich, dass der militärische Schutz an diesem sensiblen Punkt der Provinzgrenze nicht mehr ausreichte. Kastell und Zivilsiedlung von Kumpfmühl finden im Verlauf der kriegerischen Ereignisse ein gewaltsames Ende.

In Italien werden von Kaiser Mark Aurel (161–180) zwei neue, zusätzliche Legionen ausgehoben

Die Nordostecke des römischen Legionslagers Castra Regina (Regensburg) mit den mächtigen Steinquadern, aus denen die ursprünglich 10 m hohen Wehrmauern errichtet waren.

LITERATUR

Th. Fischer/S. Rieckhoff-Pauli, Von den Römern zu den Bajuwaren. Stadtarchäologie in Regensburg. Bavaria Antiqua (München 1982). – Th. Fischer, Römer und Bajuwaren an der Donau (Regensburg 1988). – Th. Fischer, Das Umland des römischen Regensburg. Materialhefte zur bayerischen Vorgeschichte Bd. 43 (München 1990). – A. Faber, Das römische Auxiliarkastell und der Vicus von Regensburg-Kumpfmühl. Materialhefte zur bayerischen Vorgeschichte Bd. 49 (München 1993). – K. Dietz/Th. Fischer, Die Römer in Regensburg (Regensburg 1996).

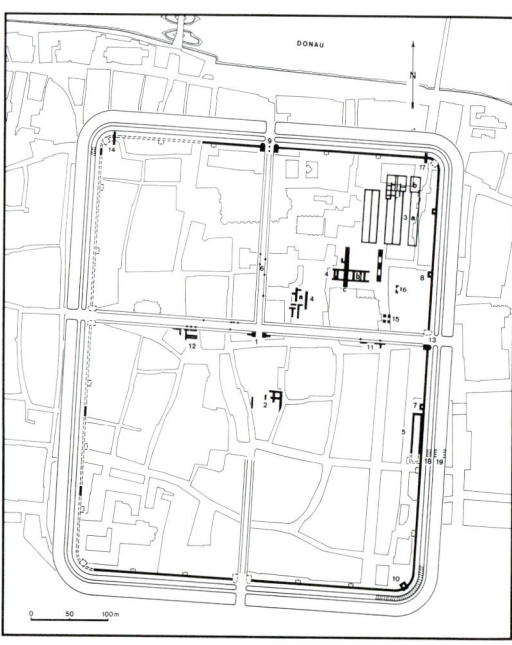

Die Ausdehnung des römischen Legionslagers innerhalb der heutigen Straßenzüge von Regensburg. Die Innenbebauung bestand wie bei den wesentlich kleineren Kohortenkastellen vor allem aus Mannschaftsbaracken (Nr. 3). Im Zentrum lagen Stabsgebäude (Nr. 5) und Kommandantenhaus. Seitlich befanden sich Werkstätten (Nr. 7). Entlang der Hauptstraßen zogen sich aufwendige Säulenhallen (Nr. 2). Neben den bis heute erhaltenen Resten des Nordtores (Nr. 1) und der Wehrmauer erbrachten insbesondere die Ausgrabungen unter und um das Niedermünster (Nr. 3 u. 4) wichtige Erkenntnisse zur römischen Epoche.

und an die bedrohte nördliche Reichsgrenze geschickt. Mit der dauerhaften Stationierung der *Legio III Italica* vermutlich im Jahr 179 n. Chr. erhält Regensburg das einzige Legionslager Rätiens. Der Kommandant der Regensburger Legion (legatus augusti) ist gleichzeitig Statthalter der Provinz Rätien und hat so neben Regensburg auch Augsburg als Dienstsitz.

DIE STEINERNEN MAUERN REGENSBURGS

Wie in der Limeszeit üblich, legte man das nach Norden zur Donau hin gewandte Kastell rechteckig an. Noch heute lassen sich in den Straßenzügen der Regensburger Altstadt Ausdehnung und Lage des insgesamt 25 ha umfassenden Lagerareals erkennen. Der mittelalterliche Verlauf von Oberer und Unterer Bachgasse kennzeichnet die knapp 550 m lange Westmauer, im St.-Peters-Weg erhielt sich die etwa 450 m lange Südmauer. Obertägig sichtbar sind die → Nordost- und die Südostecke des ehemaligen Legionslagers am Ernst-Reuter- bzw. am Georgenplatz. Am Dachauplatz wurde die östliche Umwehrung sogar auf knapp 60 m Länge freigelegt. Der Grund für den teilweise guten Erhaltungszustand der römischen Befestigung ist ihre Weiterbenutzung als Stadtmauer bis ins Mittelalter. Lediglich die Lagerfront im Westen wurde im Rahmen einer Stadterweiterung unter Herzog Arnulf im Jahr 920 vollständig abgebrochen.

Die 2 m breite Mauer des Regensburger Legionslagers war einschließlich der Zinnen ursprünglich 10 m hoch. Sie bestand aus sorgfältig gearbeiteten, großen Sandsteinquadern, die von Brüchen donauaufwärts mit Schiffen antransportiert wurden. Insgesamt waren für den Bau 30 000 Kubikmeter Steinmaterial notwendig. An den Ecken, Toren und Seiten verstärkten insgesamt dreißig Türme die Umwehrung. Außerdem schützten ursprünglich wohl zwei Wehrgräben das Lager, die zusammen über 20 m breit waren.

Die wenigen erhaltenen Reste der gewaltigen Quadermauern beeindrucken auch heute noch den Betrachter. In der Antike dürfte das imponierende Bauwerk den Barbaren jenseits der Donau unbezwingbar erschienen sein. Einen guten Eindruck vom Aussehen des römischen Legionslagers gibt auch ein Modell im Museum der Stadt.

DAS NORDTOR DES LEGIONSLAGERS

Trotz seiner riesigen Ausdehnung besaß das Legionslager, wie die wesentlich kleineren Kohortenkastelle auch, lediglich vier Tore. Ihr Erscheinungsbild war

X. UNTERE ALTMÜHL UND DONAU

DIE STEINERNE BAUINSCHRIFT

Bei Ausgrabungen vor dem nicht mehr sichtbaren Osttor des Legionslagers fand sich vor hundert Jahren auch die monumentale Bauinschrift, die als »Steinerne Gründungsurkunde« Regensburgs gelten kann. Sie ist heute im Museum ausgestellt. Demnach waren zu Jahresbeginn 179 n. Chr. die steinernen Wehranlagen des Lagers vollendet, das Kastell gleichsam bezugsfertig. Seit dieser Zeit bis heute dürfte das Areal im Bereich der heutigen Altstadt durchgehend bewohnt gewesen sein.

Die östliche Steinmauer des Legionslagers an der heutigen Adolf-Kolping-Straße. Auch noch viele Jahrhunderte nach dem Ende der römischen Herrschaft boten die starken Mauern der antiken Festung dem mittelalterlichen Regensburg Schutz.

jedoch ungleich imponierender. Große Teile der → Porta praetoria, des zur Donau weisenden Tores, haben sich im Original an der schmalen Straße »Unter den Schwibbögen« erhalten. Bevor er im vergangenen Jahrhundert freigelegt wurde, bildete der noch 11 m hoch aufragende römische Baukörper einen Teil der ehemaligen bischöflichen Brauerei. Die Ruine reicht jedoch noch 3 m tiefer unter das heutige Straßenpflaster in den Schutt, der sich im Lauf der Jahrhunderte angesammelt hat und heute das Bodenniveau erhöht.

Der mörtellos gesetzte Torbau besaß zwei Durchfahrten, geschützt von zwei Türmen, die an den Seiten halbrund vorspringen. Die Türme dürften ursprünglich 20 m hoch gewesen sein. Ihr Unterbau war fensterlos, erst in den oberen Etagen öffnete sich die Fassade durch nebeneinander liegende Rundbogenfenster. Der Bautyp entspricht weit gehend dem Stadttor in Trier, der Porta Nigra, und stammt in dieser Form vermutlich aus dem 4. Jahrhundert.

Rekonstruktionszeichnung des nördlichen Regensburger Lagertores, der Porta praetoria. In römischer Zeit bestanden anfangs noch zwei Tordurchfahrten. Die heute noch sichtbaren Reste sind hervorgehoben.

Der in weiten Teilen ergänzte Text der insgesamt wohl knapp 7 m langen Inschrift nennt neben dem römischen Kaiser Mark Aurel auch seinen Sohn Commodus mit zahlreichen Ehrennamen und Siegestiteln. Bemerkenswert ist ferner die Erwähnung des Statthalters von Rätien – Marcus Helvius Clemens Dextrianus –, dem nach seinem Kommando in Regensburg noch der Aufstieg zum Statthalter Obergermaniens in Mainz gelingt.

BLÜTE UND NIEDERGANG

Die antiken Quellen überliefern für die römische Ansiedlung am Donaubogen zwei Bezeichnungen. Beide leiten sich vom Namen des unmittelbar nördlich in die Donau mündenden Flusses Regen ab. Mit Reginum bezeichneten die Römer die ausgedehnte Lagervorstadt, die »canabae legionis«. Auf Grund der späteren Überbauung ist archäologisch von dieser bürgerliche Ansiedlung leider nur wenig bekannt. Castra Regina bezieht sich hingegen auf das Legionslager selbst. In seinem Inneren stießen Archäologen in der Vergangenheit, beispielsweise unter dem Niedermünster, wiederholt auf römische Siedlungsspuren. Erwartungsgemäß befanden sich auf einem Großteil der ehemaligen Lagerfläche Mannschaftsbaracken für die mehr als 6000 Soldaten der Legion.

Das erhaltene nördliche Lagertor des Regensburger Legionslagers, die Porta praetoria.

X. UNTERE ALTMÜHL UND DONAU

Beinschiene einer Paraderüstung aus dem Kastell von Regensburg-Kumpfmühl. Im Zentrum der ungewöhnlichen Darstellung steht der römische Kriegsgott Mars zwischen zwei Schlangen.

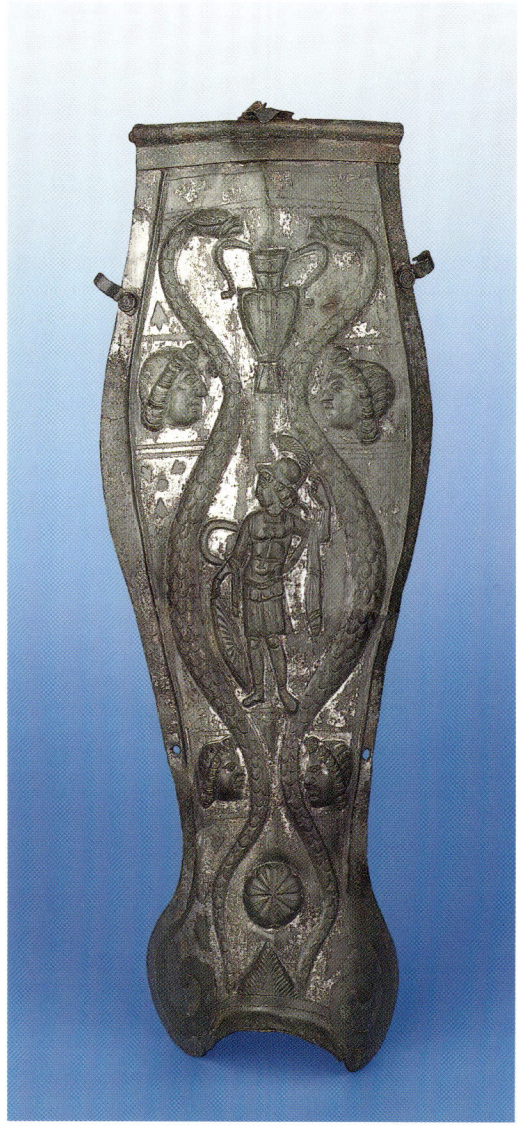

Die in Steinquader eingemeißelte Bauinschrift des Legionslagers aus dem Museum der Stadt Regensburg – identische Kopien waren ursprünglich über allen vier Lagertoren angebracht.

Dennoch darf man sich das Lagerinnere nicht schmucklos vorstellen. Auf beiden Seiten begleiteten Säulenhallen die Hauptstraßenachsen, Via principalis und Via praetoria. Das Museum der Stadt Regensburg zeigt den Befund einer Ausgrabung, der eine zweimalige, gewaltsame Zerstörung dieser prachtvollen Straßenfronten anschaulich macht.

Wie die anderen römischen Siedlungsplätze entlang des Limes ereilte auch Regensburg noch im 3. Jahrhundert sein Schicksal. Wenigstens zwei Germaneneinfälle sind nachzuweisen, bei denen das Umland verheert und das Legionslager in Schutt und Asche gelegt wurde. Lediglich die unzerstörbaren Quadermauern hielten stand. Aber die schutzlos vor den Toren gelegene bürgerliche Ansiedlung, die »canabae legionis«, wird diesen Ereignissen zum Opfer gefallen sein.

Im Rahmen der Militärreformen der Kaiser Diokletian (284–305) und Konstantin (305–337) wurde die Truppenstärke der Legion in Regensburg auf etwa 1000 Mann verringert. Die Mehrzahl der Soldaten verteilte man auf die spätrömische Grenzlinie entlang der Donau. Vergleichbar mit dem Vorgehen im Kastell von Eining nutzte die Restbesatzung nicht mehr die gesamte Innenfläche des Lagers und Zivilisten durften sich im Schutz der Wehrmauern ansiedeln. Wie in der Spätantike üblich, entwickelte sich Regensburg nun zu einer befestigten Garnisonsstadt. Das Militär zog sich vermutlich in den Nordostteil des ehemaligen Legionslagers zurück, wo ein separates Binnenkastell vermutet wird.

In der spätantiken Grenzwehr dienten mehr und mehr nichtrömische Söldner. Im ausgehenden 5. Jahrhundert sind hier in Regensburg archäologisch vor allem aus Böhmen zugewanderte Germanen bezeugt. Offenbar übernehmen diese »baiovarii«, Männer aus Böhmen, nach dem Ende der Römerzeit nahtlos die Herrschaft in der Stadt. Mit der Residenz der bayerischen Herzöge und dem Bischofssitz beginnt die zweite große Epoche Regensburgs.

> ### TOURISMUS-TIPPS
>
> Als eine der ältesten Städte Deutschlands besitzt Regensburg etwa 1400 historische Gebäude. Darunter fallen der Dom St. Peter aus dem 13. Jahrhundert, ein Hauptwerk der Gotik in Süddeutschland, die Portalwand von St. Jakob, dem so genannten »Schottenkloster« oder andere Kirchenbauten ebenso wie das Fürstliche Schloss Thurn und Taxis, das gotische Alte Rathaus mit dem Reichssaal und zahlreiche Patrizierhäuser. Beim Alten Kornmarkt, dem ehemaligen Herzoghof aus dem 12./13. Jahrhundert, steht der mittelalterliche »Römerturm«, der teilweise römisches Mauerwerk zeigt. Die über 850 Jahre alte, »Steinerne Brücke« mit dem Brücktor von 1135 ist auch ein Denkmal der Technikgeschichte.
> Von den zahlreichen Museen und Galerien sei hier nur auf das Reichstagsmuseum, das Domschatzmuseum, das Schifffahrtsmuseum und das Kepler-Gedächtnishaus verwiesen.
> Als beliebtes Ausflugsziel erhebt sich nur wenige Kilometer donauabwärts die »Walhalla«, von König Ludwig I. erbaut »Zu Ehre derer, die sich um das bayerische Vaterland verdient gemacht haben«.

Der Archäologische Pavillon mit den Resten einer römischen Darre am Kornweg in Regensburg-Prüfening.

DAS MUSEUM DER STADT REGENSBURG

Innerhalb der zweitausendjährigen Stadtgeschichte widmet die Dauerausstellung des Museums in der ehemaligen Minoritenkirche den Funden des 1. bis 5. Jahrhunderts breiten Raum. Die römische Abteilung gliedert sich in die Themenbereiche Geschichte des römischen Reginum, Militär, Alltag in den Provinzen, antike Technik, Totenbrauchtum und Kult. Neben den bereits erwähnten Exponaten sind hier insbesondere die Kultbilder aus dem Merkurheiligtum auf dem Ziegetsberg zu nennen sowie die Grabplatte der Sarmannana aus dem 5. oder 6. Jahrhundert, eines der ältesten greifbaren Zeugnisse des Christentums in Bayern [Museum der Stadt Regensburg, Dachauplatz 2–4, Di bis So 10–16 Uhr; Tel. (09 41) 50 724 48].

Im Untergrund der Niedermünsterkirche sind Ausgrabungsbefunde zugänglich. Neben Zeugnissen des römischen Legionslagers aus der Mitte des 4. Jahrhunderts verdienen insbesondere die erhaltenen Grundmauern einer kleinen Saalkirche der zweiten Hälfte des 7. Jahrhunderts Beachtung. – Tel. (09 41) 5 77 96.

Unter dem Foyer des städtischen Theaters, im Westen der Regensburger Altstadt, zeigt eine Schauraum einen kleinen Ausschnitt aus einem repräsentativ ausgestatteten Wohnhaus der römischen Lagervorstadt.

In Regensburg-Großprüfening, im Westen der Stadt, befindet sich am Kornweg ein kleiner Ausstellungspavillon. Er zeigt einen Ausschnitt aus der römischen Vergangenheit des Stadtteils gegenüber der Naabmündung. Gleichzeitig mit dem Legionslager bestanden hier ein kleines Kastell und eine zugehörige zivile Siedlung. Durch große Glasfenster fällt der Blick des Besuchers auf die archäologischen Überreste einer »römischen Brauerei« aus dem 2. Jahrhundert n. Chr., bei denen es sich allerdings eher um Einrichtungen zur Verarbeitung von Flachs handeln dürfte. – Tel. (09 41) 5 07 14 41.

DIE MITGLIEDER DER DEUTSCHEN LIMES-STRASSE

Aalen
Touristik-Service Aalen
Marktplatz 2
73430 Aalen
Tel. (0 73 61) 52-23 58
Fax (0 73 61) 52-19 07
E-Mail touristik-service@aalen.de
Internet http://www.aalen.de

Alfdorf(-Pfahlbronn)
Verkehrsamt. Rathaus
Obere Schloßstr. 28
73553 Alfdorf
Tel. (0 71 72) 3 09-11
Fax (0 71 72) 3 09-29

Altenstadt
Rathaus
Frankfurter Str. 11
63674 Altenstadt
Tel. (0 60 47) 80 00-0
Fax (0 60 47) 80 00-50

Altmannstein
Verkehrsamt, Rathaus
Marktplatz 4
93336 Altmannstein
Tel. (0 94 46) 90 21-0
Fax (0 94 46) 90 21-21

Aschaffenburg
Tourist-Information
Schloßplatz 1
63739 Aschaffenburg
Tel. (0 60 21) 3 95-8 00
Fax (0 60 21) 3 95-8 02

Bad Ems
Kur- und Erholungslandschaft
Bad Ems e.V., Gästezentrum
Römerstraße 1
56130 Bad Ems
Tel. (0 26 03) 9 41 50
Fax (0 26 03) 44 88

Bad Homburg v.d.H.
Kur- und Kongress-GmbH
Postfach 1845
61288 Bad Homburg v.d.Höhe
Tel. (0 61 72) 675-0
Fax (0 61 72) 675-1 27
E-Mail Info@Bad-Homburg.de
Internet http://www.bad-homburg.de

Bad Hönningen
Verkehrsamt – Kurverwaltung
Neustraße 2a
53557 Bad Hönningen
Tel. (0 26 35) 22 73
Fax (0 26 35) 27 36

Bad Schwalbach
Kulturamt
Adolfstr. 38
65307 Bad Schwalbach
Tel. (0 61 24) 5 00-1 24
Fax (0 61 24) 5 00-2 24

Bendorf am Rhein
Verkehrsamt
56170 Bendorf
Tel. (0 26 22) 7 03-1 73
Fax (0 26 22) 7 03-1 80

Böbingen
Verkehrsamt, Rathaus
Römerstr. 2
73560 Böbingen
Tel. (0 71 73) 40 77
Fax (0 71 73) 1 27 62

Buchen
Verkehrsamt
Platz am Bild 2
74722 Buchen
Tel. (0 62 81) 27 80
Fax (0 62 81) 31-1 55

Burgsalach
Verwaltungsgemeinschaft Nennslingen
Schmiedgasse 10
91790 Nennslingen
Tel. (0 91 47) 94 11-25 oder
(0 91 47) 2 60 (Gde. Burgsalach)
Fax (0 91 47) 94 11-30

Butzbach
Amt für Kultur und Fremdenverkehr
Marktplatz 1
35510 Butzbach
Tel. (0 60 33) 9 95-1 59
Fax (0 60 33) 99 5-1 65
E-Mail stadt-butzbach@t-online.de
Internet http://www.stadt-butzbach.de

Echzell
Gemeinde Echzell
Postfach 1161
61207 Echzell
Tel. (0 60 08) 91 20-0
Fax (0 60 08) 91 20-25

Ehingen
Rathaus
Wittelsbacher Str. 30
91725 Ehingen
Tel. (0 98 35) 5 15
Fax (0 98 35) 18 61

Eichstätt
Tourist-Information
Kardinal-Preysing-Platz 14
85072 Eichstätt
Tel. (0 84 21) 98 80-0
Fax (0 84 21) 98 80-30

Ellingen
Verkehrsamt, Rathaus
Weißenburger Str. 1
91792 Ellingen
Tel. (0 91 41) 86 58-0
Fax (0 91 41) 86 58-58

Ellwangen(-Pfahlheim)
Verkehrsamt
Spitalstr. 4
73479 Ellwangen
Tel. (0 79 61) 84-3 03
Fax (0 79 61) 5 52 67

Erlensee
Gemeindeverwaltung
63526 Erlensee
Tel. (0 61 83) 91 51-0
Fax (0 61 85) 91 51-77

Großerlach(-Grab)
Bürgermeisteramt
Stuttgarter Str. 18
71577 Großerlach
Tel. (0 79 03) 91 54-0
Fax (0 79 03) 91 54-33

Großkrotzenburg
Gemeindeverwaltung
Bahnhofstr. 4
63538 Großkrotzenburg
Tel. (0 61 86) 20 09-0
Fax (0 61 86) 20 09-22

Gunzenhausen
Gesellschaft für Stadtmarketing
und Touristik mbH
Marktplatz 25
91710 Gunzenhausen
Tel. (0 98 31) 5 08-76
Fax (0 98 31) 5 08-79

Hammersbach
Gemeinde Hammersbach
Köbler Weg 44
Postfach 1161
63546 Hammersbach
Tel. (0 61 85) 18 00-24
Fax (0 61 85) 18 00-44

Hanau
Amtliches Verkehrsbüro
Am Markt 14
63450 Hanau
Tel. (0 61 81) 25 24 00
Fax (0 61 81) 9 23 42 12

Heidenrod
Gemeinde Heidenrod
Rathausstr. 9
65321 Heidenrod-Laufenselden
Tel. (0 61 20) 79-0
Fax (0 61 20) 79-38

Hillscheid
Touristinformation im Rathaus
Lindenstraße
56203 Höhr-Grenzhausen
Tel. (0 26 24) 1 94 33
Fax (0 26 24) 95 23 56
E-Mail tourismus@hoehr-grenzhausen.de
Internet http://www.hoehr-grenzhausen.de

Hungen
Stadtverwaltung
Kaiserstr. 07
35410 Hungen
Tel. (0 64 02) 85-0
Fax (0 64 02) 85-54

Hüttlingen
Bürgermeisteramt
Schulstr. 10
73460 Hüttlingen
Tel. (0 73 61) 97 78-0
Fax (0 73 61) 7 12 20

Jagsthausen
Bürgermeisteramt
74249 Jagsthausen
Tel. (0 79 43) 91 01-0
Fax (0 79 43) 91 01-50

Kelheim
Verkehrsamt, Rathaus
93309 Kelheim
Tel. (0 94 41) 7 01-2 34
Fax (0 94 41) 70 1-2 29

Kipfenberg(-Böhming)
Tourist-Information
Marktplatz 2
85110 Kipfenberg
Tel. (0 84 65) 1 74-30
Fax (0 84 65) 1 74-19

Lich
Magistrat der Stadt Lich
Unterstadt 1
35423 Lich
Tel. (0 64 04) 8 06-2 45
Fax (0 64 04) 8 06-2 24

Limeshain
Rathaus
Am Zentrum 2
63694 Limeshain
Tel. (0 60 48) 96 11-0
Fax (0 60 48) 96 11 99

Lorch
Verkehrsamt, Rathaus
Hauptstr. 19
73547 Lorch
Tel. (0 71 72) 18 01-19
Fax (0 71 72) 18 01-59

Mainhardt
Bürgermeisteramt
Hauptstr. 1
74535 Mainhardt
Tel. (0 79 03) 91 50-0
Fax (0 79 03) 91 50-50

Miltenberg
Tourist Information
Engelplatz 69
63897 Miltenberg
Tel. (0 93 71) 4 04-1 19
Fax (0 93 71) 4 04-1 05

Mögglingen
Rathaus
Hauptstr. 29
73563 Mögglingen
Tel. (0 71 74) 8 99 00-0
Fax (0 71 74) 8 99 00-20

Mönchsroth
Rathaus
Hauptstr. 6
91614 Mönchsroth
Tel. (0 98 53) 16 34
Fax (0 98 53) 16 02

Murrhardt
Verkehrsamt im Rathaus
Marktplatz 10
71540 Murrhardt
Tel. (0 71 92) 2 13-1 24
Fax (0 71 92) 52 83

Nassau
Touristik im Nassauer Land
Schloßstr. 6
56377 Nassau/Lahn
Tel. (0 26 04) 97 02 30
Fax (0 26 04) 97 02 24

Nastätten
Fremdenverkehrsverein
Im Museum
56355 Nastätten/Taunus
Tel. (0 67 72) 32 10

Neustadt/Donau
Kurverwaltung Bad Gögging
Heiligenstädter Straße
93333 Bad Gögging
Tel. (0 94 45) 95 75-0
Fax (0 94 45) 95 75-33

Neuwied
Verkehrsamt
56564 Neuwied
Tel. (0 26 31) 80 22 60
Fax (0 26 31) 80 28 01

Niedernberg
Gemeinde
Hauptstr. 54
63843 Niedernberg
Tel. (0 60 28) 97 44-0
Fax (0 60 28) 97 44-25

Obernburg am Main
Verkehrsamt
Römerstr. 62-64
63785 Obernburg am Main
Tel. (0 60 22) 61 91-27
Fax (0 60 22) 61 91-39

Öhringen
Fremdenverkehrsamt
Marktplatz 15
74613 Öhringen
Tel. (0 79 41) 6 81 18
Fax (0 79 41) 6 81 88

Osterburken
Bürgermeisteramt
Marktplatz 3
74706 Osterburken
Tel. (0 62 91) 4 01-0
Fax (0 62 91) 4 01-30

Pfedelbach
Verkehrsamt, Rathaus
Hauptstr. 17
74629 Pfedelbach
Tel. (0 79 41) 60 81-0
Fax (0 79 41) 60 81-46

Markt Pförring
Gemeindeverwaltung
Marktplatz 1
85104 Pförring
Tel. (0 84 03) 92 92-0
Fax (0 84 03) 92 92-48

Pleinfeld
Verkehrs- und Reisebüro
Marktplatz 11
91785 Pleinfeld
Tel. (0 91 44) 92 00-38
Fax (0 91 44) 92 00-50

Pohlheim
Stadtverwaltung
Ludwigstr. 31
35415 Pohlheim
Tel. (0 64 03) 6 06-0
Fax (0 64 03) 6 06-66

Pollenfeld
Verwaltungsgemeinschaft
Pfahlstr. 17
85072 Eichstätt
Tel. (0 84 21) 97 40-0
Fax (0 84 21) 97 40-50

Rainau
Bürgermeisteramt
Rathaus Schwabsberg
Schloßberg 12
73492 Rainau
Tel. (0 79 61) 90 02-0
Fax (0 79 61) 90 02-22

Regensburg
Tourist-Information
Altes Rathaus
93047 Regensburg
Tel. (09 41) 5 07-44 10
Fax (09 41) 5 07-44 19
E-Mail tourismus@info.regensburg.bay-net.de
Internet http://www.regensburg.de

Rheinbrohl
Ortsgemeindeverwaltung
Rathaus
56598 Rheinbrohl
Tel. (0 26 35) 2 61 26
Fax (0 26 35) 49 11

Schmitten
Gemeinde Schmitten
Parkstr. 2
61389 Schmitten
Tel. (0 60 84) 46-23
Fax (0 60 84) 46-21

Schwäbisch Gmünd
Verkehrsamt
Kornhausstr. 14
73525 Schwäbisch Gmünd
Tel. (0 71 71) 60 34-55
Fax (0 71 71) 60 34-59

Seligenstadt
Verkehrsbüro
Aschaffenburger Str. 1
63500 Seligenstadt
Tel. (0 61 82) 8 71 77
Fax (0 61 82) 2 94 77

Stockstadt am Main
Gemeindeverwaltung
Hauptstr. 19-21
63811 Stockstadt am Main
Tel. (0 60 27) 20 05-0
Fax (0 60 27) 20 05-88

Stödtlen
Rathaus
Rathausstr. 11
73495 Stödtlen
Tel. (0 79 64) 90 09-0
Fax (0 79 09) 90 09-17

Theilenhofen
Tourist-Information
Das Neue Fränkische Seenland
Hafnermarkt 13
91710 Gunzenhausen
Tel. (0 98 31) 41 91
Fax (0 98 31) 8 04 50
E-Mail theilenhofen@gunnet.de
Internet http://www.theilenhofen.de

Titting(-Erkertshofen)
Verkehrsamt, Rathaus
Rathausplatz 1
85135 Titting
Tel. (0 84 23) 99 21-0
Fax (0 84 23) 99 21-11

Walldürn/Odenwald
Tourist Information, Rathaus
Hauptstr. 27
74731 Walldürn
Tel. (0 62 82) 67-1 06
Fax (0 62 82) 67-1 03

Walting(-Pfünz)
Gemeindeverwaltung
Pfahlstr. 17
85072 Eichstätt
Tel. (0 84 21) 97 40-0
Fax (0 84 21) 97 40-50

Wehrheim
Gemeindeverwaltung
Postfach 1144
61268 Wehrheim
Tel. (0 60 81) 5 89-0
Fax (0 60 81) 5 89-90

Weiltingen
Gemeindeverwaltung
Schlossweg 11
91744 Weiltingen
Tel. (0 98 53) 2 53
Fax (0 98 53) 42 97

Weißenburg i.Bay.
Amt für Kultur und Touristik
im Römermuseum
Martin-Luther-Platz 3-5
91780 Weißenburg i. Bayern
Tel. (0 91 41) 9 07-1 24
Fax (0 91 41) 9 07-1 21
E-Mail akut@weissenburg.de
Internet http://www.weissenburg.de

Welzheim
Verkehrsamt, Rathaus
Kirchplatz 3
73642 Welzheim
Tel. (0 71 82) 80 08-15
Fax (0 71 82) 22 23

Wilburgstetten
Verkehrsamt, Rathaus
Alte Schulstr. 8
91634 Wilburgstetten
Tel. (0 98 53) 38 00-0
Fax (0 98 53) 38 00-38

Wittelshofen
Gemeindeverwaltung
Schulstr. 15
91749 Wittelshofen
Tel. (0 98 54) 2 04
Fax (0 98 54) 95 70

Wörth am Main
Stadtverwaltung
Luxburgstr. 10
63939 Wörth am Main
Tel. (0 93 72) 98 93-0
Fax (0 93 72) 98 93-40

ORTSVERZEICHNIS

Aalen 102
Alfdorf 9
Altenstadt 56
Altmannstein 140
Arnsburg s. Lich
Arzbach-Augst 30
Aschaffenburg 67
Bad Ems 30
Bad Gögging s. Neustadt/Donau
Bad Homburg v.d.H. 37
Bad Hönningen 25
Bad Schwalbach 32
Bendorf am Rhein 28
Böbingen 101
Böhming s. Kipfenberg
Buchen 77
Burgsalach 129
Butzbach 46
Dambach s. Ehingen
Dennenlohe 116
Echzell 52
Ehingen 115
Eichstätt 134
Eining 145
Ellingen 121
Ellwangen 110
Erkertshofen 132
Erlensee 58
Gleichen 87
Gnotzheim 118
Großerlach-Grab 90
Großkrotzenburg 62
Grüb 114
Gunzenhausen 117
Halheim s. Ellwangen
Hammersbach 56
Hanau 59
Heddesdorf s. Neuwied
Heidenrod 31
Hettingen s. Buchen
Hienheim 142
Hillscheid 29
Holzhausen 31
Hungen 51
Hüttlingen 109
Inheiden s. Hungen
Jagsthausen 83
Kapersburg s. Wehrheim
Kelheim 148
Kipfenberg 137
Kumpfmühl s. Regensburg
Lich 50
Limeshain 57
Lorch 98
Mainhardt 88
Marköbel s. Hammersbach
Miltenberg 71
Mönchsroth 111
Murrhardt 91
Nassau 30
Nassenfels 134
Nastätten 32
Neustadt/Donau 144
Neuwied 27
Niederbieber s. Neuwied
Niedernberg 68
Ober-Florstadt 54
Obernburg am Main 68
Öhringen 85
Osterburken 78
Pfahlbronn 96
Pfahlheim s. Ellwangen
Pfedelbach 87
Pförring 143
Pfünz 135
Pleinfeld 120
Pohlheim 48
Pollenfeld 133
Prüfening s. Regensburg
Rainau 106
Regensburg 135
Reinhardsachsen 74
Rheinbrohl 25
Rückingen s. Erlensee
Ruffenhofen s. Weiltingen
Saalburg s. Bad Homburg
Schmitten 35
Schwäbisch Gmünd 99
Seligenstadt 64
Stockstadt am Main 66
Stödtlen 110
Theilenhofen 119
Titting 133
Trennfurt 69
Walldürn 75
Walting 134
Wehrheim 44
Weiltingen 113
Weißenburg i.Bay. 123
Welzheim 92
Wilburgstetten 111
Wittelshofen 114
Wörth am Main 69
Zugmantel 33

BILDNACHWEIS

Archäolog. Museum der Stadt Kelheim: 147 u, 148 u, 149 r
Archäologische Staatssammlung – Museum für Vor- und Frühgeschichte, München: 19, 119 u, 127 o r/l, 128, 146, 147 o; Archäolog. Staatssammlung (Zeichner: L. Holzner): 125 o, 130
D. Baatz: 16 u, 18 M
Badisches Landesmuseum Karlsruhe (Foto: Th. Goldschmidt): 86 M
Bayer. Landesamt für Denkmalpflege: 122, 125 u, 145 o (Foto: O. Braasch), 151 (Zeichner: F. Leja)
Carl-Schweizer-Museum, Murrhardt: 91 o/u
aus: Cüppers (Hrsg.), Die Römer in Rheinland-Pfalz (1990), Abb. 48: 27 u
aus: Dietz/Osterhaus/Rieckhoff-Pauli/Spindler, Regensburg zur Römerzeit (1979), Abb. 33, 38: 154 u, 155 M
M. Eberlein: 119 M
aus: Filzinger/Planck/Cämmerer (Hrsg.), Die Römer in Baden-Württemberg (1986), Abb. 106, 283: 77 u, 78 o
Th. Fischer: 141
Gde. Böbingen (Foto: Müller): 101 o
Gde. Kipfenberg: 138, 139 o
Gde. Mainhardt: 89
Gde. Walldürn: 76 u
P. Groß: 62 o
Hanauer Geschichtsverein: 60, 62 u

R. Hajdu: 80, 81 o
Heimat-u. Geschichtsverein Großkrotzenburg: 63 u
Hessisches Landesamt für Denkmalpflege: 51, 54 o, 55 o, 59, 61
K.-F. Kolass: 44 o
Kongress- und Touristikbetriebe der Stadt Aschaffenburg: 66 M, 67 o/u
Kreisverkehrsamt Weißenburg-Gunzenhausen: 131 o
P. Kruppa: 103 o/u
Kurverwaltung Bad Gögging: 144
Landesamt für Denkmalpflege Rheinland-Pfalz: 28 u
Landesdenkmalamt Baden-Württemberg: 18 u, 24, 74, 75 o/u, 76 o, 77 u, 79, 81 u, 82 o/u, 83, 84 M/u, 87 u, 88 u, 93 u, 98 o, 98 u, 99 u, 100, 106 o/u, 107 u r/l;
LDA BW (Foto: O. Braasch): 12 o, 92, 94, 102 u, 110;
LDA BW (Foto: H. v.d. Osten): 12 u
K. Leidorf: 20, 114 o, 124, 129, 132 u, 135 o, 137, 142 u., 143, 148 o, 152
Limesmuseum Aalen: 18 o
Lufbildarchiv A. Brugger: 9 o
Y. Mühleis: 90
Museum der Stadt Aschaffenburg: 66 o/u, 68 o, 70
Museum der Stadt Butzbach (Foto: D. Wolf): 46 o/u, 47

Museum der Stadt Miltenberg: 71 u, 72 o
Museum der Stadt Regensburg: 153, 155 u, 156 o/u
Museum für Ur- und Frühgeschichte Eichstätt (Foto: A. J. Günther): 136 u
Museum für Vor- und Frühgeschichte Frankfurt a. M.: 16 o
ORL: 30, 32 o/u, 115; ORL (Foto: R. Pereira): 45
R. Pereira: 36 o, 57 o, 58, 63 o
aus: Planck/Beck, Der Limes in Südwestdeutschland (1987): 17 u, 95
Rhein. Landesmuseum Bonn: 27 o, 28 o
M. Rind: 151
aus: Römerweg – Rundwanderweg, hrsg. v. Fremdenverkehrsverein Miltenberg, S. 12: 72 u
Der Römische Limes in Deutschland, hrsg. v. d. Röm.-Germ. Kommission des DAI u. Verband der Landesarchäologen in der Bundesrepublik Deutschland (AiD-Sonderheft 1992), Abb. 64 (nach Planck/Kleiß): 23 o, 109 M
Römisch-Germanisches Zentralmuseum Mainz: 14, 29 o, 71 o, 101 u
Röm. Museum der Stadt Augsburg: 22 o/u
Römisch-Germanische Kommission des DAI, Limesarchiv: 10, 11, 55 u
D. Rothacher, Wiss. Computergrafik: 13
Saalburgarchiv: 8, 17 o, 22 M, 31, 34, 35 o, 37 o, 39 o/u, 40, 41, 42, 43, 44 u, 52 u, 53, 65; Saalburgarchiv (Foto: I. Dittrich): 37 o, 38, 52 o; Saalburgarchiv (Foto: P. Knierriem): 21 u; Saalburgarchiv (Foto: R. Woscidlo): 30 o
U. Sauerborn: 102 u, 104, 105 o, 107 o
E. Schallmayer: 35 u
aus: Schönberger/Simon, Die Kastelle in Altenstadt. Limesforschungen 22 (1983): 56
G. Seitz: 49 u
aus: dies. in: Rupp, Archäologie in der Wetterau (1991), 242, Abb. 8: 48 u
Stadt Obernburg (Foto: Bogensperger): 68 u, 69
Stadt Pohlheim: 48 o (Foto: Brunk), 49 o
G. Stelz: 54 u
M. Ströher: 29 u
A. Thiel: 112 o/u, 113, 114 u, 116, 149 l
Verein Deutsche Limes-Straße: 108 o, 117, 159
J. Wackenhut: 15, 21 o, 23 u, 78 u, 84 o, 85, 93 o, 96, 97 o, 105 u, 109 o, 118, 119 o, 121 o/u, 123, 126, 127 u, 133, 134 o/u, 135 u, 136 o, 142 M/o, 145 u, 154 o, 155 o, 157
Weygangmuseum Öhringen (Foto: Lussem): 86 o/u
D. Wolter, Bad Hönningen: 26 o/u
Württembergisches Landesmuseum: 109 u

Abschnitts- und Wanderkarten: Kartographie Huber, München

Der Verlag dankt allen Leihgebern für ihre Bereitschaft, Bildmaterial für diese Publikation zur Verfügung zu stellen. Leider war es nicht in allen Fällen möglich, die Inhaber der Urheberrechte zu ermitteln. Etwaige Ansprüche kann der Verlag bei Nachweis entgelten.